A^{t}V

LANDOLF SCHERZER wurde 1941 in Dresden geboren. 1962 bis 1965 Journalistikstudium in Leipzig, Exmatrikulation wegen kritischer Reportagen, die er mit Klaus Schlesinger und Jean Villain für die NBI geschrieben hatte. Bis 1975 Redakteur beim »Freien Wort« in Suhl. Seitdem freier Schriftsteller in Thüringen.

Wichtigste Werke: Südthüringer Panorama (1973); Spreewaldfahrten (1975); Nahaufnahmen. Aus Sibirien und dem sowjetischen Orient (1975); Fänger und Gefangene. 2386 Stunden vor Labrador und anderswo (1983); Bom dia, weißer Bruder. Erlebnisse am Sambesi (1984); Das Camp von Matundo (1986); Der Erste (1988); Auf Hoffnungssuche an der Wolga (1991); Der Zweite (1997); Der Letzte (Frühjahr 2000).

Das thüringische Bad Salzungen war 1988 schon einmal in aller Munde, als Landolf Scherzers Reportage »Der Erste« erschien. Erstmalig gab es eine sensationelle Innenansicht aus dem Parteiapparat, die vor allem die inneren Probleme der DDR widerspiegelte. Was lag näher, als fünf Jahre später erneut als Schatten einem Kommunalpolitiker zu folgen: diesmal war es der zweite Landrat nach der Wende, ein ehemaliger hoher Bundeswehroffizier, und wieder entstand mit dieser Reportage ein begeistert aufgenommenes Zeitbild.

»Was Scherzer zu Papier bringt, ist ein außergewöhnlich lebensnahes Protokoll der Stimmungen in Ostdeutschland in den ersten Jahren der Vereinigung. Scherzer läßt sich, ganz im Sinne seines großen Vorbildes Egon Erwin Kisch, auf die Verhältnisse ein – nicht als distanzierter Forscher, sondern als neugieriger Wanderer, der an einen Ort zurückkehrt, der eine Zeit seines Lebens beeinflußte.«

Die Zeit

Landolf Scherzer

DER ZWEITE

Aufbau Taschenbuch Verlag

ISBN 3–7466–1597–6

1. Auflage 2000
Aufbau Taschenbuch Verlag GmbH, Berlin
© Aufbau-Verlag GmbH, Berlin 1997
Umschlaggestaltung Preuße & Hülpüsch Grafik Design
unter Verwendung des Gemäldes »Straße VI« von Volker Stelzmann
Druck: Elsnerdruck GmbH, Berlin
Printed in Germany

www-aufbau-taschenbuch.de

Die Welt scheint an diesem 92er Novembermorgen verdreht zu sein. Denn obwohl die endlose Lichterschlange nur ruckweise aus der Stadt Bad Salzungen herauskriecht und mit mir lediglich einzelne Autos in die – so kenne ich das noch – »Kreis- Garnisons- Kur- und Industriestadt« hineinfahren, sind die Straßen und Plätze vor dem Landratsamt mit parkenden Wagen verstopft. Ich stelle meinen PKW notgedrungen auf den früher überfüllten und heute fast leeren Parkplatz des größten Betriebes der Stadt, des Kaltwalzwerkes.

Die Tür zum Landratsamt steht offen. Ein beschlipster Pförtner sitzt gelangweilt in der Eingangszentrale. Er verlangt nicht wie früher den Personalausweis, fragt nicht nach dem Woher, Wohin und Warum und trägt auch keine Personalien in eine dicke, verschmuddelte Besucherkladde ein. Dieser Pförtner läßt jeden passieren. Er stiert ins Leere, als sei man ein Nichts. Ein Nichts, das keinen Blick, geschweige denn eine Personalüberprüfung wert ist. Im Treppenhaus aber riecht es so, wie es in diesem Amt schon roch, als es noch »Rat des Kreises« hieß und ich es 1987 zum erstenmal betreten hatte: nach einem Gemisch von Rotkraut, verbrannter Panade, Mischgemüse, Bratfisch, Sauerkraut, Roten Beeten und Erbsensuppe. Damals hatte ich im zehn Minuten entfernten sogenannten »Großen Weißen Haus« den 1. Sekretär der SED-Kreisleitung, den Genossen Hans-Dieter Fritschler, vier Wochen bei seiner Arbeit beobachten dürfen. (Und danach das Buch »Der Erste« geschrieben.) Fritschler war mit mir schon am zweiten

Tag in das heutige Landratsamt marschiert, um mir den Vorsitzenden vom Rat des Kreises – also den obersten Vertreter der staatlichen Macht im Kreis – den Genossen Eberhard Stumpf vorzustellen ...

Auf der Orientierungstafel lese ich, daß der neue Landrat Baldus im selben Zimmer regiert, in dem bis 1990 der Ratsvorsitzende Genosse Stumpf saß. Der war, als ich ihn kennengelernt hatte, fünfundvierzig Jahre alt, von Wuchs ein Hüne und als gelernter Maschinenschlosser zum Staatsfunktionär umfunktioniert worden. Er beschäftigte sich damals unter anderem mit solchen Problemen: »Eine Verkäuferin, die an ihrer Arbeit in einer kleinen staatlichen Einraumverkaufsstelle hängt, kommt Rotz und Wasser heulend zu mir gelaufen und sagt, daß sie ihr Geschäft nicht mehr bis 18 Uhr auflassen könne, denn die Kinderkrippe schließe neuerdings um 17.30 Uhr. Niemand würde ihr Kind abholen. Die Oma arbeite Schicht, und ihr Mann hätte sich scheiden lassen. Wenn ich der guten Frau sage, daß sie den Laden um 17 Uhr schließen darf, entscheide ich mich für diese eine Kollegin und ihre Sorgen, aber letztendlich gegen hundert andere Bürger, die dort abends noch einkaufen wollen. Außerdem handle ich gegen unseren Ratsbeschluß zur Durchsetzung der Ladenöffnungszeiten. Ich weiß nicht, was ich machen soll ...« Und hilflos fragte er mich damals, wie ich in diesem Fall entscheiden würde.

Das Treffen mit dem Landrat wird meine erste Begegnung mit der neuen Staatsmacht sein. Auf der Toilette wasche ich mir die Hände. Die Toiletten erinnern nicht mehr an Vergangenes. Sie glänzen in Chrom, und die Wasserspülung wird jetzt automatisch an- und abgestellt.

Bevor ich die Treppe zum Zimmer des Landrates hinaufsteige, beobachte ich verwundert drei junge Leute in löchrigen, alten Anoraks und schmutzigen Hosen. Plastebeutel in den Händen haltend, tappen sie unrasiert und frierend in das Amtsgebäude hinein. Der wahrscheinlich Älteste von ihnen trägt eine lange, viel zu große braune Kunstlederjacke und hat einen feuerroten wildwachsenden Vollbart. Zu dem Jüngsten des Trios, einem milchgesichtigen und etwas hilflos Dreinschauenden, sagt er, als sie an mir vorübergehen: »Andreas, die Beamten haben heute gut für uns geheizt.« Und der mit Andreas Angesprochene kramt Handtuch, Seife und Zahnbürste aus seiner Plastetüte und erledigt am Waschbecken auf dem Gang seine Morgentoilette. Der Rotbärtige setzt sich wortlos in die Reihe. Und der Dritte von ihnen holt eine Flasche Korn aus seiner Anoraktasche, reicht sie dem Nachbarn. Ein Angestellter, der sieht, daß ich die Szene neugierig betrachte und vielleicht mißdeuten könnte, sagt mir: »Die gehören nicht hierher! Die holen hier nur ihr Geld ab. Assis!«

Im Vorzimmer vom Landrat empfängt mich eine junge schöne Frau. Sie trägt hohe Stiefel, schwarze Strümpfe, Minirock, weiße Spitzenbluse und hat lange blonde Haare. Vom Fenster des Konferenzzimmers, in dem ich auf den Landrat warten soll, versuche ich, die Umgebung draußen zu betrachten. Aber anstelle von Gardinen hängen weiße papierähnliche Streifen davor, die durch Fäden miteinander verbunden sind und sich lediglich in ihrem Neigungswinkel verändern lassen. So kräftig ich auch an den Strippen ziehe, die Sicht nach draußen wird nicht frei. Kein Durchblick.

Vor einigen Wochen hatte ich im Büro des Landrates angerufen und gebeten, den neuen Landrat, Stefan Baldus, für einige Wochen bei seiner Arbeit begleiten zu dürfen. Die sehr schnell sprechende männliche Stimme am Telefon, die manchmal die Anfangssilben verschluckte, erkundigte sich, ob ich der Schriftsteller wäre, der das Buch über den SED-Ersten des Kreises, den Genossen Hans-Dieter Fritschler, geschrieben hätte. Und als ich das bestätigte, wußte der Mann am Telefon sofort, daß »unser Herr Landrat an einer Zusammenkunft nicht interessiert ist, er arbeitet sich jetzt erst ein«. Weil ich nicht aufgab, versprach er, meine Bitte an den »Herrn

Landrat« weiterzuleiten. »Rufen Sie mich in zwei Wochen wieder an und verlangen Sie Klaus Urban.« Klaus Urban? Ich fragte: »Sind Sie der Urban, der zu SED-Zeiten erster Kreissekretär der CDU war?« Er sagte leise »Ja«, und ich erinnerte mich, daß Hans-Dieter Fritschler mir über Klaus Urban gesagt hatte: »Wenn ich mit allen Genossen so gut auskäme wie mit dem CDU-Kreisvorsitzenden und wenn alle SED-Parteifunktionäre so verantwortungsbewußt und ordentlich arbeiten würden wie er, dann wären wir mit dem Sozialismus in der DDR schon ein gutes Stück weiter.«

Vierzehn Tage später erhielt ich von Klaus Urban eine Absage, denn wie er schon zuvor gewußt hätte: »Die meisten Parteifreunde des CDU-Kreisvorstandes sind dagegen ... äh ... ich wollte sagen, der Landrat ist dagegen, daß Sie ihn jetzt bei seiner Arbeit begleiten. Leider.« Ich sagte, daß ich auch ohne behördliche Genehmigung über den neuen Landrat und die neue Zeit im Kreis Bad Salzungen schreiben würde. Zehn Tage später erhielt ich einen Termin beim Landrat.

Stefan Baldus ist 84 Tage nach der Gründung der Bundesrepublik Deutschland und 21 Tage vor der Gründung der Deutschen Demokratischen Republik geboren worden. Er war Offizier in der Bundesrepublik und kommandierte von 1991 bis zum Herbst 1992 das Panzergrenadierbataillon in Bad Salzungen. Danach wählten die Abgeordneten des Werrakreises den katholischen Christdemokraten aus dem Westerwald zum Landrat. Zum zweiten nach der Zeitenwende. Und der erste, der einheimische Vorgänger Achim Storz, räumte nach Stasi-Vorwürfen den Schreibtisch aus.

Am Abend vor dem Gespräch mit dem Landrat hatte ich sein Foto aus der Zeitung herausgerissen und versucht, mir das Gesicht einzuprägen. Auf den ersten Blick schien das Bild aus der Kartei der Kriminalpolizei zu stammen: kurzgeschorener Kopf, die Bartstoppeln genauso lang wie die Haare, die Augen eng stehend, ein wenig zusammengekniffen. Doch wenn man genauer hinschaute, konnte das Bild auf einem Zirkusplakat auch den Clown ankündigen, denn die Mitte des Gesichts zierte eine extrem dicke Knollennase, die das kurzgeschorene Drumherum freundlich machte. Neben dem Zeitungsfoto standen einige Sätze der Rede, die der neue Landrat beim Hubertusfest in Dermbach gehalten hatte: »Kommunismusbelastete Menschen müssen sich erst bewähren, bevor sie wieder gleichberechtigt in öffentliche Ämter eingefügt werden dürfen.« Bewähren? Und wer darf einfügen?

Als ich noch erfolglos an der Jalousie im Konferenzzimmer zerre, geht die Tür auf. Ich fühle mich ertappt und zucke zusammen. Doch wahrscheinlich wäre ich ohnehin erschrocken, denn der Mensch, der in der Tür steht, muß sich ein wenig bücken, um nicht mit dem Kopf anzustoßen. Das Foto in der Zeitung stimmt. Der Landrat geht sehr schnell, Schlips- und Anzugfarbe sind sorgfältig aufeinander abgestimmt, die Begrüßungsworte sind freundlich und gleichzeitig unverbindlich.

In seinem Arbeitszimmer sehe ich an der Wand zuerst das große Portrait. An derselben Stelle, von der aus früher Erich Honecker seinen SED-Ratsvorsitzenden, Genossen Eberhard Stumpf, bei der Arbeit kontrollierte, beobachtet nun Konrad Adenauer die Geschäfte seines CDU-Landrates Stefan Baldus. Der zündet sich im Stehen eine klobige Pfeife an. Ich sage, daß sich nicht viel verändert hat in diesem Arbeitszimmer. »Lediglich die Bilder vertauscht. Wie überall. Nur die Strukturen und Verordnungen ausgewechselt und der ehemaligen DDR dafür die Gesetze der Bundesrepublik übergestülpt.« Das hätte ich zur Begrüßung besser nicht gesagt, denn er widerspricht sofort sehr energisch: »Sie irren, Herr Scherzer! Die DDR ist auf eigenen Antrag ein Teil der Bundesrepublik geworden. Es ist ihr nichts, aber auch gar nichts übergestülpt worden, sie hat sich den Mantel selbst angezogen – oder anders gesagt: Sie ist unter den Mantel der BRD gekrochen!« Und danach, damit ich wüßte, mit wem ich es zu tun hätte: Er sei in einem katholischen, konservativen Elternhaus aufgewachsen und im Glauben an Gott, Freiheit und Demokratie, in der sich alle Menschen selbst verwirklichen könnten, erzogen worden. »Jede Form von Diktatur lehne ich ab, gleich ob sie sich Faschismus oder Kommunismus nennt.« Er kramt in einem Zettelkasten, der auf seinem Schreibtisch steht, und zitiert. »Mit Charakter bezeichnet man das Festhalten an seiner Überzeugung ... Offenbar wird man von einem Menschen, der seine Ansicht alle Augenblicke ändert ... nicht sagen: Er hat Charakter. Man bezeichnet also nur solche Menschen mit dieser Eigenschaft, deren Überzeugung sehr konstant ist. Clausewitz.« Ich habe Clausewitz nicht gelesen und sage ihm, daß es leichter sei, an einer Überzeugung festzuhalten, wenn sie – wie seine antikommunistische – gerade bestätigt worden ist. Unsereiner dagegen ...

Er schlägt vor, daß wir nebenan im Bistro zu Mittag essen, zieht seinen knöchellangen schwarzen Wollmantel an und setzt einen schwarzen breitkrempigen (Cowboy- oder Mafiosi-?) Hut auf. Im Bistro sitzen wir auf barhockerähnlichen Drehstühlen. Der Landrat hat Mühe, bei Essen aus seiner Höhe herunterzukommen.

Leidenschaftlich erzählt er mir von seinem Hobby, dem alpinen Bergsteigen. »Anfangs sind meine Frau und ich auch auf schwierige Berge ohne Seil hinaufgeklettert. Deshalb kenne ich das Gefühl der totalen Panik, der Bewegungsunfähigkeit. Todesangst, wenn man an der Wand hängt und unten die Tiefe sieht. Das dauert nicht nur zwei oder drei Minuten, das dauert manchmal viel länger. Doch am nächsten Tag muß man denselben Berg wieder hinauf.« Mittlerweile sei das seine Lebensmaxime ... Ich habe keine Ahnung vom Bergsteigen. Ich wechsle das Thema und frage nach den Überlebenschancen für die Kalibetriebe in Thüringen. Da legt er Messer und Gabel zur Seite. Es gebe zwei Möglichkeiten:

Entweder die ostdeutschen Kalibetriebe würden einzeln privatisiert, dann müßten sie sehr schnell und radikal Kumpel entlassen, damit sie effektiver produzierten. In diesem Fall könnten sie über die Entlassungen selbst entscheiden. Die schlechtere Variante wäre die Fusion mit der westdeutschen Kali und Salz AG. »Wenn die erst einmal die ostdeutschen Kali-Konkurrenzbetriebe geschluckt haben, werden sie nach der Fusion natürlich unsere Thüringer Gruben schließen und die eigenen hessischen verschonen.« Er hat wirklich »unsere« gesagt. »Ich bin dafür, im Kalibetrieb Merkers noch mehr Kumpel zu entlassen, denn nur dadurch werden einige dort ihre Arbeit behalten können. Im Jahr 2000 wird in Deutschland ein Drittel aller Arbeitsfähigen sehr viel arbeiten müssen. Ein Drittel ein bißchen. Und ein Drittel wird überhaupt nicht arbeiten dürfen. Die müssen dann von den übrigen miternährt werden.«

Doch wenn Arbeit für dieses letzte Drittel nicht nur Geldverdienen zum Zwecke der Ernährung bedeutet?

Baldus bezahlt unser Essen und unseren Wein.

Auf dem Rückweg in das Landratsamt sage ich, daß ich über seine Arbeit schreiben möchte. Er bleibt stehen, grient zum erstenmal und antwortet: »Wenn ein Roter über einen schwarzen Landrat schreibt, ist das keine gute Reklame für dessen Wiederwahl.«

»Ein Roter?«

»Einige meiner Salzunger CDU-Freunde, die schon in der DDR im Kreisvorstand arbeiteten, haben mich eindringlich gewarnt: ›Der Scherzer war ein staatsnaher Schriftsteller.‹«

»Sie als hoher Bundeswehr-Offizier standen dem Staat doch wohl sehr viel näher als ich?«

»Aber im Gegensatz zu Ihnen immer auf der richtigen Seite!«

Beim Abschied lädt er mich für Mitte Dezember zu einem Probetag bei ihm ein.

Auf der Heimfahrt steht eine Anhalterin neben dem Ortsaus-gangsschild von Bad Salzungen. Sie zeigt nicht charmant lächelnd mit dem Daumen in die Fahrtrichtung, sondern fuchtelt ungeschickt und wild mit ihren Armen, als müßte sie einen in den Abgrund rasenden Zug anhalten. Sie hat eine graue Hose und einen beigefarbenen Anorak an und sieht wie ein kleiner, aus dem Nest gefallener Vogel aus. Will nach Schmalkalden, ist aber auch zufrieden, daß ich sie nur bis zum Abzweig nach Niederschmalkalden, der »Zwick«, mitneh-men kann. Als rechts von uns der Schornstein des Immelbor-ner Hartmetallwerkes zu sehen ist, erzählt sie, daß ihr Mann in der Mittagspause einmal mit umgehängter Sani-Tasche den rund 20 Meter hohen Schlot hinaufgeklettert sei. »Dort oben nistete jedes Jahr ein Storchenpaar, und die Kollegen hatten meinem Mann weisgemacht, daß sich ein Jungstorch das Bein gebrochen hätte und dringend Hilfe bräuchte. Und weil der Herbert, was mein Mann ist, mittags schon wieder angetrunken war, kletterte er hinauf.« Danach hätte er jahre-lang keinen Schnaps angerührt. Inzwischen sei das Immelbor-ner Werk pleite. Der westdeutsche Unternehmer Kauhausen hätte zuerst vor den Arbeitern große Reden geschwungen: »›Wir sitzen alle in einem Boot. Euer Schicksal ist auch mein Schicksal.‹ Aber in Wirklichkeit interessierten den nur die Fördermillionen der Treuhand. Und als er die verbraten hatte, meldete er Konkurs an. Glauben Sie bloß nicht, daß sich einer dieser Spekulanten aus dem Westen darum kümmert, was aus den Ostarbeitern wird. Die Arbeiter sind nur ein notwendi-ges Übel beim Geldmachen. Und wenn man Geld machen kann ohne die Arbeiter, dann schert man sich einen Dreck um sie.«

Vor einem halben Jahr sei ihr Mann entlassen worden. Und seit zwei Monaten säße er wieder in der Kneipe. Die Kinder würden es Gottseidank nicht merken, er käme immer erst ge-gen 11 Uhr nachts nach Hause.

Die kleine Frau hat in der Kammgarnspinnerei Nieder-schmalkalden an einer Spinnmaschine gearbeitet. Mittler-weile arbeiten dort von früher 1000 Leuten noch rund 120. »Ich habe über vierzig Bewerbungen geschrieben, mich an-geboten als Reinemachfrau bis zur Haushaltshilfe. Die ein-zige positive Antwort erhielt ich vom Versandhaus Quelle in Nürnberg. Aber wie soll ich mit zwei kleinen Kindern zu Hause täglich bis nach Nürnberg fahren?« Allerdings wolle sie nicht klagen, denn für das nächste Jahr hätte ein Bekann-ter ihr eine Stelle an einem Bratwurststand in Schmalkalden versprochen. In der Zwischenzeit würde sie zweimal in der Woche zu ihrer arbeitslosen Schwester, einer ehemaligen Schuldirektorin, in das Salzunger Neubaugebiet fahren. »Wir essen Kuchen, kochen Kaffee und stricken dann bis zum Nachmittag Pullover. Eine Psychologin hat meiner Schwe-ster geraten: besser stricken als in die Klapsmühle.« Sie lacht, als sie das sagt.

An der Abzweigung nach Schmalkalden neben der »Zwick«, dem Betrieb, in dem sie früher gearbeitet hat, halte ich und frage die kleine Frau nach ihrem Namen. Sie schaut mich plötzlich mißtrauisch an und fragt: »Wozu brauchen Sie mei-nen Namen? Sind Sie vom Arbeitsamt? Wir verkaufen die Pullover, die wir stricken, doch nicht!« Ich beruhige sie, aber sie will ihren Namen nicht nennen. Ich sage, daß ich sie die zehn Kilometer bis nach Schmalkalden noch fahren könnte. Doch sie greift hastig zum Türgriff. Nein, sie würde lieber mit dem Zug weiterfahren.

»Und weshalb wollen Sie mir Ihren Namen nicht sagen«, frage ich.

»Mein Bruder«, sagt sie, »mein jüngerer Bruder, der hat noch Arbeit! Und vielleicht bekomme ich auch wieder eine Stelle. Aber wenn jemand liest, was ich Ihnen gesagt habe, solch eine, die so etwas sagt über die Unternehmer, die nimmt doch kei-ner.« Sie geht an der »Zwick«, in der die meisten Fenster verstaubt und blind sind, über die Kreuzung zur Straße nach Schmalkalden. Und dreht sich kein einziges Mal nach ihrem ehemaligen Betrieb um.

Der Probetag

Schon vor 7 Uhr bin ich im Landratsamt. Eine Frau im hellblauen Kittel werkelt noch mit Staubsauger und Putzlappen im Vorzimmer. Ich frage sie, ob der Landrat drin ist. Sie drückt beide Arme ins Kreuz und sagt mißmutig: »Lag sein großer schwarzer Hut etwa draußen auf der Garderobe?« »Nein«, sage ich. »Na also. Kein Hut draußen – kein Chef drin, so einfach ist das, junger Mann.« Außerdem, Arbeitsbeginn sei hier zwischen 7 und 8 Uhr. Gleitende Dienstzeit. Kontrolliert würde alles von der Stechuhr, genau wie in der Fabrik. Der Herr Landrat und seine Dezernenten, die müßten allerdings nicht stechen. »Und wenns der Landrat nicht merkt, daß die zu spät kommen, und einige von diesen Herren die haben eben früh noch was in der privaten Firma zu erledigen, also wenns der Landrat nicht merkt, die Untergebenen halten schön die Klappe ... Aber wehe, unsereiner ist nicht pünktlich oder es sieht noch wüst aus, wenn der Herr Landrat erscheint, da sind die hohen Herren schnell mit der Abmahnung und der Entlassung. Haben Sie mal den großen runden Tisch im Zimmer vom Landrat gesehen? Der, auf dem Hunderte Zettel, Akten, Prospekte und Notizen herumliegen. Und dazwischen sogar Zuckerstücke! Ja Zuckerstücke! Da darf ich nicht ran, hat der Landrat gesagt. Dort will er irgendwann selber aufräumen.«

Als sich ein junger Mann mit pausbäckigem Gesicht und rundlicher Figur auf einen der zwei kleinen Wartestühle im Vorraum setzt, sein Aktenköfferchen neben sich stellt und dann schweigend, die Innenflächen der Hände aneinandergelegt und artig zwischen die Knie gepreßt, sitzen bleibt, verstummt die Putzfrau sofort und bückt sich wieder. Kurz danach marschiert der Landrat im Eilschritt in sein Zimmer. Er bedeutet dem Aktenkofferträger einzutreten und stellt ihn mir als Innendezernent Rauschelbach vor. Wir setzen uns an den papierüberladenen runden Tisch. Rauschelbach schlägt sein Notizbuch auf. »Gestatten Sie, Herr Landrat, daß ich Sie kurz informiere?«

»Ich bitte darum!«

Während er berichtet, dringt, zuerst kaum hörbar, später immer deutlicher, eine laute, erregte Männerstimme durch die ledergepolsterte, aber wahrscheinlich nicht ordentlich verschlossene Tür. »Eine Sauerei ist das . . . keiner fühlt sich verantwortlich in diesem Laden. Zu DDR-Zeiten hätte ich schon längst einen Brief an Honecker geschrieben.«

Ob der Mann draußen mit der Reinemachfrau spricht?

»Wenn die erst einmal auf dem Beamtenstuhl sitzen, heben sie den Arsch nicht mehr hoch. Das war früher so und heute erst recht. Und gut bezahlt wirds außerdem. Denken Sie ja nicht, daß einer der Staatsdiener zu mir gesagt hätte, es ist gut, daß Sie die Kaserne kaufen wollen und daraus ein Nachfürsorgeheim für alte Leute, die aus dem Krankenhaus kommen, machen wollen.«

Ich schaue mich zwischen den Akten, Zetteln, Prospekten und Visitenkarten, die auf dem runden Tisch vor uns liegen, neugierig um. Und entdecke zwischen all den Haufen Papier wirklich Zuckerstückchen.

Der Landrat fragt seinen Innendezernenten, ob er inzwischen auch dem »Verein der Immelborner Kiesrebellen« beigetreten sei. Und der Dezernent beeilt sich zu erklären, daß er als Mitarbeiter im Landratsamt diesem aufmüpfigen Verein natürlich nicht angehöre. Er kämpfe allein gegen die westdeutsche Firma Kirchner, die auch auf seinem Grundstück Kies zu einem Schnäppchenpreis für 1 oder 2 Mark pro Quadratmeter Grundstücksfläche ausbaggern wolle. Im Westen müßten sie dafür 30 bis 40 Mark bezahlen. Der Landrat rät seinem Dezernenten zur Mäßigung. »Es hängen viele Arbeitsplätze an dem Kieswerk. Wenn die Leute, unter deren Grundstücken Kies liegt, den Kirchner nicht mehr weiterbaggern lassen, muß der die Arbeiter entlassen.«

Der Mann von draußen hat sich beruhigt, er läßt sich überreden, noch einmal in die Wirtschaftsabteilung zu gehen, flucht nur noch: »Wäre ich ein Wessi, müßte ich hier nicht selbst herumlaufen, dann hätte das meine Bank für mich erledigt!« und schlägt die Tür zu.

Dezernent Rauschelbach erhebt sich. »Herr Landrat, ich darf mich verabschieden.« Der Landrat sagt: »Ich bitte darum.«

Beim Frühstück im kleinen Hinterzimmer, dem Vorzimmer des Landratbüros, begrüßt mich der ehemalige CDU-Kreisvorsitzende Klaus Urban freundlich und berichtet danach dem Landrat, sprudelnd wie ein Wasserfall, über seine Inspektion in den Schulen des Kreises. »Ich sage dir Stefan, das ist unvorstellbar, Stefan, das kann man nicht beschreiben, der Zustand in den Schulen des Kreises ... alles haben die vergammeln lassen in der DDR, der Putz bröckelt herunter, Löcher im Fußboden und in Dächern. Es ist unvorstellbar, wie die das heruntergewirtschaftet haben, die ... die ... die SED-Genossen.«

Baldus trinkt nur einen Schluck Kaffee im Stehen. Dringende Gesprächstermine. Der Vertreter der Thüringer Verbraucherzentrale (»Es werden immer mehr Konsumenten im Osten durch dubiose Geschäftemacher aus dem Westen schändlich, Verzeihung, schändlich beschissen, Herr Landrat.«) müßte in Salzungen die Zweigstelle schließen lassen, wenn nicht das Landratsamt wenigstens eine halbe Stelle kostenmäßig übernehmen würde.

Der Wirtschaftsdezernent Klüber macht Mitteilung, daß er vor Gericht soeben erfolgreich gegen Verleumdung geklagt hätte, denn die Leute, die ihm jetzt nachsagten, daß er sich als Dezernent während der Dienstzeit bei Fahrermangel selbst an den LKW setze und sein Amt benutze, um in die Fuhrunternehmerstasche seiner Frau zu wirtschaften, das wären schon zu DDR-Zeiten Nörgler und kleine Gernegroße gewesen, die es damals wie heute zu nichts gebracht hätten. Damals nicht, als er noch kleiner CDU-Bürgermeister in der Grenzgemeinde Schleid gewesen sei, und heute nicht, wo er es bis zum Wirtschaftsdezernenten gebracht hätte. Ich will widersprechen, sagen, daß damals ein Bürgermeister an der Grenze schon was Bedeutendes war, denn dafür nahm man nur die zuverlässigsten Genossen und die allerzuverlässigsten Blockpolitiker, aber der Dezernent verschwindet so schnell, wie er gekommen ist.

Nach ihm beschwert sich der westdeutsche Bauherr vom großen Salzunger Hotel über den heftig rauchenden Schlot der Post und den »unzumutbaren geschäftsschädigenden Geruch« des Bratwurststandes, den die hiesige Treuhand neben seinem Hotelneubau genehmigt hätte. »Man könnte denken, in Post und Treuhand sitzen noch die alten Roten und sabotieren unsere freie marktwirtschaftliche Arbeit.«

Danach kurze Terminpause. Unterschriftenmappe. Baldus schaltet mit der Fernbedienung den CD-Player ein. Mozart. Ich schaue mich in seinem Zimmer um. An der Tür hängt eine große Bahnhofsuhr mit elektronischer Anzeige. Ihr gegenüber tickt laut und majestätisch ein prächtiger Westminster. Daneben stehen auf einem Tischchen die Europafahne, die Thüringer Fahne und dickbäuchige leere Vasen. Auf einem Schränkchen neben der Tür, für jeden, der hinausgeht, nicht zu übersehen, das Farbfoto einer jungen Frau. Lachend. Lokkenkopf. Braungebrannte nackte Schulter. »Meine Frau.« Sie hat ihr Geschäft in Hannover aufgegeben und ist dem Landrat nach Bad Salzungen gefolgt. Ebenfalls nicht zu übersehen: ein aus Pappmaché und Gips geformtes großes Schlachtenpanorama. Auf dessen Sockel steht: »Zur Erinnerung an die Schlacht am Mühlberg. 14. September 1987.« Als der Landrat sieht, daß ich es aufmerksam begutachte, legt er die Unterschriftenmappe zur Seite. »Ich war bei dieser Übung Stellvertreter des Bataillonskommandeurs und Führer des Gefechtsstandes. Unser Bataillon war in einer Breite von 14 Kilometern und einer Tiefe von 3 Kilometern zur Verteidigung eingesetzt. Aber der Kommandeur hatte sich in der entscheidenden Gefechtsphase verfahren und den Funkkontakt zu seinen Untergebenen verloren. Die Verteidigung brach zusammen. Er saß hilflos in seinem Schützenpanzer. Die Reservekompanie, die den Gegenangriff starten sollte, verirrte sich irgendwo im hessischen Bergland. Und dann tauchten die Panzer der Angreifer auf, woher wußten wir nicht, und hinter dem Gefechtsstand landeten gegnerische Fallschirmspringer. Ein absolutes Chaos. Ich habe einige Soldaten, die ziellos umherliefen, um mich geschart und doch noch eine Verteidigung organisiert. Zum Schluß stand ich mit der Pistole in der Hand auf dem Schützengraben.«

»Sind Sie in die ehemalige DDR gegangen, um hier Landrat zu werden?«

»Nein, ich bin rübergekommen, um bei der Umstrukturierung der NVA zu helfen, mehr nicht.«

Der Mann, der die NVA-Kaserne in Buttlar kaufen und daraus ein Nachfürsorgeheim bauen will, ist erfolglos wieder im Landratsvorzimmer gelandet. Kürschner, der »Persönliche« vom Landrat (früher Ingenieur im benachbarten Leuchtstoffröhrenwerk), fragt, ob er ihn für eine Minute hereinschicken dürfe. Baldus nickt. Und der Mann in Rollkragenpullover und Windjacke redet schnell und laut und ohne Umschweife. Der Landrat mustert ihn von oben bis unten. »Und woher soll ich wissen, daß Sie, wenn Sie Gebäude und Grundstück gekauft haben, dort wirklich eine Pflegeeinrichtung aufbauen und nicht die rote Laterne heraushängen?«

»Sie brauchen sich nur zu erkundigen. Ich komme doch nicht aus dem Westen, die Leute hier kennen mich als einen ordentlichen Bürger. Ich wohne in Sünna. Sünna, Herr Landrat, ist ein Nachbarort von Buttlar.« Der Landrat verärgert: »Ich weiß selber, daß Sünna ein Nachbarort von Buttlar ist.« Der Mann, nun den Reißverschluß seiner Windjacke nervös hoch- und herunterziehend: »Verzeihung, Herr Landrat, ich dachte nur ... Weil Sie nicht von hier sind.«

Als nächster (»Grüß Gott, Herr Landrat«) erscheint der Fuhrunternehmer Sostmeyer in bayerischer Trachtenjacke, mit seinem Ostpartner, dem ehemaligen Direktor des VEB Kraftverkehr Bad Salzungen. Der dankt Sostmeyer weitschweifig, daß er geholfen hätte, für 150 der ehemals 400 Beschäftigten die Arbeit zu erhalten. Sie wären nun Partner ... Sostmeyer dreht unruhig an den Hornknöpfen seiner Jacke und unterbricht die Rede abrupt. »Was heißt Partner, lediglich Schrottkisten von Autos fuhren hier, marode wie alles in diesem Land. Aber das kennen Sie, Herr Landrat, vom Fuhrpark in der NVA. Die Erneuerung hat uns Millionen gekostet. Doch es war eine Zeit der Euphorie, wir sind schließlich nur gekommen, um den Brüdern und Schwestern in der Zone zu helfen. Ich erinnere mich an die ersten Fahrten in den Osten. Jeder wollte den Kindern – wie haben deren Augen dankbar geleuchtet – wenigstens ein paar Bananen schenken. In manchem Dorf habe ich zwei oder dreimal angehalten.«

Nun hat er wirklich einen Hornknopf abgedreht. Er steckt ihn in die Tasche, ohne seine Rede zu unterbrechen.

»Ich bin schon fünfundsechzig, Herr Landrat, hätte es gar nicht mehr nötig, mich hier aufzureiben. Denn lohnend ist das Geschäft im Osten nicht, nur Einbahnverkehr. Voll beladen mit Westwaren in den Osten bis zur Oder und leer wieder zurück in den Westen. Außerdem würde ich mein Unternehmen lieber an die polnische Grenze verlegen. Dort sind die Leute noch auf unsereinen angewiesen, sagen trotz niedriger

Löhne ›danke‹. Die können nämlich nicht wie die Thüringer täglich nach Bayern oder Hessen zur Arbeit fahren.« Außerdem würden die neuen Westunternehmen, die wie das hiesige Kabelwerk Millionen DM Ost-Fördergelder kassiert hätten, ihr Material mitnichten von Ostfirmen, also beispielsweise seiner, fahren lassen, sondern die würden die Transportaufträge auch noch ihren alten Bekannten aus dem Westen zuschanzen.

»Und dagegen, verehrter Herr Landrat, sollte der Staat endlich im Sinne des Aufschwungs Ost sehr energisch einschreiten.«

Baldus schüttelt den Kopf. Er kenne das Problem aus dem Salzunger Kaltwalzwerk. Das hätte im Bosch-Werk Brotterode angefragt, ob es seine Scheinwerfer nicht aus hiesigem Stahlblech herstellen könne. Aber das entscheide nicht die Geschäftsführung in Brotterode, sondern die Boschzentrale in Stuttgart. Und die bestelle für ihr Ostwerk eben kein Material aus dem 20 Kilometer entfernten Bad Salzungen, sondern zusätzliches Blech aus den westlichen Walzwerken.

»Meine Herren, es ist doch schlicht und ergreifend so: Das Kapital geht seine fremdbestimmten Wege und nicht die Wege, die wir gerne hätten. Daran ist nichts zu ändern. Und den Staatssozialismus mit Planwirtschaft wollen wir doch nicht noch einmal?« Sostmeyer verneint heftig, aber dann sagt er aufbegehrend: »Ich denke, daß die Unternehmen von den Politikern solidarische Unterstützung verlangen können! Wozu denn sonst haben wir CDU und Sie, Herr Landrat, gewählt?« Baldus, sehr bestimmt, aber immer noch freundlich: »Sie irren, Herr Sostmeyer, nicht die Unternehmen haben mich gewählt, sondern der Souverän, das Volk.«

Und er empfiehlt ihm, sein Transportproblem solidarisch am Unternehmerstammtisch zu klären . . .

Vor der Sitzung des Bildungsausschusses, an der er nachmittags teilnehmen will, marschiert Baldus im Eiltempo durch die Stadt, um einen Hosengürtel zu kaufen. »Einen echten, aus Leder.« Die Verkäuferin präsentiert drei verschiedene Muster. »Mehr haben Sie nicht?« »Nein, das ist alles an Herren-Ledergürteln.« Mißmutig geht er wieder. »Dreißig Kilometer weiter, in Fulda, hätten sie mir zehn verschiedene angeboten.«

Wir kommen zu spät zur Sitzung des Bildungsausschusses. Für den Landrat wird am Tisch zur Seite gerückt, ich setze mich abseits. Baldus informiert, daß der Herr Scherzer heute sein Gast sei. Die Versammelten taxieren mich von freundlich bis gleichgültig. Nur ein älterer untersetzter Mann, der mühsam einige Haarsträhnen auf seiner Glatze »flächendeckend« geordnet hat, zischelt mit dem Landrat und guckt böse. Beraten wird im Ausschuß die Trennung der »Stadt- und Kreisbibliothek Bad Salzungen«. Allerdings nicht räumlich, nur die Mitarbeiter und die Bücher sollen »gerecht« auf die Stadt und den Landkreis verteilt werden. Die Bibliotheksleiterin gibt zu bedenken, daß anschließend hunderttausende Bücher neu zu beschriften und zu katalogisieren wären.

Vor der Abstimmung meldet sich der Herr mit den geordneten Haarsträhnen. »Es ist bitternötig, daß wir auch im Kulturbereich unnatürliche Gebilde, die man uns im Sozialismus aufgezwungen hat, durch die bewährten ideologiefreien Strukturen der alten Bundesländer ersetzt. Solange wir die alten Strukturen beibehalten, behalten wir damit auch die Denkweise derjenigen, die sie eingeführt haben, nämlich der SED-Genossen.«

Nach der Abstimmung – die Aufteilung der Bücher und Bibliothekarinnen wird einstimmig beschlossen – zischelt jener Mann wieder mit dem Landrat, und vor dem nächsten Tagesordnungspunkt weist Baldus mich an, den Raum zu verlassen. Die Sitzung sei nicht öffentlich.

Ich gehe durch die Verbindungstür in das Nachbarzimmer,

in dem die Bibliothekarin sitzt, Rotz und Wasser heult und sich nicht beruhigen will über diesen »hirnverbrannten Blödsinn«. Ich erwidere, daß es ein demokratisch gefaßter Beschluß wäre. Später frage ich sie nach dem Mann, der so böse guckte und leidenschaftlich gegen die alten SED-Strukturen agitierte. »Das ist der jetzige CDU-Kreisvorsitzende Karl Klobisch*. Früher war er Lehrer, heute Direktor in Schweina.« Und eine der Sekretärinnen im Zimmer weiß, daß er angeblich noch kurz vor der Wende um Aufnahme in die SED gebeten hätte. Aber wegen der strengen sozialen Quotenreglung, damals wären zu viele Lehrer und zu wenige Arbeiter in der Partei der Arbeiterklasse gewesen, nicht aufgenommen worden und notgedrungen in die CDU eingetreten sei.

Mein Probetag ist vorzeitig beendet, und ich suche eine Kneipe. Vom Markt aus laufe ich in Richtung »Hübscher Graben«. Das große, weiße Haus (»SED-Kreisleitung Bad Salzungen, Hübscher Graben«) steht noch, genau wie die kleine baufällige Gaststätte »Zur Hilde«. Die Holztische dort sind blank gescheuert, und die junge Wirtin in ausgewaschenen Jeans fragt mich, ob ich »unser Bier« aus Kaltennordheim oder Bier »von drüben« trinken möchte. Neuankommende grüßen, indem sie auf die Tische klopfen. Es gibt Wurstsuppe, Kohlrouladen und Bratwurst mit Sauerkraut. Am runden Stammtisch qualmen die Männer wie die Schlote, und als die Wirtin den Ventilator vor der Rauchabzugsklappe anstellt, klappert er wie ein altertümlicher Webstuhl. »Schaltet ihn in fünf Minuten wieder aus«, bittet sie die Gäste und geht inzwischen nach nebenan, um Flaschenbier zu verkaufen. Als Hilde wiederkommt, kramt ein junger Mann am Stammtisch einen Packen Antragsformulare für Wohngeld und Sozialfürsorge aus seiner Tasche. »Morgen, mein lieber Freund, wir füllen es morgen aus«, sagt die Wirtin. Und schenkt eine Saalrunde Korn aus. Auch ich kriege ein Glas. Spendiert wird die Lage von zwei Immelbornern am Stammtisch. Sie arbeiten noch im Hartmetallwerk und glauben, daß sie – entgegen allen Unkenrufen – ihre Arbeit behalten werden. Denn es gäbe noch andere Wessis als diesen Kauhausen, der das Hartmetallwerk Immelborn nur wegen der Kredite und der zu verhökernden Immobilien erworben hätte. Beispielsweise diesen Peter Winter! »Hat zwar schon einen Bauch, ist aber sonst noch ein junger Revolutionär. Der steht vor dem Werktor, die Ärmel hochgekrempelt, die rote Fahne der IG-Metall in der Hand und ruft durchs Megaphon: ›Kollegen, wir lassen uns von den Westunternehmern nicht wie der letzte Dreck behandeln. Wir sind wer! Und wer wir sind, das werden sie noch spüren.‹ Der ballt die Fäuste und sagt, daß nicht nur der Betrieb erhalten bleiben wird, sondern auch der Lohn für die Arbeiter erhöht werden soll. ›Die Geldsäcke aus dem Westen müssen es endlich rausrücken! Die Ostarbeiter sind nicht schlechter als die Westarbeiter, sie lassen sich nur leichter bescheißen.‹« So rede der und sei selber aus dem Westen. Einer, der schon drüben auf der Seite der Arbeiter gestanden hätte und nun den IG-Metallchef von Südthüringen mache.

Und sie trinken auf diesen Peter Winter, und ich trinke mit, ohne ihn zu kennen…

Bevor ich gehe, frage ich, ob einer weiß, was Hans-Dieter Fritschler, der ehemalige erste Kreissekretär der SED, heute macht. Genaueres erfahre ich nicht, er hätte wohl bei seinem Freund, dem Autohändler Neubert, in der Waschanlage ausgeholfen.

»Und der Vorsitzende vom Rat des Kreises, der Eberhard Stumpf?«

»Der Genosse Stumpf läuft als Angehöriger der Wach- und Schließgesellschaft in Salzungen herum und paßt auf, daß den Unternehmern das Privateigentum an Produktionsmitteln nicht geklaut wird.«

Und darauf trinkt man noch eine Runde Korn.

Erst kurz vor Weihnachten erhalte ich in einem Brief vom Landrat das Ergebnis meines Probetages.

Er schreibt: »Sehr geehrter Herr Scherzer, für Ihren ganztägigen Aufenthalt in meinem Hause sage ich Ihnen nachträglich herzlichen Dank. Unsere anregenden Gespräche fand ich besonders informativ und wertvoll. Es ist Ihnen sicher nicht verborgen geblieben, daß einige unserer Mitmenschen erhebliche Vorbehalte gegenüber Ihrer Person und Ihren journalistischen Absichten hegen. ... Persönlich bin ich zu der Auffassung gekommen, daß Sie sich ernsthaft mit der Vergangenheit und der heutigen Zeit auseinandersetzen, und dem gegenüber die Ihnen entgegengebrachte Animosität durchaus einen kompensatorischen Charakter haben kann. Ihrem Wunsch, die Arbeit des Landrates von Bad Salzungen zirka drei Wochen lang kritisch zu begleiten, stehe ich aufgeschlossen gegenüber. Für das bevorstehende Weihnachtsfest wünsche ich Ihnen alles Gute und Gottes Segen. Mit freundlichen Grüßen, Stefan Baldus.«

Wir vereinbaren, daß ich am Montag, dem 12. Januar 1993, frühmorgens im Landratsamt antreten werde. Doch am Tag zuvor schickt der Landrat vorsorglich ein Telegramm: Am Montag könne ich ihn noch nicht begleiten, erst am Dienstag.

Der erste Tag

Am Dienstag erscheint der Landrat sehr spät zum Dienst und entschuldigt sich stolz: »Ich war gestern als einziger Südthüringer Landrat zum Neujahrsempfang beim Bundespräsidenten geladen. Und das, obwohl ich dem Kreis erst hundert Tage vorstehe.«

Doch davon würde er später berichten, im Moment gäbe es im Landratsamt nur ein Thema: die Gebietsreform.

Nach BRD-Vorbild sollten die kleinen DDR-Kreise sehr schnell zu größeren Verwaltungseinheiten zusammengelegt werden. Dadurch könnten sich die 36 Thüringer Kreise nach Vorstellungen des Innenministers auf 18 reduzieren. »Das heißt, es müßten dann 18 Kreise, 18 Kreisstädte, 18 Kreisverwaltungen und auch 18 Landräte zugunsten der größeren Strukturen ›abgeschafft‹ werden.« Im ungünstigsten Fall würde er, kaum als Landrat bestätigt, seinen Kreis, seine Kreisstadt und sich selbst »wegrationalisieren« müssen.

Er diktiert seiner hessischen Pressechefin: »Wenn in den 40 Jahren DDR je etwas Vernünftiges getan worden ist, dann war es die Gründung des Kreises Bad Salzungen. Ich verstehe, daß der eine Nachbarkreis von Bad Salzungen, nämlich Meiningen, mit seinen 70 000 Einwohnern zu klein zum Überleben ist, also überredet dessen Landrat Puderbach Salzunger Gemeinden mit allen Mitteln zum Übertritt nach Meiningen. Ich verstehe auch, daß unser anderer Kreisnachbar, Schmalkalden, Sitz der Kreisverwaltung bleiben will und nicht mit Salzungen fusionieren möchte. Das wird der Schmalkalder Landrat Luther morgen auf unserer Kreistagssitzung deutlich aussprechen. Und ich verstehe auch, daß der dritte Nachbar, Eisenach, ein paar Gemeinden von uns braucht. Ansonsten ist der Kreis – wenn Eisenach, wie die Opelwerke das gern hätten, kreisfreie Stadt wird – ebenfalls zu klein.« Er unterbricht das Diktat und sagt, daß einige Wochen im neuen Eisenacher Opelwerk für meine Arbeit wahrscheinlich ergiebiger wären, als die Erkundungen im Landratsamt. Allerdings dürfte man auch Opel nicht nur durch die politische Erfolgsbrille sehen, denn: »Deutschland ist volkswirtschaftlich betrachtet durch die neuen Opelwerke in Eisenach nicht reicher geworden. Dort hat man sich ein Drittel der Investitionen für das neue Werk aus dem Steuersäckel bezahlen lassen, wird bald, dank der guten Facharbeiter und der supermodernen Technik, effektiver produzieren können als in den alten

Westwerken und die Ostarbeiter trotzdem geringer entlohnen als im Westen. Und irgendwann den alten Betrieb in Rüsselsheim dicht machen können. Der volkswirtschaftliche Wert solcher Transaktionen ist gleich null.«

Ende des Einschubs für mich – weiter zur Gebietsreform. »Mit diesen Kreisveränderungen wittern meine politischen Gegner in der Partei, beispielsweise die Leute um den Mehlmüller Wehner aus Weilar, eine Chance, mich zu beseitigen. Sie konspirieren mit dem Eisenacher Landrat Dr. Kaspari, bieten den Kreis Bad Salzungen zur Einverleibung nach Eisenach, wenn dafür der Wessi Baldus als Landrat verschwindet. Die Hochzeitspolitik der deutschen Duodezfürsten war demokratischer als die Ränke, die heute einige Kommunalpolitiker zu ihrer Machterhaltung inszenieren.«

Nach dem Pressediktat fahren wir zum Heim der Tschernobyl-Kinder nach Motzlar. Den Cheffahrer, einen kleinen, etwas gedrungenen Mann mit flinken Augen, kenne ich, denn der hat schon den Ratsvorsitzenden Eberhard Stumpf und manchmal aushilfsweise auch den ersten Kreissekretär der SED gefahren. Ich klopfe Gerhard Greulich kameradschaftlich auf die Schulter. Aber ihm ist meine Vertrautheit peinlich. Er lächelt verlegen. Dann sagt er: »Der Scherzer hier . . . der Scherzer. Da müssen Sie gut aufpassen, Herr Baldus, das ist noch ein echter Roter aus der alten Zeit.«

Das Kinderheim finden wir in einer der immer gleich aussehenden Baracken, die in der DDR als Kinderkombination, Kaserne oder Schulungszentrum genutzt wurden. Diese hier sei vor der Wende die Kinderkrippe des Dorfes gewesen, sagt die Heimleiterin, Frau Hämisch. Sie hat vor der Tür auf den Landrat gewartet. Geleitet ihn hinein zu den Mädchen und Jungen, die Hemden und Blusen mit rot-weißen ukrainischen Folkloremustern und in Deutschland gekaufte amerikanische Jeans tragen. »Für die Kinder ist Deutschland ein Paradies auf Erden. Und das, obwohl sie in ihrem kommunistischen

Land früher nicht einmal über Gott und das Paradies reden durften. Hier leben sie zum erstenmal als freie Menschen. Und heute sogar Ihr Besuch, verehrter Herr Landrat! Im Sowjetsystem war das ja unmöglich: Ein Landrat kommt höchstpersönlich zu den Kindern.« Ich staune, was die frühere Angestellte der HO-Kreisverwaltung von sich gibt. Der Landrat ist gerührt.

Die ukrainische Helferin gruppiert die Kinder im größten Raum, und Frau Hämisch informiert den Landrat, daß die Kinder ihm zu Ehren das Neujahrsfest wiederholen, das die russisch-orthodoxen Christen vor sechs Tagen, am 7. Januar, gefeiert hätten. Unter den Kommunisten sei dieses Neujahrsfest verboten gewesen, aber nun würden die Kinder das alte christliche Fest wieder feierlich begehen. Zuerst singen die Ukrainer ein Loblied auf Gospodin, auf Gott. Danach schmettern sie in akzentfreiem Russisch die alten Lieder der sowjetischen Pioniere. Der Landrat aus dem Westerwald kennt keines dieser Lieder. Nicht das »Lob auf die Heimat« und nicht die »Zukunft der Jugend«. Und andächtig lauscht er den »kirchlichen Liedern des russischen Neujahrsfestes«.

Während eines Laienspiels der Kinder in russischer Sprache begrüßt der Landrat die zweite deutsche Helferin. Die kennt er schon, es ist die Frau vom Bürgermeister aus Völkershausen, jenem Ort, der bei einem Gebirgsschlag im Merkerser Kalirevier teilweise zerstört worden war. Die stämmige Frau, der man ansieht, daß sie ordentlich zupacken kann, erzählt dem Landrat, daß sie die Bäcker der Nachbardörfer um Brot- und Brötchenspenden bitten, daß sie Mark für Mark sammeln, um wenigstens die 4000 Mark für den Transport der Kinder von der Grenze bei Brest bis nach Motzlar bezahlen zu können, daß sie, um Geld zu sparen, die Kleidung der Kinder selber waschen würden ... Und ich ahne, weshalb Frau Hämisch wohl wider besseres Wissen so reden muß, wie sie glaubt, daß es der kirchliche Westlandrat gern hört. Auch das

Laienspiel der Kinder handelt vom Spendensammeln. Beim russischen Neujahrsfest ziehen die Kinder von Haus zu Haus, singen und bitten um milde Gaben. Währenddessen beklagt sich die Frau vom Bürgermeister aus Völkershausen beim Landrat bitterlich über die Asylanten im Nachbarort Geisa. »Wissen Sie, solange zu DDR-Zeiten nur die Neger hier waren, die haben sich höchstens einmal einer Frau unsittlich genähert. Aber das blieben immer die Ausnahmen. Da griff die Staatsmacht gleich ein, da herrschte sofort wieder Ruhe und Frieden. Aber heutzutage, wo diese Asiaten und vor allem diese Zigeuner hier sind. . . . Herr Landrat, wir haben nur noch zwei Hasen im Karnickelstall. Alle anderen sind geklaut! Und da stört es diese Asylanten nicht einmal, daß sie die Rammler vom Bürgermeister klauen! Und die Ausländerweiber sitzen im Dorf und betteln um Geld. Aber sie haben genug Geld, um sich an einem Tag so viel Kosmetik ins Gesicht zu schmieren, wie unsereiner das nicht in einem Jahr verbraucht! Denen soll ich Geld geben für Brot? Und wie gesagt, Herr Landrat, zwei Hasen noch im Stall. Wenn Sie nicht bald was unternehmen, ich meine die Staatsmacht . . .«

Zum Abschied schenken die Tschernobyl-Kinder dem Landrat einen ukrainischen Holzteller, einen Bildband mit Ansichten vom sozialistischen Kiew, eine Flasche russischen Wodka und ein rundes, kunstvoll mit Blumen und Ornamenten verziertes selbstgebackenes Weißbrot.

Im Auto philosophiert Baldus darüber, daß man Deutschland, um den armen Ländern zu helfen, wirtschaftlich noch stärker und reicher machen müßte. Ich sage, daß es besser wäre, den Reichtum der Welt gerechter aufzuteilen. »Sie irren«, sagt der Landrat. »Nur, wenn die reichen Länder noch reicher werden, können sie den Armen mehr geben.«

Ich erwidere, daß heute, nachdem die Konfrontation der Militärblöcke durch die Selbstauflösung des einen Blockes beendet ist, Milliarden Dollar für die Erforschung und Produktion von Atomwaffen eingespart, diese Waffe weltweit geächtet und verschrottet werden könnte. Der Landrat schaut mich an, als hätte ich empfohlen, Greulich solle ein Rad seines Mercedes abschrauben und nur noch mit dreien fahren. »Herr Scherzer, sie müßten als gebildeter Mensch doch wissen, daß in der Geschichte noch nie eine Waffe abgeschafft worden ist, bevor eine neue, entschieden wirksamere entwickkelt ist.« Das sei sozusagen ein Naturgesetz.

Die Mitarbeiter im Landratsbüro bewundern das ukrainische Brot, das Baldus in einem Regal oben auf dem Papierstapel der erledigten und unerledigten Terminwünsche deponiert.

Danach bespricht er mit dem Vertreter der Thüringer Landeswirtschaftsförderung, einem jungen Mann in Nadelstreifenanzug, die schwierigsten Wirtschaftsprobleme des Kreises: das Hartmetallwerk Immelborn, der Kalibetrieb Merkers und der Gewerbepark in Oechsen.

In Immelborn, wo der Unternehmer Kauhausen für eine D-Mark unter anderem eine hochmoderne Fertigungslinie, qualifizierte Facharbeiter, große Flächen an Grund und Boden, eine umfangreiche Kundenkartei sowie 8 Millionen Mark Anschubfinanzierung von der Treuhand erhalten hätte, müßte nach dem Verschwinden von Geld und Kauhausen sehr schnell mit Landeshilfe eine Auffanggesellschaft für vielleicht 80 der einmal 1400 Beschäftigten gegründet werden. Dann könnten die Leute wenigstens aufräumen und abreißen.

Bei »Kali« hat sich inzwischen die Vermutung von Baldus bestätigt. Die ostdeutschen Gruben sind nicht als eigener Verbund privatisiert, sondern insgesamt dem ehemaligen westdeutschen Konkurrenten »Kali und Salz AG« und deren Mutter BASF zugeschlagen worden. Und der ehemalige westdeutsche Konkurrent kündigte sofort an, die Gruben in Bischofferode und Merkers zu schließen. An einen Protest denken weder Baldus noch der Mann im Nadelstreifenanzug.

Es sei besser, sagt der Landrat, statt dessen schon jetzt ein Konzept für die Zeit nach der Schließung zu entwickeln. Er schlägt vor, in Merkers einen Recyclingpark zu fördern, denn der Müllmarkt sei derzeit in Deutschland der einzig prosperierende Markt und außerdem in den neuen Bundesländern noch nicht restlos aufgeteilt.

Es würden noch Millionen DM an Steuergeldern notwendig sein, damit es im Kreis nach den Massenentlassungen nicht zu Unruhen, zu einem politischen Flächenbrand käme. Darüber sind sich der Salzunger Landrat und der Mann aus Erfurt noch einig. Nicht aber über die Erschließung des Gewerbegebiets im kleinen Rhöndorf Oechsen. Dort will ein Amerikaner, ein gewisser Mister Werner, mit seiner Firma »Christa Enterprises« unter Beteiligung amerikanischer Millionäre und Milliardäre eine Mineralwasserfabrik, Etikettdruckereien, Palettenbetriebe, Hotels und Wohnungen aufbauen, rund 700 Arbeitsplätze schaffen. Dazu benötige er lediglich 21 Hektar billiges Land auf grüner Wiese am Rande vom Biosphärengebiet der Rhön. Der Mann von der Wirtschaftsförderung verlangt, daß der Landrat dieses Vorhaben tatkräftig unterstützt und die Genehmigungen beschleunigt. Aber Baldus weigert sich. Er mißtraue dem Amerikaner. »Angeblich hat der auf Satellitenbildern des amerikanischen Geheimdienstes in der Nähe von Oechsen Mineralwasservorkommen gesichtet. ›Gut, sagte ich, dann machen Sie Probebohrungen, und wenn es dort Mineralwasser gibt, kriegen Sie in Gottesnamen Ihre 21 Hektar.‹ Aber da hatten die US-Milliardäre plötzlich nicht einen Cent für ein profanes Wassergutachten.«

Außerdem sei dieser Mister Werner schon in anderen Gegenden vorstellig geworden, mal als Mr. Joachim Werner, mal als Mr. Werner Polke. Und seine Frau, nach der die Firma benannt wäre, hieße entweder Isolde Christa oder Christa Werner oder Christa Polke . . . Im hessischen Hünfeld hätte er ein riesiges Konferenzzentrum bauen lassen wollen, in Merkers eine Fabrik für Häuserfertigteile und Sanitäres, Weihnachtsbaumplantagen mit Wohnhäusern ...

Als der Mann im Nadelstreifenanzug vorschlägt, zunächst eine Genehmigung mit Vorbehalt zu erteilen, schneidet ihm der Landrat das Wort ab. »Dann machen Sie das mit diesem Amerikaner! Ich nicht! Neulich kam ein anonymer Brief an eine hiesige Zeitung, darin wurde sogar behauptet, daß wir im Landratsamt diesen ehrenwerten Mr. Werner nicht unterstützen, weil an seiner Firma zu viele amerikanische Juden beteiligt wären. Mr. Werner selbst sei ein Halbjude. Da frage ich mich, woher der Schreiber diese Informationen hat, wenn der Amerikaner sie nicht selbst verbreiten läßt. Man kann mir alles vorwerfen, aber Judenhaß nicht!«

Mittags gehe ich zum Marktplatz, kaufe mir am Kiosk eine Bockwurst und setze mich am mitten in der Stadt gelegenen Salzunger Burgsee auf eine Bank. Keine zehn Meter entfernt hocken die drei jungen Männer, denen ich schon bei meinem ersten Erkundungstreffen im Landratsamt begegnet war. Der mit der langen braunen Lederjacke und dem feuerroten Bart hält mühsam den milchgesichtigen Jungen fest, der epileptisch zuckt oder kotzen muß. Schon am Mittag besoffen? Der dritte versucht dem Rotbärtigen inzwischen immer wieder begreiflich zu machen, daß der Andreas heute besser nicht bei ihm in Lengfeld schlafen sollte. »Nimm ihn gleich mit zu dir unter die Werrabrücke.« Endlich schaffen sie es, den Jungen auf eine Bank zu hieven. Der beruhigt sich schnell, zuckt nur noch sporadisch und sagt, daß sie keinen Arzt holen müßten. »Ich hab das Zittern seit meiner Kindheit.« Er versucht zu lächeln, als der Rotbärtige, den sie Marx nennen, vorschlägt, nach Indien oder Bangladesh auszuwandern. Dort würden fast alle so leben wie sie hier. Überhaupt, die meisten auf der Welt, außer in diesem blöden Deutschland, die würden genauso leben. Sie wären, so gesehen, nicht die Ausnahme, sondern die Regel. »Wir sind das Volk! Das habt Ihr damals doch geschrien, Ihr hier im Osten.«

»Ich nicht«, sagt Andreas. »Ich saß damals im Knast.«

Ich überlege, wie alt Andreas sein könnte. Knapp über zwanzig, denke ich.

Der Landrat hat mittags nur eine Banane gegessen. Danach drängen sich die Termine. Zuerst die Vertreter vom Kommunalbau Erfurt. Die sollen die 70 Millionen DM kostenden Projekte, das Berufsbildungszentrum für 1 700 Schüler und den Bau des neuen Kreiskrankenhauses, kontrollieren. Eine Architektenfirma aus den alten Bundesländern habe nicht nur die Aufträge dafür erhalten, sie vergebe zuvor auch die Ausschreibungen, kontrolliere sich danach selber und bekomme für diese Kontrolle noch einmal Geld. Das sei ein bißchen viel auf einmal, sagt der Landrat, denn nirgends wären Versuchung und Betrug derzeit größer als bei öffentlichen Millionenaufträgen in der Baubranche.

Der Herr von Boineburg läßt über den Chef des Kreisvermögensamtes wegen seiner Grundstücke im Kreis Bad Salzungen anfragen. Dieser Adelsnachfahre, zur Zeit Westberater im Landratsamt Eisenach, möchte wissen, welche Flurstücke vor der Bodenreform auf den Namen der Boineburgs – die Schloß Weilar sowie Häuser und Ländereien im Feldatal besaßen – eingetragen sind. Baldus murrt, der Herr solle gefälligst einen Rechtsanwalt damit beauftragen und bezahlen.

Zwei Vertreter des Kreisjugendringes beklagen sich, daß es im Kreis kein Telefon des Vertrauens gibt. Neulich hätten sie einen jungen Mann, der von der Brücke springen wollte, nur mit Mühe daran hindern können. Außerdem müsse der Landrat eingreifen, denn im Jugendzentrum »Henneberger Haus« würden einige Dutzend Rechte die übrigen Jugendlichen mit Naziparolen drangsalieren.

Eine schwarzhaarige, temperamentvolle Frau, die Chefin des Kreisrechnungsprüfungsamtes, beschwert sich, daß Herr Dr. Eib, der Leiter der allgemeinen Verwaltung, noch keine ordentliche »Stellungsnahme« zum Rechnungsprüfungsbericht abgegeben hätte. »Keine Stellungsnahme, wie die Geldverschwendung im Fuhrpark beendet werden soll. Herr Baldus, es wäre gut, wenn Sie in der Dezernentenberatung noch einmal darauf hinweisen, daß alle Dezernenten konkrete Stellungsnahmen schreiben.«

Danach, im großblumigen Kleid, die Gleichstellungsbeauftragte und Verantwortliche für Touristik im Landratsamt. Sie bittet um Zuschüsse für das Salzunger Frauenhaus. Der Herr Landrat wisse doch, vor allem die Frauen hätten unter der Arbeitslosigkeit zu leiden, und man müsse im Frauenhaus ... Er läßt sie nicht ausreden. Seine knollige, rote Nase wird auf einmal weiß, nein, nicht spitz, aber sie sieht nun spitz aus. Und er beginnt zu schreien. Vielleicht schreit er auch nicht, sondern spricht nur sehr laut, aber weil er sonst ruhig mit den Leuten redet, empfinde ich es als Schreien. »Ich sage es Ihnen zum allerletzten Mal: Für diesen roten Treff werde ich kein staatliches Geld bewilligen. Ich habe erfahren, daß sich die PDS in diesem Frauenzentrum trifft und dort gegen den neuen Staat hetzt. Keinen roten Heller, verstehen Sie endlich.« Sie erwidert nichts und geht sehr schnell mit eingezogenem Kopf hinaus.

Eine Frau aus Stadtlengsfeld droht, daß sie sich in die Felda stürzt, wenn sie keine andere Wohnung bekommt.

Die Pfarrer von Tiefenort und anderen Gemeinden warnen den Landrat: Es sei wider Gott und die Natur, statt Kali aus der Erde zu holen, dort Müll hineinzuschütten.

Die Wirte des Kreises schimpfen über die hohen Wasserpreise. Herbert Hofmann aus Springen, in der gleichen Partei wie der Landrat: »Dabei ist das Wasser so dreckig, daß ich nicht einmal die Biergläser damit auswaschen kann, und wenn ich am Sonntag 400 Klöße kochen will, muß ich mir dafür extra Wasser von der Quelle aus dem Wald holen.« Ein Kollege hätte ihm empfohlen, einen Wasserfilter für 270 Mark einbauen zu lassen. »Das ist doch alles große Scheiße, von wegen Aufschwung Ost. In Wirklichkeit verdient man erstens mit dem dreckigen Wasser an mir und zweitens mit dem Wasserfilter noch einmal.«

Ein Schäfer aus der Rhön beschwert sich, daß die Preise für Schafwolle und Schaffleisch immer tiefer sinken und deshalb weniger »vierbeinige Landschaftspfleger, die Pfennigsucher der Rhön«, gehalten würden, das Biosphärenreservat verkraute . . .

Um 19 Uhr sagt Baldus: »Das wars.« Für heute sei Schluß. »Wissen Sie, Herr Scherzer, ich wollte immer, daß der Kommunismus in der Welt endlich zu Ende ist. Nun ist dieses Übel Gottseidank beseitigt, aber ich hatte nicht bedacht, was damit an neuen Problemen auf unsereinen zukommt. Gut, ich wollte das eine, und nun muß ich auch das andere ertragen.«

Ich kümmere mich um mein Nachtquartier. Schon im Dezember hatte ich eine Annonce aufgegeben: »Suche für Januar 1993 Unterkunft und Leute, die darüber reden möchten, wie sich ihr Leben und das Leben im Kreis Bad Salzungen nach der Wende verändert hat.« Unterschrieb mit meinem vollen Namen und bekam 28 Schlafangebote, aber nur vier Gesprächseinladungen. Eine der Schlafantworten: »Ich biete Ihnen hiermit meine Nebenwohnung in der City von Bad Salzungen an. Es ist ein ausgebauter Dachraum über unserer Büroetage. Mein Bruder arbeitet als Immobilienmakler, und ich bin Sachverständige für bebaute und unbebaute Grundstücke. Ute Engelhardt, Pestalozzistraße 9.«

Ein junger, sehr sorgfältig gekleideter, feinfingriger Mann begrüßt mich im Maklerzimmer und bringt mich hinauf in den ausgebauten Dachraum. Weiße Wände und braune Balken.

In Glasvitrinen stehen asiatische Figuren und Reisschalen. Anstelle des Bettes eine mit buntem Markisenstoff überzogene Matratze, die auf dem Holzfußboden liegt. Er zeigt mir die Dusche, die Vorräte im Kühlschrank, die Capuccino-Instant-Beutel und das Obst. Ich solle mich bedienen. Abends könnte ich in seinem Büro auch Kopierer, Fax und Telefon benutzen. Ich werde unsicher, befürchte, daß ich beim Immobilienmakler wie in einem Grand-Hotel blechen werde, und frage vorsichtig nach dem Zimmerpreis. Da stottert er, ich verstehe die Antwort kaum, so leise sagt er: »Sie können umsonst hier wohnen, wir nehmen von Ihnen kein Geld. Wir kennen Sie schließlich.«

»Woher?«

»Wir waren dabei, als Sie vor den Kumpels im Kalibetrieb gelesen haben.«

Klaus Engelhardt hat als Bauingenieur unten in der Kaligrube Merkers gearbeitet, seine Schwester oben in der Fabrik.

Nach dieser Einleitung macht er eine sehr lange Pause, schaut auf seine Schuhspitzen. »Ich war auch Genosse, bin aus Überzeugung in die Partei, habe an den Sozialismus geglaubt.« Danach schweigt er. Ich nehme an, daß unser Gespräch zu Ende ist, und will aufstehen. Aber er beginnt noch einmal. »Wenn man ein überzeugter Genosse und noch dazu wie ich in der Parteileitung war, gab es nach der Wende im Kalibetrieb nur zwei Möglichkeiten. Wollte man sich selbst treu bleiben, mußte man gehen und irgendwo irgend etwas Neues beginnen. Oder aber man mußte sich immerzu drehen und wenden und heute das sagen und morgen das, so wie es den neuen Herren, die einander abwechselten, eben gefiel. Dann bekam man dafür eine Chance, als stellvertretender Stellvertreter vom Stellvertreter . . .«

Ich frage, ob er auf einmal oder in Raten Abschied vom »Ich bin Bergmann, wer ist mehr« genommen hat. »Man kann nicht in Raten ins Wasser springen. Entweder man springt, oder man springt nicht. Den Bergmann muß man sich auf einmal ausreißen wie früher als Kind die Milchzähne. Mit einem Ruck und ohne Betäubung.«

Leider sei er vor einem Jahr noch einmal in die Grube – in das sogenannte Erlebnisbergwerk für Touristen – eingefahren. Das Geleucht vor der Brust wie früher zur Arbeit. Den Magen hätte es ihm im Förderkorb umgedreht, denn er sei trotz aller verstandesmäßigen Verdrängung immer noch wie durch unsichtbare Fäden mit der Grube verbunden. »Dort unten galten andere, ehrlichere Gesetze als hier oben. Kalisalz konnte man weder durch sozialistisches Schönreden, noch durch den Vorgesetzten-in-den-Arsch-Kriechen aufs Förderband bekommen. Und wenn dir einer unten sagte: Beweg dich ein bißchen schneller, du fauler Hund, da schmiß er dir zur Bekräftigung seiner Worte noch den Hammer hinterher. Aber danach half er dir, den im Kalisalz steckengebliebenen Transporter freizuschaufeln.«

Ich frage, ob er sich von diesem »sozialistischen Kollektivgeist« etwas erhalten hätte, da sagt er, wohl mehr zu sich als zu mir: »Nein, jetzt zählt nur noch das Eigene, die Sicherheit für die Familie. Erst wenn ich eine Million auf dem Konto habe, hänge ich die rote Fahne wieder aus dem Fenster hinaus.«

Er gibt mir die Schlüssel. Und läßt mich allein.

Gespräche mit dem Landrat (1)

ANGEKOMMEN IM OSTEN BIN ICH MIT EINEM ROTEN VW-KÄFER ...
... zuvor war ich allerdings schon oft legal und illegal (als Bundeswehrmensch mit meiner Sicherheitsstufe durfte ich eigentlich nicht) in der DDR gewesen. Ich war damals neugie-

rig und bin vom Transitweg Hamburg-Berlin abgewichen, um mir einen russischen Truppenübungsplatz anzuschauen oder in einer DDR-Gaststätte zu frühstücken. Und dieser erste Eindruck, der war für mich farblos. Grau. Graubraun. Es lag nicht am Monat, am September, sondern weil die Menschen irgendwie müde aussahen. Sie haben anders geguckt, sie hatten eine andere Haltung, sie waren im Wesen anders. Leiser waren sie auch.

Als ich mich 1990 entschieden hatte, in den Osten zu gehen, bin ich zuerst mit meiner Frau im roten VW-Käfer durch die ehemalige DDR gefahren. Wir sind überall, auch oben in Mecklenburg, herumgedüst und haben uns die Gegend angesehen. Thüringen gefiel uns sofort, weil die Städte und Dörfer hier noch so aussahen, wie wir es wünschten, daß sie in der alten Bundesrepublik noch aussehen würden. Wir dachten, hoffentlich erhalten sie die Strukturen und renovieren nur ein bißchen. In Bad Salzungen bin ich mit meiner Frau an den Burgsee gegangen, und da habe ich gesagt: »Prima, hier möchten wir leben.« Zuerst haben wir jedoch in Stadtlengsfeld in einer Gartenhütte gehaust, und dort fühlten wir uns sauwohl. Gehört zu den schönsten Zeiten in meinem Leben. Ich habe intensiv gelebt und in Gaststätten gesessen, wir waren auf vielen Garten- und Volksfesten, sind oft gewandert. Das habe ich alles sehr genossen. Meine Frau kam fast jedes Wochenende hierher, ich war selten in Hannover. Und trotz der Trennung hat sich diese Zeit sehr belebend auf unser Zusammensein ausgewirkt. Es war sozusagen die schönste Zeit, so wie es vor fünfundzwanzig Jahren am Beginn unserer Ehe hätte sein sollen.

Der zweite Tag

Die Treppen im Landratsamt teilen sich, man kann die linke oder die rechte nehmen. Ich nehme immer noch die falsche, gehe links und habe deshalb den längeren Weg in das auf der rechten Seite gelegene Büro des Landrates. Der ist schon vor sieben Uhr in seinem Zimmer, wühlt in der »Ablage« auf dem runden Tisch, hört damit auf, als er mich sieht, und sagt übergangslos, er sei überzeugt, daß einige Strukturen der Staatssicherheit wahrscheinlich noch konspirativ aktiv wären, weil das MfS 1990 seine Leute in einflußreiche Stellungen gebracht hätte. »Eventuell sind sogar noch Landräte von der Stasi in ihre Positionen lanciert worden.« Und wahrscheinlich wäre auch bei der NVA-Umstellung den meisten Kommandeuren West ein Stellvertreter Ost zugeteilt worden, der bei der Stasi arbeitete. Seinen hätte er sogar gekannt, der wäre unter dem Decknamen »Sudlab« registriert gewesen.

Weshalb ausgerechnet Sudlab? frage ich.

»Lesen Sie meinen Namen mal rückwärts!«

Ich schüttele ungläubig den Kopf, aber Baldus referiert, daß für Altkommunisten und Stasileute am 3. Oktober 1990 der Kampf gegen die Gesellschaftsordnung der BRD nicht beendet gewesen sei. Mich erinnert seine Rede an meine frühere »Klassenfeind«-Agitation. Baldus sagt, ich brauchte nur einmal mit ehemaligen NVA-Offizieren zu sprechen, die sich inzwischen zur bürgerlichen Demokratie bekennen und von der Bundeswehr übernommen worden wären. Die würden im Klartext über die Verbrechen der Kommunisten berichten.

»Oder unterhalten Sie sich mit meinem Freund René* aus Stadtlengsfeld. Ein kleiner Mann aus dem Volk, sozusagen die Stimme des Volkes, der kann ihnen stundenlang erzählen, wie die Roten mit den Leuten hier umgesprungen sind.«

Von diesem René spricht Baldus sehr oft. Er hatte ihn, als er das Salzunger Panzergrenadierbataillon kommandierte, im

»Thüringer Hof« kennengelernt. »Der René hat mir damals gesagt, mit wem ich mich in der Kneipe an den Tisch setzen kann und mit wem besser nicht. Ich war ja fremd hier.« Und einmal, als er sagte, die Arbeit eines Landrates mache er mit links, schlug Baldus vor, daß er ihn einen Amtstag lang begleite. »Er saß wie Sie, Herr Scherzer, von frühmorgens an mit mir im Büro. Allerdings nur bis 11 Uhr, dann klagte er über wahnsinnige Kopfschmerzen, sagte, daß er überhaupt nichts mehr verstände, sofort einen Kaffee brauche und dann nach Hause müsse.« Naja, zum Regieren natürlich nicht zu gebrauchen, aber er sei für ihn so etwas wie ein Seismograph der Stimmung im Lande. »Und die ist hier jetzt ähnlich wie bei uns nach 1945: Die Leute sind dankbar über das Ende der Diktatur, sie sind froh über den Neuanfang, distanzieren sich vom alten System der DDR.«

Vorsorglich gibt der Landrat mir Renés Adresse in Stadtlengsfeld.

Danach Dezernentenberatung. Frau Böhm, die Chefin vom Rechnungsprüfungsamt, spricht zuerst. »Herr Baldus«, (sie sagt als einzige nicht Herr Landrat,) »wir haben ausgerechnet, daß die 18 Fahrzeuge des Fuhrparkes im Landratsamt im Jahr durchschnittlich 11 160 Kilometer fahren, einige davon nicht einmal 10 000 Kilometer. Das haben wir festgestellt und bemängelt, aber ich erhalte von Dr. Eib, dem Leiter der Allgemeinen Verwaltung lediglich eine nichtssagende Stellungsnahme, daß man diese Situation verändern werde. Doch ich erwarte in der Stellungsnahme eine konkrete Zahl für die Verringerung der Autos. Sonst brauchen wir keine Stellungsnahmen und kein Rechnungsprüfungsamt!« Der Landrat nickt zustimmend, hört auf, in seinen Mappen zu blättern, Vorlagen zu lesen und Briefe zu unterschreiben, verlangt energisch von allen Dezernenten (»auch wenn sie noch nicht wie die aus dem Westen gekommenen Kollegen die komplette Ausbildung für den gehobenen Dienst haben«) eine untadelige Arbeit. »Ich weiß, daß Angestellte in der DDR für den Mist, den sie verbockt hatten, maximal ein Monatsgehalt zurückzahlen mußten. Aber Sie hier sind jetzt voll regreßpflichtig. Das heißt, wenn durch einen Fehler von Ihnen ein Schaden von 100 000 Mark entsteht, dann zahlen Sie auch 100 000 Mark.« Der Baudezernent, der neben mir sitzt, sagt leise zu seinem Nachbarn: »Wenn das für alle zuträfe, wären die Mitarbeiter der Treuhand wohl schon bettelarm.«

Nach der Dezernentenberatung Frühstückspause der Mitarbeiter des Landrates im Hinterzimmer. Das ukrainische Brot liegt immer noch dekorativ auf dem Terminregal. Die Sekretärin sichtet die Vorräte im Kühlschrank. »Die Marmelade ist noch vom alten Landrat Storz, die müssen wir endlich entsorgen.«

Ein junger, sehr großer, sportlich und gutaussehender Mann bleibt höflich in der offenen Tür stehen, will etwas fragen, aber die Sekretärin spottet: »Der Herr Graf*, wieder mit einem neuen Schlips? Jeden Tag einen anderen.« Er trägt einen pinkfarbenen zum blauen Anzug. Baldus sagt, als er ihn sieht (und ich weiß nicht, ob er es ernst meint): »Die Mitarbeiter beschweren sich und heulen sich bei mir aus, weil Sie, Herr Graf, ein arroganter Wessi sind und als Personalchef kein Verständnis für die Probleme der Menschen im Osten haben.« Da wird der Personalchef rot. Ich schaue zweimal hin, er wird wirklich purpurrot. Diese Farbe paßt schlecht zu seinem pinkfarbenen Schlips. Er geht, ohne sein Anliegen vorzutragen.

Nach dem Frühstück herrscht Chaos im Vorzimmer. Der Landrat hat in seiner Rede für die in zwei Stunden beginnende Kreistagssitzung zur Gebietsreform seitenlang geändert.

Und während die draußen verzweifelt tippen und ausdrukken, empfängt der Landrat drinnen einen Mann, der etwa im Alter von Baldus ist, aber keinen sorgfältig gepflegten Stoppelbart, sondern einen wirren Vollbart trägt. Er kann auch nicht ruhig auf einem Fleck stehen und spricht sehr laut und sehr schnell und ohne jede diplomatische Floskel. »Wenn der Herr Innenminister bei der Gebietsreform den Kreis Schmalkalden an Salzungen verhökern will, werden wir mit 10 000 Mann die F 19 blockieren. Und dann können die sich im Ministerium auf den Kopf stellen und mit dem Arsch Fliegen fangen.«

Ich denke, der Mann wird einer der neuen Michael-Kohlhaas-Bürgermeister sein, aber Baldus stellt ihn mir als den Schmalkalder Landrat Luther vor. Luther werde als Gast zur Kreistagssitzung sprechen und die vom Innenministerium vorgeschlagene Zusammenlegung der Kreise Bad Salzungen und Schmalkalden ablehnen. Luther nickt zustimmend. Sie müßten sich beide doch nichts vormachen, es würde einzig und allein darum gehen, den Kreisstadtstatus zu behalten. »Wenn Salzungen den Kreisstadtstatus verliert, wird die Stadt wieder in die Bedeutungslosigkeit versinken. Da können Sie hier das Licht ausknipsen!«

Baldus hofft, daß der Kreis Bad Salzungen erhalten bleibt. Er sei nicht in den Osten gegangen, um lediglich fertige Entscheidungen der CDU oder der Thüringer Landesregierung umzusetzen, sondern um hier Demokratie mitzuentwickeln. Und Demokratie bedeute für ihn immer noch, die Meinung der Mehrheit des Volkes zu beachten.

Während seiner Rede im Kreistag sagt er das so: »Mit Demokratie hat es nichts zu tun, wenn einige CDU-Mitglieder des Feldatales, allen voran der Mehlmüller Wehner, die Gebietsreform benutzen wollen, um dem Eisenacher Ost-Landrat Kaspari den Kreis Bad Salzungen auf dem silbernen Tablett zu servieren, und als Preis dafür die Absetzung des West-Landrates Baldus verlangen. Diese CDU-Mandatsträger treffen sich allerdings nicht öffentlich, sondern in kleinen Zirkeln in Hinterzimmern von Wirtshäusern. Doch über die Zukunft unseres Kreises und die Besetzung der Stelle eines Landrates wird nicht in Wirtsstuben entschieden. So gerne ich Wirtsstuben aufsuche!«

Während die Abgeordneten noch Resolutionen für den Erhalt ihres Kreises verabschieden, fahre ich nach Stadtlengsfeld, suche den »Thüringer Hof«, in dem Baldus zu der Zeit als er noch Bataillonskommandeur war, mit René oft beim Bier gesessen hatte. Doch die Gaststätte hat geschlossen. Auch in Renés Wohnung, ganz oben im Dachgeschoß des Rathauses, öffnet niemand. Ein Nachbar versichert mir, daß René, wenn schon nicht in der Kneipe, dann auf jeden Fall im Café sitzen würde. Ich frage, woran ich ihn erkennen könnte. »Ziemlich wirr um den Kopf, und wenn er was getrunken hat, fuchtelt er mit den Armen und schreit.«

Im Café sitzen an einem langen Wandtisch drei junge Männer, einer von ihnen trägt die Reichskriegsflagge als Stoffabzeichen an seinem Ärmel. Außerdem am Fenstertisch ein kleiner untersetzter Mann und ein großer mit wirren Haaren. Sie trinken Schnaps und Bier. Ich frage den großen, ob er der René sei, und sage, der Landrat Baldus hätte mir von ihm erzählt. Er schaut mich mißtrauisch an, will wissen, ob mich »der Stefan« schickt. Nicht direkt, sage ich. Er wird laut. »Wohl einer von den alten Stasispitzeln und auf uns angesetzt?« Er hat schon glasige Augen und schreit: »Ich werde sofort den Stefan anrufen, jederzeit kann ich den Landrat anrufen, wenn ich ihn brauche, das hat er mir versichert, der Stefan!«

Am Nachbartisch sagt der mit der Reichskriegsflagge: »Gib nicht so an, René, du warst doch schon zu DDR-Zeiten ein kleines feiges Arschloch.« René will sich mit ihm prügeln, aber als alle drei aufstehen, beläßt er es bei Worten, wiederholt nur um so eifriger, daß er schon zu DDR-Zeiten gegen die Kommunisten gekämpft hätte ...

Dem kleinen Mann am Tisch ist das alles wahrscheinlich peinlich. Ich setze mich, während René nebenan streitet, zu ihm. Und er erzählt mir, daß er mit René früher Untertage gearbeitet hätte. Heute sei der René schon lange krank geschrieben, hoffe auf Invalidenrente. Und er sei Anschläger auf dem stillgelegten Kalischacht in Springen. »Ich fahre dort den Müll rein, abgedeckte Loren – was drin ist, weiß wohl niemand genau. Untertage habe ich in der Stunde fünfzig Pfennige Gefahrenzulage erhalten, jetzt übertage kriege ich sogar neunzig Pfennige! Neunzig Pfennig Gefahrenzulage wegen des Mülls. Umsonst geben die Bosse einem doch nicht soviel.« Ich spendiere eine Runde. René schreit am Nachbartisch: »An der Grenze, am Grenzzaun, haben sie mich erwischt. Man sieht noch die Narbe. Diese Dreckschweine! Für die Grenze hatten sie Geld.« Der mit der Reichskriegsflagge grinst. »Und dein Alter war hier Grenzoffizier!« René läßt sich nicht unterbrechen. »Aber sonst hatten die Kommunisten keinen roten Heller, nicht mal genügend Geld, daß einen die Ärzte ordentlich operieren konnten. Mich konnten sie in Erfurt nicht operieren, weil die Kommunisten keine Gummihandschuhe mehr hatten. Alles pleite. Aber für die Grenze und die Kindergärten, da gaben sie Geld aus. Für die Kindergärten, damit die Kleinen, die Arme auf die Schultern des Vordermanns gelegt, das Marschieren lernten. Und stundenlang mußten sie marschieren, bis sie reif waren fürs Schießen.« Die Wirtin versucht, René zu beruhigen. Der erinnert sich nun wieder an mich und flucht: »Ich werde meinen Stefan anrufen, und dann kannste wiederkommen. Vorher erzähl ich dir gar nichts!«

Ich gehe. In Salzungen sitze ich noch bis Mitternacht bei »Hilde«.

Gespräche mit dem Landrat (2)

DER KOMMUNISMUS IST FÜR MICH NUR EINE VERORDNETE WAHRHEIT
… er gehört nicht in den Bereich ernst zu nehmender Wissenschaften, sondern zu den Ideologien, die Entwicklungen verhindern, obwohl sie vorgeben, Entwicklungen vorantrei-

ben zu wollen. Es sind geschlossene Denksysteme, die sich immer nur aus sich selbst reproduzieren. Und es stimmt nicht, daß der Mensch von Natur gut ist und ihn nur die Umstände schlecht werden lassen. Der Mensch ist nicht nur gut, und deshalb ist auch der Kommunismus mit dem guten Menschen als Endziel dem Menschen selbst zutiefst wesensfremd und damit menschenfeindlich. An dieser Erkenntnis hat sich in den vier Jahren, die ich im Osten bin, nichts geändert. Das, was im Namen des Kommunismus gemacht wurde, ist in den Dimensionen, nicht in den Intentionen, durchaus vergleichbar mit den Verbrechen des Nationalsozialismus. Diktatorische Systeme sind immer geeignet, machtgierige Menschen mit solchen Instrumentalien zu versehen, mit denen sie viel Unheil anrichten können. Die praktizierte kommunistische Idee ist gescheitert, es wird keinen Kommunismus mehr geben und auch keine Kommunisten. Alles ist nur noch Geschichte. Dinosaurier.

Der christliche Glaube dagegen ist auf den Menschen bezogen und so sinnerfüllt, daß er trotz der Verbrechen der Inquisition und obwohl ihn viele Menschen angeblich heute nicht mehr brauchen, weiterexistiert. Aber für den Kommunismus wurde extra eine Ideologie entwickelt, für die man die Menschen erst verändern und verbiegen muß, damit sie in dieses Heilsschema hineinpassen.

Außerdem bedingt der Marxsche Begriff von der Diktatur des Proletariats, daß immer ein Teil der Menschen über den anderen – und zwar diktatorisch – herrscht, die anderen also verbiegt. Ich habe Marx und Engels und dieses Zeug nicht ständig gelesen, aber im »Antidühring« stehen solche Sätze, daß die Masse nicht in der Lage ist, die Notwendigkeit des gesellschaftlichen Handelns zu begreifen, und daraus wird die Berechtigung abgeleitet, daß Berufsrevolutionäre der Masse ihren Willen aufzwingen müssen. Das ist schon vom Ansatz her zutiefst freiheitsfeindlich. Auch deshalb kann ich mich mit Kommunisten nur über Teilaspekte ihrer Utopie unterhalten, aber mich nie mit ihnen darauf einigen, daß Kommunismus menschlich ist.

Und der Kapitalismus, was hat der heute noch mit der Beschreibung von Marx und Engels über den damaligen Kapitalismus zu tun? Schon die drei Voraussetzungen für die Produktion stimmen in den Industrieländern heute nicht mehr. Außer Kapital, Arbeit und Boden kommt nämlich jetzt noch als wichtigster Produktionsfaktor die Information dazu. Information ist heute wichtiger als Kapital, Arbeit und Boden zusammengenommmen. Und das Eigentum? Wie viele Aktionäre beispielsweise hat VW, das sind doch nicht nur ein paar reiche Leute. Das Eigentum ist verteilt auf viele. Wenn Sie noch keine haben, kaufen Sie sich eine Aktie, und Sie werden merken, daß sich weder an Ihrem Sein noch an Ihrem Bewußtsein etwas ändert. Die Deutsche Bank, die gehört über 150000 Leuten.

Der dritte Tag

Am Morgen präsentiert Baldus im Vorzimmer zuerst die Farbbilder vom Neujahrsempfang beim Bundespräsidenten. Obwohl der Landrat sich auf der Treppe zum Fototermin höflich eine Stufe unter Weizsäcker postiert hat, überragt er den Bundespräsidenten immer noch um Kopfeslänge.

Während der Fotoschau poltert unangemeldet ein vielleicht fünfzigjähriger Mann in schlapprigen DDR-Jeans und Strickpullover herein und verlangt mit tiefer, lauter Stimme, sofort den Landrat zu sprechen. Und protestiert dann ohne lange Vorrede, daß der Herr Landrat immer mehr Wessis aus dem »rabenschwarzen hessischen Fulda« in das Landratsamt nach Bad Salzungen hole. Zuletzt diesen großen, dummen Jungen, den Personalchef Graf. Und nun wolle er nicht die hiesige, seit langem zuverlässig im Bauamt arbeitende Frau Asche als Leiter der Unteren Baubehörde einsetzen, sondern wiederum einen Glaubensbruder, einen Katholiken aus Fulda. »Nicht nur, daß die wichtigsten Posten in Thüringen mit Westdeutschen besetzt werden, Sie und Ihr katholischer Ministerpräsident Vogel machen aus dem evangelischen Land Luthers nach und nach eine katholische Enklave.«

Baldus scheint das zu kennen, belustigt sagt er mir: »Wissen Sie, der Herr Sieberg ist nicht nur der Vorsitzende vom Personalrat im Landratsamt, sondern sozusagen auch der Chefideologe der SPD hier im Kreis.« Und wortreich beruhigt er den Sieberg, versichert, daß er morgen bei der Entscheidung des Personalrates, ob Frau Asche oder der Kandidat aus Fulda eingestellt wird, natürlich persönlich erscheine. Bevor Rudolf Sieberg geht, informiert ihn der Landrat, daß beide zum Karneval der Industrie- und Handelskammer ins schwarze Fulda eingeladen wären. »Nur Sie und ich. Möglichst mit Maske.«

Nach Sieberg kommt Klaus Urban, der ehemalige CDU-Kreissekretär, der immer noch den baulichen Zustand der Schulen im Kreis inspiziert, zur Berichterstattung. Seiner Meinung nach gäbe es für die heutigen »Schulruinen« einen triftigen Grund. »Die Bauarbeiter in der DDR haben geschludert.« Er könne das am Beispiel seiner Neubauwohnung belegen. Schon kurz nach dem Einzug sei die eine Hälfte des Fußbodens gerissen, denn die Bauarbeiter hätten die Ausgleichsmasse bei strengem Frost aufgetragen. Nach seiner Beschwerde hätten sie diese Hälfte ausgebessert, aber kurz darauf wäre auch die zweite Hälfte gerissen. »Ich habe schließlich eine andere Neubauwohnung verlangt und mußte also wegen des Schlendrians der Bauleute zu SED-Zeiten gleich noch einmal umziehen.« Der Landrat nickt verstehend. Und ich erinnere mich, wie viele Jahre unsereiner damals auf eine Neubauwohnung warten mußte und daß kaum

jemand wegen eines reißenden Fußbodens eine neue verlangt, geschweige denn eine erhalten hätte …

Auf meinem nun schon täglichen Mittags-Bockwurst-Weg
zum Marktplatz treffe ich Marx und Andreas und den Dritten
in ihrem Bunde. Sie laufen langsam und kurzatmig wie alte
Männer beim Kur-Spaziergang. Ich traue mich endlich, sie
anzusprechen, und frage, wo man in Bad Salzungen noch für
wenig Geld Mittag essen kann. »Wenn du auch im Stehen
speist«, sagt der Dritte, der Längste und Schlaksigste von ihnen, »bekommst du neben dem Supermarkt, was früher das
Großhandelslager war, billigen Gulasch, Bratwürste und
Klopse.« Damit ich es auch finde, begleiten sie mich und fragen, was ich in Salzungen treibe. Ich murmele etwas von Ar-
beitsuchen. Der lange Dürre lacht breitmäulig, das sei verlorene Liebesmühe, in Salzungen gebe es keine Arbeit. »Ich
habe sogar schon auf dem Friedhof nachgefragt, wollte für
ein paar Mark die Gräber schaufeln. Aber da saß einer im
Büro, der maulte mich an, daß es zur Zeit nicht mehr wie früher an Totengräbern mangele, sondern es zu viele davon gäbe.
Anscheinend sterben weniger.«

Der rotbärtige, im Gesicht lederhäutige Marx prophezeit,
daß es in einigen Jahren – wenn die vielen Imbißbudenbesit-
zer und die Blödmänner, die mit alten Autos handeln, pleite
sind, und die wissen ja noch gar nicht, wie grausam es ist,
pleite zu sein – wieder mehr Arbeit auf den Friedhöfen geben
werde. Er klopft dem Langen auf die Schulter. »Stander, und
wenn du dich bis dahin nicht totgesoffen hast, wirst du auch
wieder Gräber schaufeln dürfen.«

Stander? Ich kannte einen hauptamtlichen Gewerkschaftsfunktionär im Kalibetrieb Merkers, der hieß Stander. »Das
war mein Vater, is aber schon tot.« Andreas schweigt. Erst als
Marx und Stander nebenan im Supermarkt Büchsenbier holen und wir zwei allein neben der Essenausgabe stehen, sagt
Andreas, ich solle nicht alles glauben, was der Marx erzählt.

Das vom Friedhof beispielsweise. Der Marx, mit richtigem Namen heiße er Horst Milling, der sei von drüben gekommen. Und fasele immer was von den anständigeren, besseren, hilfsbereiteren Menschen im Osten. Aber das sei großer Käse. »Wenn ich an meinen Alten zu Hause denke, der schreit, prügelt und säuft. Mich hat er wie einen Haufen Dreck aus der Wohnung rausgeschmissen, an den Beinen rausgezogen, raus auf die Straße.« Aber noch müßte er nicht wie der Marx unter der Werrabrücke pennen, denn Stander besäße das kleine Häuschen vom Vater in Langenfeld. Inzwischen sei das zwar schon eine Bruchbude, aber man hätte ein Dach überm Kopf. Zwei Obdachlose wären dort schon hopps gegangen. »Abends im Suff eingeschlafen, und morgens mausetot. Lagen auf dem Sofa, auf dem ich jetzt penne.«

Vielleicht wären die zwei sogar von seinem »Alten«, der in der Leichenhalle arbeite, vor der Obduktion in die Kühltruhen geschoben worden. »Aber der ›Alte‹ ist nicht mein Vater und seine Frau, zu der ich Mutter sage, nicht meine Mutter. Meiner richtigen Mutter, wir wohnten damals in Cottbus, wurde ich entzogen, denn die war ständig besoffen, hatte wahrscheinlich schon Alk in der Muttermilch. Der Alte, der jetzt in der Leichenhalle arbeitet, holte mich, weil er keine Kinder mit seiner Frau hatte, aus dem Kinderheim.«

Als ich mich nach dem zweiten Bier von den Dreien verabschiede, sage ich, daß ich in Bad Salzungen keine Arbeit suche, sondern Geschichten aufschreibe. Marx meint daraufhin, ich sei ein schlechter Lügner. Er hätte mir gleich angesehen, daß ich kein armer Arbeitssuchender wäre. »Wer selber nichts hat, bezahlt unsereinem kein Essen und kein Bier. Arme untereinander sind keine Guten.«

Am Nachmittag erzähle ich Baldus von dem Gespräch mit den Obdachlosen. Er winkt ab und relativiert. Im vergangenen Jahr hätte er um die Weihnachtszeit 1 000 Mark, gespendet von einem Bekannten aus dem Westen, an Bedürftige in Salzungen verschenken sollen. Damals wollte er einen Teil des Geldes auch an die arbeitslosen Asozialen, die sich am Marktkiosk treffen, verteilen. Aber er hätte es nicht getan. »Und wissen Sie, weshalb? Weil ich nicht an deren Tod schuld sein will! Die hätten sich für das Geld lediglich Schnaps in ungeahnten Mengen gekauft und dann bis zum Exitus gesoffen. Ich kann einem Alkoholiker, solange er seinen Zustand noch nicht selbst begriffen hat, keineswegs von außen helfen. Dem nützt als ›Erkenntnis‹ oft nur der Abstieg nach ganz unten.

Freiheit ist auch die Freiheit des totalen Scheiterns. Aber ihr habt in der DDR mit eurem falschen Spruch vom ›Mensch im Mittelpunkt‹ solchen Leuten sogar diese letzte Freiheit des totalen Scheiterns und des Neuanfangs verwehrt.«

Am späten Nachmittag nimmt der Landrat eine kurze Regenerierungs-Auszeit (er hatte am Vorabend zu viel getrunken), und ich gehe derweil erstmals im Landratsamt meine eigenen Wege. Besuche in der Wirtschaftsabteilung Jürgen Senff, einen älteren hageren Mann, der schon zu DDR-Zeiten als einer der acht Stellvertreter vom Ratsvorsitzenden in diesem Haus gesessen hat. Damals war er verantwortlich für Dienstleistungen, Müllabfuhr und das Handwerk im Kreis. SED-Mitglied. Heute parteilos und ein von Baldus wegen seiner Fachkenntnisse sehr geschätzter Mitarbeiter für Wirtschaftsförderung. Ich frage, ob noch andere ehemalige stellvertretende Ratsvorsitzende in das neue Landratsamt übernommen worden sind.

Außer ihm nur noch Dr. Eib, der Chef der Allgemeinen Verwaltung, früher NDPD und heute CDU.

Ich erinnere mich, wie sich Dr. Eib gestern bei Klaus Urban empörte, daß die Stasi sogar im Büro vom Ratsvorsitzenden eine Abhöranlage installiert hatte. »Niemand konnte ahnen, wie abscheulich perfekt diese Telefonüberwachung in der DDR funktionierte«, schimpfte Dr. Eib. Und Urban nickte.

Ich frage Jürgen Senff, welchem Sachgebiet Dr. Eib im Rat

des Kreises vorstand. »Der ist Stellvertretender Ratsvorsitzender für Nachrichten und Verkehr gewesen. Und somit auch verantwortlich für die Telefonanschlüsse im Kreis.«

Aber es gäbe keine Stasi-Akte über die damalige staatliche Arbeit von Dr. Eib.

Ich sage spaßeshalber: »Und deine Akte, Genosse Senff?« Es war kein guter Witz, er lacht nicht.

»Die wird wahrscheinlich noch irgendwo herumstehen.«

Vor über zwanzig Jahren sei er zur Armeereserve einberufen worden. »Das heißt, im Wehrkreiskommando stellte man mich vor die Wahl: Entweder Reserve oder einen Sonderauftrag erfüllen, nämlich über die Grenze robben und im Westen an einem toten Briefkasten eine Nachricht holen. ›Mut beim Klassenkampf beweisen‹, wie wir damals sagten. Da bin ich zweimal bei Nacht und Nebel nach drüben.«

Wir wechseln das Thema. Senff erzählt von seiner Arbeit als Wirtschaftsförderer im Haus. Die meisten Handwerker kenne er schon seit über dreißig Jahren, dieses Vertrauensverhältnis zu den alten Kollegen sei sehr vorteilhaft. Aber es gebe nach der Wende auch erfolgeiche Neueinsteiger ins Handwerk wie den dicken Deifuß. Früher technischer Offizier oben in der NVA-Kaserne gewesen, und nun hätte er in Salzungen einen Kabelvertrieb aufgebaut, beschäftige schon acht Mitarbeiter.

Ich frage Jürgen Senff, ob er heute abend mit dem Landrat nach Merkers zur Betriebsratssitzung der Kumpel fahre. Nein, dafür sei er zu klein, dort könnte er eh nichts mehr retten, vielleicht würde der Landrat mit seinen Westerfahrungen wenigstens die schnelle Schließung der Gruben verhindern. Und es wäre gut, wenn er sich deswegen mit dem Schweizer Kaliexperten Arnold verbündete. Der hätte die Kumpel zur Betriebsbesetzung aufgefordert und durchschaue das Machtspiel der Kalimonopole zur Beseitigung der Ostkonkurrenz.

Schon in der Tür stehend, sage ich Senff, daß es vielleicht gut wäre, die Sache mit der Grenze und den toten Briefkästen dem neuen Arbeitgeber zu melden. Aber der schüttelt den Kopf. Er achte Baldus als sachkundigen Landrat, aber einer, der so viele Jahre Offizier gewesen sei, hätte natürlich mit dem Ost-Feindbild gelebt. »Und nun kommt ein kleiner ehemaliger Genosse zu ihm und will dem Oberstleutnant erzählen, daß er damals unentdeckt vom Bundesgrenzschutz über die Grenze gerobbt ist und Nachrichten für die DDR-Aufklärung geholt hat? Und selbst wenn er das glaubt, muß er als Offizier der Sieger solch eine Niederlage von damals wenigstens heute bestrafen. Nein, lassen wir alles so, wie es ist.«

Weil der Landrat abends sehr lange im »Sächsischen Hof« bei seinen Rotary-Brüdern, den einflußreichen Männern – nur Männern – aus allen wichtigen wirtschaftlichen und politischen Bereichen der Region, sitzt, kommen wir viel zu spät in das Kulturhaus von Merkers, in dem der Kali-Betriebsrat mit den Bürgermeistern verhandelt. Baldus geht nach vorn. Ich setze mich zu den Bergleuten und fühle mich zum erstenmal unwohl in meiner Rolle als »Begleiter der neuen Obrigkeit«.
Wahrscheinlich ist alles Grundsätzliche zur Lage im Kalibetrieb schon gesagt worden, denn ich verstehe die Diskussionsreden nicht. Vor allem aber begreife ich nicht, weshalb die Kumpels dichtgedrängt in einer Ecke sitzen und schweigen. Die Bürgermeister dagegen, der Wollny aus Merkers und der Grob aus Kieselbach, früher selber Bergleute, rufen dazwischen: »Sagt doch endlich ein Wort, sagt, daß ihr euch nicht wie die Schafe zur Schlachtbank führen laßt, gebt ein Zeichen und wehrt euch. Und alle in der Region werden euch unterstützen.« Aber der Betriebsratsvorsitzende Schmidt mahnt, den Betriebsfrieden während der Nachbesserungsverhandlungen zur Kalifusion zu wahren.

»Wollt ihr nur Nachbesserung, und ansonsten ist es euch scheißegal, ob eine ganze Region, und das geschieht, wenn es hier keinen Kalibetrieb mehr gibt, kaputtgeht?« sagt ein Mann mit starker Brille, ein bißchen Basedow-Augen und Löwenmähne. Ich frage meinen Nachbarn nach ihm. Das sei der Schweizer Peter Arnold, er hätte sich im Kieselbacher Pfarrhaus beim Pfarrer Wagner eingemietet und kämpfe für den Erhalt der ostdeutschen Kalibetriebe.

Der Kieselbacher Bürgermeister Grob: »Es kann nicht wahr sein, daß Merkers als Braut bei der Ehevereinigung betrogen werden soll, und ihr spitzt auch noch den Mund zum Kuß.«

Arnold: »Ruhe im Revier verlangt ihr? Aber nicht ihr braucht jetzt diese Ruhe, sondern die Friedhofsruhe brauchen die, die euch verschaukeln wollen. Nennt mir ein Beispiel, wo in der alten Bundesrepublik jemals eine Grube ohne Vorwarnung innerhalb von zwölf Monaten geschlossen wurde. Das hat sich noch niemand gewagt, weshalb nicht? Weil die Leute dort nicht ruhig waren.«

Der Betriebsratsvorsitzende, nun schon heiser: »Unsere Experten, Herr Arnold, und nicht Sie sind unser Experte, brauchen gut vierzehn Tage, um die Produktionszahlen, die uns der Kali-Vorstand gegeben hat, zu prüfen und zu analysieren.« Einer der Kumpels schreit dazwischen: »Kollege Schmidt, auch die sogenannten Experten aus dem eigenen Betrieb sind bestechlich! Die verfassen jedes gewünschte Gutachten, wenn sie dafür genug verdienen oder einen Job im Restbetrieb erhalten. Heute ist doch jeder bestechlich.«

Der Schweizer schlägt vor, die Öffentlichkeit rebellisch zu machen, denn auch dem Fleischer und dem Gastwirt und dem Gemüsehändler werde es schlechter gehen, wenn die Kalikumpel erst von der Arbeitslosenhilfe leben müßten. Fernsehen und Presse müßten informiert werden.

»Was bringts, das ZDF war doch schon unten in der Grube«, mault einer der Arbeiter. Die hätten gefilmt, als er einen Brocken Salz in der Hand hielt und sagte, wieviel Prozent Kali der Brocken mehr hat als das Kalisalz drüben im Westen und daß es deshalb unlogisch sei, hier die Fabrik und die Gruben zu schließen. »›Logisch ist das nur, wenn die später unser gutes Salz von drüben aus fördern‹, habe ich gesagt. Und genau den Satz ließen sie im ZDF weg.«

Arnold: »Die von der BASF wissen natürlich, daß ihr hier die besseren Kalivorkommen besitzt. Sie machen erst Merkers dicht und holen sich dann das Kali aus Merkers. Das nennt man heutzutage einen Konzern sanieren.«

Baldus wird es zu politisch. Er verwahrt sich gegen die »Agitation des Herrn Arnold«. Allerdings müßte auch er zu bedenken geben, daß nach der Fusion der mitteldeutschen Kaliindustrie mit der hessischen »Kali und Salz AG« über eine Milliarde Mark aus Treuhandgeldern – »also unser aller Geld« – ausgegeben werde, damit die BASF-Tochter zusammen mit den fusionierten ostdeutschen Betrieben wieder auf die Beine käme. Und bei solchen Summen hätte wohl auch die Öffentlichkeit ein Wort über die Verwendung der öffentlichen Gelder mitzusprechen.

Der Schweizer Arnold versucht es noch einmal. »Der Fusionsvertrag serviert der ›Kali und Salz AG‹ auf dem Tablett, was sie schon immer gewollt hat: die Ausschaltung der lästigen Ost-Konkurrenz auf dem internationalen Markt und gleichzeitig eine Milliarde Steuergelder, um das Unternehmen zu sanieren. Das steht wahrscheinlich auch im Fusionspapier. Aber die Kalibosse werden es euch nicht lesen lassen! Lenin sagte ›Wissen ist Macht‹. Und ihr wißt nichts, aber auch gar nichts, was in diesem Fusionspapier noch alles drinsteht.«

Der Betriebsratsvorsitzende spricht das endgültige Urteil über den Schweizer Experten Arnold. »Wir brauchen Betriebsfrieden und keinen Kalikrieg, wir lassen uns nicht aufhetzen, von solch einem ... einem ... einem ...«

Da steht ein Kumpel auf und sagt, daß er nichts mehr begreife, es sei gleich 23 Uhr, und morgens um 4 Uhr müsse er raus. Und der Betriebsratsvorsitzende klagt, daß ihm ein Faxgerät und ein Kopierer fehlen, denn die Geräte von der Betriebsleitung dürften sie als Arbeitervertreter im Arbeitskampf nun nicht mehr benutzen. Und Baldus bietet ihm seins im Landratsamt an. Und einer der Kumpel bittet mich, dem Landrat zu sagen, er solle zur »Kali und Salz AG« nach Kassel fahren. »Er muß sich doch auskennen mit diesen Gangstern, er ist doch einer von drüben.« Und der Schweizer Arnold drückt mir für den Landrat eine dicke Mappe mit Dokumenten vom Kalikrieg in die Hand.

Im Auto sage ich Baldus, daß die Kumpels der Meinung wären, er, der Landrat, müsse zur »Kali und Salz AG« oder zur BASF fahren und gegen die Schließung von Merkers protestieren. Er dreht sich um und schaut mich an, als hätte ich verlangt, er solle mit dem lieben Gott persönlich verhandeln. »Wissen Sie, Herr Scherzer, was die in der Chefetage der BASF machen, wenn der Landrat von Bad Salzungen erscheint? Die schicken vielleicht den Pförtner oder eine kleine Schreibkraft. Nee, dort geht für unsereinen keine Tür auf.«

Der »West-Ost-Kalikrieg«

Bis zum Mauerfall waren die BASF-Tochter »Kali und Salz AG« (nach der Fusion von Wintershall Salz-Detfurth 1971 der einzige westdeutsche Kaliproduzent) und die DDR-Kaliindustrie erbitterte Konkurrenten auf dem Weltmarkt. Und obwohl beispielsweise Regierung, Presse und Kalikonzerne der BRD und der DDR immer wieder verlangten, endlich die Werra zu entsalzen, war die »Kali und Salz AG«, nur unter der Voraussetzung bereit, »die Aufbereitungsverfahren an die DDR zu geben, wenn die östlichen Vertragspartner keine durch

54

die neue Technik entstehenden Kaliprodukte auf den Weltmärkten anbieten und somit nicht die Existenz des Technologielieferanten aus dem Westen gefährden.« (Weserkurier vom 26. November 88). Damals exportierte die ostdeutsche Kaliindustrie fast noch doppelt so viel wie die »Kali und Salz AG«, davon 60 % in kapitalistische Länder. Bis 1990 gelang es den Westdeutschen nicht, die DDR von der dritten Stelle auf dem Weltmarkt zu verdrängen. Aber was bis zum Herbst 1989 ein gut gehütetes Geheimnis für die Westkonkurrenz war, das änderte sich mit dem Fall der Mauer. Schon am 14. November 1989 fuhren die ersten freundlichen »Berater« der westdeutschen Kalikonzerne bei ihren ehemaligen Erzkonkurrenten an der Werra in die Gruben ein, begutachteten später auch deren Bücher, die Produktions- und Effektivitätskennziffern. Und rieten unter dem Deckmantel der Umweltentlastung ausgerechnet dazu, auf das einzige in Preis und Nachfrage ständig steigende Kaliprodukt, auf die Produktion des Kaliumsulfats, zu verzichten. Vertraglich geregelt wurde, daß die Marktanteile der Ostdeutschen an diesem Produkt von der Kali und Salz AG (sie hält 40 % des Weltmarktes von Kalisulfat) mit beliefert werden. Anschließend, allen marktwirtschaftlichen Prinzipien hohnsprechend, anschließend verordnete die Kali und Salz AG der ostdeutschen Kaliindustrie ein Ausfuhrverbot ihrer Produkte in alle alten Bundesländer. Es blieb für die ostdeutschen Kaliproduzenten der Markt der ehemaligen DDR, der zusammenbrechenden landwirtschaftlichen Produktionsgenossenschaften, die kaum noch Dünger abnahmen. Und obendrein mußte die ostdeutsche Kaliindustrie dem Wiener Kali-Exportkartell beitreten, das den hiesigen Kalibetrieben solche hohen Preise diktierte, daß die bislang nicht gerade reichen Kunden aus der dritten Welt absprangen und sich nun Kali zu Dumpingpreisen in der ehemaligen Sowjetunion besorgten. Auch die für die Entwicklungsländer günstigen Kopplungsgeschäfte mit der DDR, z. B. Kali gegen Kaffee, wurden untersagt, außerdem war der Kaffeemarkt in Ostdeutschland inzwischen von Bremer und Hamburger Kaffeekonzernen aufgeteilt. Danach dauerte es nur noch wenige Treuhandverhandlungsmonate, bis die Ostdeutschen bereit waren, die Gruben, beispielsweise in Bischofferode und Merkers, zu schließen und das unbestritten hochwertigere Kalisalz aus Merkers später durch einen Grubenverbund aus dem Hessischen abbauen zu lassen. Kosten für diesen bisher nur geplanten Grubenverbund: rund 150 Millionen DM Treuhandgelder, also Steuergelder. Hätte man zwei Jahre zuvor nur 33 Millionen Mark für die fast fertige neue Kaliumsulfatfabrik in Merkers ausgegeben, dann könnte man das Kali weiterhin dort verarbeiten, wo man es produziert: in Thüringen. Aber sobald solche Art von eigenständigen Gedanken in ein Konzept einflossen, drohte der inzwischen übermächtige Kalikonzern im Westen. Nachzulesen in VWD-Spezial Nr. 221: »Sorgen bereitet Kali und Salz die Absicht der Treuhand, die Mitteldeutsche Kaligesellschaft zu einem rentablen Unternehmen zu sanieren. Gegenüber subventionierten Staatsunternehmen mit aggressiver Preispolitik und diesem Marktangriff wird sich die Kali und Salz AG mit allen Mitteln wehren.« Sie mußten sich nicht wehren. Die Treuhand stand ihnen hilfreich zur Seite, auch mit Beratern und Experten und bewährten Kadern, die sie von der Kali und Salz AG ausborgte und in die Führungsgremien der ostdeutschen Kaliindustrie lancierte. Unter anderem Alwin Cottoff, zuvor Direktor bei der Kali und Salz AG, danach beim ostdeutschen Konkurrenten verantwortlich für die Gruben und Lagerstätten. Und der Aufsichtsratsvorsitzende im Osten, ein gewisser Herr Steger, war früher Wirtschaftsminister in Hessen. Und die mit der Kali und Salz AG verbundene »Consulting GmbH« wurde mit der Bewertung von Produktivität und Effektivität der ostdeutschen Kaliwerke beauftragt. Folgerichtig kam auch heraus: Senkung der Kaliproduktion in den neuen Bundeslän-

dern von 3,5 Millionen Tonnen 1988 auf, wie es im Fusionsvertrag vereinbart wurde, 1,2 Millionen. Und in den alten Bundesländern von 2,5 Millionen Tonnen auf 2,0 Millionen Tonnen. Und im Osten sollen zu den seit drei Jahren schon
entlassenen 25 000 Kumpeln, in Merkers allein 6 000, noch
einmal 1 700 hinzukommen. Und auch im Westen will die
Kali und Salz AG 1 700 Kumpel entlassen. Allerdings werden die im Osten schon in ein bis zwei Jahren auf der Straße
stehen, denen im Westen räumt man für die Schließung eine
Schonfrist von fünf bis sieben Jahren ein. Damit ist der
deutsch-deutsche Kalikonkurrenzkrieg siegreich für die BASF
beendet.

Der vierte Tag

Am Freitag morgen versammelt sich der Personalrat unter
dem schrägen Dach der Abteilung Gesundheitswesen, um
über den neuen Leiter der Unteren Baubehörde abzustim-
men. Am einen Ende des Tisches sitzen die drei Frauen und
zwei Männer des Personalrates, am anderen Ende im diffu-
sen Dachfensterlicht der Herr Graf, heute mit einer leuchtend
blauen Krawatte. Sein grelles Outfit paßt schlecht zu den gelb-
grauen Tischdecken mit der Aufschrift »Gesundheitswesen«,
den fleckigen Sprelacart-Büroregalen, der verstaubten »VEB
Optima«-Schreibmaschine, den mit beigefarbenem Stoff über-
zogenen, auf dünnen Stahlrohren stehenden Stühlen und dem
neben den Gesetzesbüchern prangenden Wimpel »Brigade
der deutsch-sowjetischen Freundschaft«.

Sieberg begrüßt den Landrat und lobt zuerst die Kollegin
Asche als eine fleißige, verantwortungsbewußte, gut ausge-
bildete Fachkraft. Das sei der Herr Reifert aus Fulda auch,
entgegnet Graf, aber als Sieberg erwidert, daß dieser Herr Reifert bei der Ausbildung und bei der Arbeit weniger mit dem

Bau als vielmehr mit der allgemeinen Verwaltung zu tun hatte, wird Graf sofort unsicher. Und Sieberg gibt noch eins drauf: »Wir werden langsam zu einer Enklave von Fulda, weil immer mehr Westbeamte hier ihre Karriere nachholen und unsere Fachleute arbeitslos machen.« An dieser Stelle greift Baldus ein, sagt, daß man den Herrn Reifert braucht, weil er Ahnung von der normgerechten Verwaltungsarbeit hat.

Sieberg: »Sie irren, Herr Landrat, wir brauchen Leute, die auf der Baustelle auch Schnurgerüste nachmessen können. Das Bauamt hat in den vergangenen Jahren Hunderttausende Mark nicht eingenommen, weil wir keine ordentlichen Statikprüfungen vor Ort machen konnten. Von Sesselfurzern aus Fulda haben wir genug.«

Baldus: »Aber ohne deren Kompetenz, Herr Sieberg, würde hier noch weniger funktionieren, oder wollen Sie behaupten, daß Sie das komplizierte Baurecht der alten Bundesländer schon beherrschen?«

Sieberg: »Und weshalb hat man uns das komplizierte, an Bürokratie und Unlogik nicht mehr zu überbietende Baurecht der alten Bundesländer verordnet? Damit wir auch auf die dazugehörigen Beamten der alten Bundesländer angewiesen sind und für lange Zeit von denen abhängig sind. Bevor unsere Leute all diesen Kram beherrschen, sitzen diese Kukkucksvögel schon vollgefressen im Nest.«

Man einigt sich nicht.

Noch ehe abgestimmt wird, geht Baldus, weil er pünktlich zum Neujahrsempfang in der Werratalkaserne erscheinen muß ...

Er wird sich dort an der Tür in Positur stellen und von den artig in einer Reihe stehenden hervorragenden Arbeitern, Genossenschaftsbauern, Künstlern, Handwerkern, Soldaten und Wissenschaftlern per Handschlag Huldigungen entgegennehmen und dafür Gesundheit und persönliches Wohlergehen im neuen Jahr wünschen. Seine schlanke, große Frau wird in einem langen, eng anliegenden roten Kleid inzwischen im Saal stehen und mit den Frauen des DFD Kochrezepte austauschen. Und irgendwann wird das Buffet eröffnet, es ist leider einfallslos wie die Armee: Weißbrot, belegt mit Wurst, Schinken und Käse.

Aber nein, ein Neujahrsempfang verläuft inzwischen völlig anders: Die Bananen liegen zum Schluß immer noch unberührt auf den Tellern ...

Gegen 13 Uhr bin ich wieder unten im Landratsamt. Will noch wissen, wie der Personalrat in Sachen Asche und Reifert abgestimmt hat. Von Graf erfahre ich es nicht, sein Zimmer ist schon verschlossen. Eine Mitarbeiterin entschuldigt ihn: »Die Fuldaer müssen wieder drüben sein, bevor die große Autokarawane vom Westen in den Osten zieht, denn am Freitag kommen alle Thüringer, die hier keine Arbeit mehr haben, aus Hessen und Bayern zurück.«

Sieberg sitzt noch in seinem Bauamt, vor der Wende Kindergarten des Kaltwalzwerkes.

Der Wessi, sagt Sieberg, sei mit den sechs Nein-Stimmen des Personalrates und einer Ja-Stimme von Graf abgelehnt worden. »Aber das letzte Wort spricht der Landrat.«

Sieberg drängt es nicht, nach Hause zu gehen, seine Frau arbeitet um diese Zeit noch in ihrer Zahnarztpraxis. Wenn wir wollten, könnten wir reden. Und ich sage ihm, daß ich trotz vieler Landratsamts-Gespräche Schwierigkeiten hätte im politischen Parteienstreit um Kreisgebietsreform, Kalifusion, Gewerbegebiete, alter Macht und neuer Karriere die Wahrheit von der Unwahrheit zu unterscheiden und Wesentliches der neuen Gesellschaft zu benennen.

Sieberg grient nicht nur wie Schwejk, er sieht im Gesicht auch wie ein geschnitztes lustiges Wurzelmännchen aus. Und redet dazu gotteslästerlich: »Paß mal auf: Die Banken,

Monopole und Handelsketten aus dem Westen haben im Osten ökonomisch gesiegt. Nun wollen sie diese ökonomische Macht genau wie im Westen in politische Macht ummünzen. Dazu brauchen sie folgsame Erfüllungsgehilfen unter den Abgeordneten und in den Verwaltungen. Und diese Erfüllungsgehilfen, ›Politiker‹ genannt, müssen, damit es nicht jedem auffällt, daß sie nicht mehr Volkeswille, sondern der Wirtschaft Wille vertreten, die Wahrheit verschleiern und geschickt lügen.«

»Parteilehrjahr der SED?«

»Ja, ich war bis 1982 in der Partei. Dann habe ich mein rotes Büchlein bei der Kreisleitung auf den Tisch gelegt und gesagt: ›Ab sofort nicht mehr Genosse Sieberg, sondern wieder Herr Sieberg.‹«

Damals war Sieberg Chef der Kreisdirektion Straßenwesen in Bad Salzungen. Er entschied auch, wofür das kostbare, immer knapper werdende, Devisen kostende Straßenbitumen verwendet wurde. Mit dem Rest des Jahreskontingentes hätten 1982 die kaum noch befahrbaren Straßen um Geisa ausgebessert werden sollen. Alles sei vorbereitet gewesen, als er plötzlich vom damaligen stellvertretenden Ratsvorsitzenden, Dr. Eib, die Order erhalten hätte, dieses Bitumen nicht für die Rhönstraßen zu verwenden, sondern damit den Hof des Salzunger Volkspolizeikreisamtes zu asphaltieren.

»Ich ging zu Eib, sagte, daß er mir das schriftlich geben müßte. Das tat er nicht, und ich ließ die Straßenbauer in Geisa anfangen. Kaum war ich paar Tage dienstlich unterwegs, bestrafte er meinen Vertreter wegen Nichtbefolgen einer Weisung. Damals bin ich aus der SED raus. Und kaum war ich nach diesem Gang zur SED-Kreisleitung wieder in meinem Zimmer, klingelte auch schon das Telefon, und der Bündnispolitiker Eib teilte mir, dem nun parteilosen Leiter, mit, daß ich ab sofort beurlaubt sei!«

Nach der Wende wurde Sieberg in den Ausschuß zur Untersuchung von Korruption und Amtsmißbrauch in der DDR berufen. Aber er hätte sich immer gefragt: Was war Amtsgebrauch und was Amtsmißbrauch? Natürlich hätten sich beispielsweise die Bürgermeister der Grenzgemeinden, auch diejenigen, die damals der Blockpartei und heute der siegreichen Partei angehörten und deshalb Ämter bekleiden würden, zu »Sicherheitsberatungen Grenze« getroffen. Dabei wären alle Sicherheitsrisiken besprochen worden. Und ein Sicherheitsrisiko sei auch der Fleischer gewesen, wenn er damals in der Kneipe gemault hätte, daß er keine ordentlichen Naturdärme für seine Wiener Würstchen bekäme, nur diese beschissenen Kunstdärme, im Westen dagegen . . .

»Aber keiner wurde gezwungen, als Grenzbürgermeister zu amtieren, im Gegenteil. Das war ein Vertrauensposten! Also keine Folge der Diktatur, sondern der ganz persönliche Lebensweg.«

Rudolf Sieberg wurde 1938 in Oberschlesien geboren. 1944 Aussiedlung. Nach dem Krieg Arbeit im Forst, Bekämpfung der Borkenkäfer. Sechs Monate davon auch in der Tschechoslowakei. »Wir sind damals, ich glaube es war 1954, in umgebauten Panzerspähwagen der Hitlerwehrmacht gefahren. Hinten Ketten, vorne Gummiräder – ein Tank darauf mit Kalkarsen, und wir saßen wegen der giftigen Brühe mit Gasmasken im Fahrerhaus. Es war ein beschissenes Gefühl. Auch wenn wir nur Borkenkäfer vernichteten.«

Von 1956 bis 1958 Studium an der Arbeiter- und Bauernfakultät in Halle. Danach Dienst in der kasernierten Volkspolizei, das heißt Handballspieler mit Dienstgrad Leutnant in der Oberligapolizeimannschaft Dynamo Halle. »Ich habe bis 1961 dort gespielt, gehörte zur DDR B-Nationalmannschaft, war auch im Ausland. Sogar in der BRD!«

Seine größte Reise allerdings hätte er 1974, damals schon Leiter vom Hallenser Polizeirevier Süd, gemacht. Er sei als blinder Passagier mit einer sowjetischen Militärmaschine von

Merseburg nach Tscheljabinsk geflogen. »Mein Freund Sascha, zuvor in Halle, war dorthin abkommandiert, ich wollte ihn besuchen, erhielt aber kein Visum. Als der sowjetische Kommandeur des Flugplatzes in Merseburg beim Umtrunk davon hörte, sagte er nach dem sechsten oder siebten Wodka: ›Genosse Sieberg, du fliegst im Transportraum unserer militärischen Kuriermaschine, die startet in Merseburg und landet ohne Zwischenaufenthalt und ohne Kontrolle in Tscheljabinsk.‹

Mit einem 20-Liter-Fit-Kanister reinem Alkohol – ich habe einen Kanister aus Plaste genommen, weil ich dachte, ein Metallkanister wird bestimmt zerfressen – und ein paar Seiten Speck bin ich rein in die Kiste, eine umgebaute Militärmaschine. Keine Heizung im Transportraum, normalerweise liegen da drin nur Pakete und Briefe. Ich habe mich in Säcke gewickelt und reichlich Schnaps getrunken.

In Sibirien sind wir mit Pferden und Zelten durch die Taiga. Sascha, ein paar befreundete Offiziere und ein Sibiriak als Führer. Fünf Wochen auf dem Pferd. Nach drei Tagen war mein Arsch nur noch rohes Fleisch. Der Sibiriak verbot mir, mich zu waschen, und schmierte Hirschtalg drauf. Wir fingen Fische mit Handgranaten und schossen das Wild mit der MP. Im Lagerfeuer erhitzten wir Steine, trugen sie in unser Zelt, schütteten Wasser darauf. Das war unsere Dampfsauna. Viermal trafen wir auf kleine Siedlungen. Die Leute dort haben uns tagelang bewirtet.«

Das sei die beste Zeit seines Lebens gewesen. Und auch bei ihm zu Hause in Tiefenort kämen die Nachbarn, wenn der Rost räuchere, immer noch, ohne daß man sie einlade. Einfach so. Aber wie lange noch? Wenn man auch hier erst taxiere, ob es gut für die Karriere ist, zu jenem zu gehen oder lieber zu einem anderen ...

Ich lade Sieberg noch zum Bier bei »Hilde« ein. Nach dem sechsten Wodka schimpfen wir auf die Wessis: »Die sind nicht abzusetzen, denn sie haben keine Stasi-Akte, höchstens eine vom BND«, sagt Sieberg. Und außerdem wären sie nur mit ihrem Jetzt hier, ihr Gestern hätten sie drüben gelassen, und danach frage sie keiner.»Deshalb sind sie arrogant und unangreifbar. Aber wir, wir müssen uns wegen der Geschichtsbewältigung, wie sie es nennen, vor ihnen nackig machen, am besten bis zu den vollgeschissenen Babywindeln.«

Gespräche mit dem Landrat (3)

AN GOTT HABE ICH IMMER GEGLAUBT ...

... aber nicht an die katholische Kirche. Das hängt auch damit zusammen, daß in unserer Gemeinde ein Geistlicher lebte, der sich sexuell an Kindern und Jugendlichen verging und es auch bei mir versucht hatte. Vielleicht wäre damit für andere Gott, der eigentlich alles sehen müßte, gestorben. Aber ich habe die Diener Gottes immer als fehlbare Menschen angesehen. Ich bin in einer ziemlich strengen katholischen Familie aufgewachsen, und als ich mich mit fünfzehn sehr heftig von deren Oberhaupt, also meinem Vater, abwandte, trennte ich mich auch erst einmal von der katholischen Kirche. Denn natürlich wollte ich beispielsweise von den Mädchen damals etwas anderes, als es die Kirche vorschrieb. Ich habe mich, wenn man das so sagen kann, in meiner Jugend mehr den Mädchen als der Kirche zugeneigt gefühlt. Nach den ersten Liebeleien bin ich zwar noch zur Beichte gegangen, aber später habe ich auch das nicht mehr getan, denn ich habe die Sünden mit den Mädchen nicht ehrlich bereut. Weshalb sollte ich also eine wirkliche Sünde auf mich nehmen und bei der Beichte lügen? Es wäre reine Heuchelei gewesen, wenn ich, nachdem ich mit einem Mädchen geschlafen hatte, zum Pfarrer gerannt, gebeichtet und mir die

Worte, es tut mir leid, abgestammelt hätte. Leid getan hat es mir nur, daß ich es nicht noch öfters gemacht habe. Übrigens, wenn Gott diese Sache mißfallen würde, dann hätte er uns wohl nicht die Anlagen dafür erschaffen. Für mich ist es auch heute noch absurd, daß Kirchenrechtler sich mit der Frage beschäftigen, ob man seinem Partner vor der Ehe sexuell nahekommen darf und in welcher Stellung. Doch wie gesagt, mein Bruch mit der katholischen Kirche und meine Wiedereingliederung – die Rückkehr EINES reumütigen Sünders ist dem Himmel mehr wert als NEUNUNDNEUNZIG Gerechte, die immer dort geblieben sind – waren nie Abkehr von und Wiederkehr zu Gott. Theologie ist etwas anderes als der Glaube an Gott. Die wichtigste Aufgabe der Kirche besteht für mich nicht darin, den Glauben wie eine juristische Frage zu behandeln. Ich akzeptiere auch nicht, daß der Papst per Beschluß für sich in Anspruch nimmt, unfehlbar zu sein! Beschlossene Wahrheiten sind eine unerträgliche Angelegenheit. Ich kann zwar sagen: Ich lege das so aus. Aber doch nicht: Weil ICH das so auslege, ist es wahr. Das hat die SED schon gemacht. Aber das tut die katholische Kirche in dem einen oder anderen Fall leider auch. Ich versuche statt dessen, Glauben zu leben. Ohne Glauben kann ich mir das irdische Dasein nicht vorstellen, er macht mich innerlich frei. Und ich glaube auch daran, daß Gott noch lebt. Gelegentlich beschleichen mich natürlich Zweifel. Ich zweifle jedoch nicht wegen der Ereignisse in Jugoslawien oder den Bluttaten in Tschetschenien, denn das Böse gehört zur Welt, und es war von Anbeginn an mit auf der Welt. Auch das Böse ist im Menschen. Das Gute im Menschen ist nicht die gültige Regel, denn der Mensch ist fehlbar. Oder wie es in der Bibel steht: »Viele sind berufen, aber wenige auserwählt.« So, genau das ist es!

Der fünfte Tag

Am Montagmorgen gehe ich unangemeldet zum Leiter der Personalabteilung Graf. Und mir scheint, er ist froh über meinen Besuch, denn er läßt einen Termin ausfallen und Kaffee kochen. Außerdem erzählt er so hastig, als hätte er Angst, ich könnte ihm seinen sprudelnden Redefluß, der endlich ein Loch im Damm gefunden hat, wieder stoppen.

Sofort nach seiner Ausbildung als Volljurist sei er für 120 Tage nach Erfurt zur Osthilfe geschickt worden, hätte dort das Bundesdeutsche Zivilrecht gelehrt. Das sei eine schlimme Zeit gewesen. Überall hätte er, der junge Mann aus dem Westen (»ich war ja noch ein Grünschnabel, mußte aber ältere Menschen belehren und dabei Überlegenheit demonstrieren«), Mißtrauen gespürt. »Die DDR-Gesellschaft war mir fremder als Spanien tief unten in Katalanien.« Schließlich hätte er den Posten als Personalchef im Landratsamt erhalten, eine Chance, die man sonst in seinem Alter noch nicht bekäme. Auf hundert Juristen mit gerade abgeschlossener Ausbildung entfielen in den alten Bundesländern etwa drei Stellen als Richter oder Staatsanwalt. Zum Vorsitzenden Richter brauche man mindestens fünfzehn Jahre. Allerdings weit hinten im Osten, vielleicht in Weißwasser, wo die Einheimischen wegen Staatsnähe entlassen worden wären und die Westdeutschen wegen der Entfernung nicht hin wollen, könnte man vielleicht schon in zwei, drei Jahren ein Vorsitzender Richter sein. Er hätte Glück gehabt mit diesem Posten so nahe bei Fulda. Und selbstverständlich würde er sich nun lieber erfahrene Kollegen aus dem Westen holen, denn die hiesigen Angestellten würden oft noch nicht effektiv genug funktionieren, hätten viele nebensächliche Dinge im Kopf, Gefühlsduselei auch. »Die wollen scheinbar gar nicht mit aller Macht nach oben.« Wobei sie zuvor nie zur Leistung, zur Konkurrenz gezwungen gewesen wären und sich statt dessen Kumpelhaftigkeit, Freundschaft und Hilfe untereinander hätten leisten können. »Nicht, daß sie denken, die Leute bei uns pflegen keine Freundschaften, man pflegt sie schon, aber meist nur die auf der gleichen Gehaltsstufe oder in der gleichen gesellschaftlichen Position. Stürzt der eine von seinem Karrieretreppchen, ist meist auch die Freundschaft beendet.«

Und einfach sei das Leben im Westen weißgott nicht. »Wenn ich abends endlich wieder zu Hause bin, würde ich am liebsten alle viere von mir strecken, gemütlich essen und danach faulenzen. Statt dessen muß ich aber joggen gehen. Joggen muß sein, damit ich für den Job fit bleibe. Also gehe ich joggen, obwohl ich eigentlich faul sein möchte. Zwischen 19 und 20 Uhr Abendbrot essen, und danach muß der Hund Gassi geführt werden. Ein Hund muß sein in einer etablierten Familie, so ein Hund ist auch ein gutes Kommunikationsthema. Außer täglich joggen und Hund Gassi führen, muß ich mich irgendwann wegen der Kontakte zu einflußreichen Leuten auch noch im Wirtshaus sehen lassen. Und das alles bestimmt man eben nicht selbst, nicht das Joggen, nicht das Hundausführen, nicht das Wirtshausgehen. Aber genau das machen einige ehemalige DDR-Bürger immer noch.«

»Also müßten«, schlußfolgere ich, »die hiesigen Bewerber, beispielsweise die Frau Asche, um bei Ihnen eine Chance zu haben, erst so werden, wie Sie jetzt sind, aber doch eigentlich gar nicht sein möchten?«

Er nickt verwirrt.

Der Landrat plant mit Kürschner die nächsten Termine. Am Mittwoch Kreistagssitzung, aber in Oechsen auch eine Einwohnerversammlung mit dem Amerikaner Mr. Werner, und die Oechsener bestehen darauf, daß Baldus persönlich erscheint. »Ich werde trotz der Kreistagssitzung nach Oechsen fahren. Verschobene Schlachten sind meist schon verlorene Schlachten.«

Ein Gespräch mit den Pfarrern sei nötig. In einem weiteren

Brief protestieren sieben Pfarrer des Kreises energisch gegen die geplante Mülleinlagerung in den Kaligruben an der Werra. »Müll statt des weißen Goldes? Wollen Sie, Herr Landrat, die Umwelt und die Menschen dem Gewinn der Müllfirmen opfern? ...« Baldus empört sich: »Die sollen anständig predigen, anstatt Politik machen zu wollen!« Und ich sage ihm, daß die Pfarrer zu DDR-Zeiten fast die einzigen gewesen wären, die es gewagt hätten, Umweltproteste zu organisieren. »Aber wir leben inzwischen nicht mehr in der DDR, Herr Scherzer. Das müssen nun auch die Pfarrer begreifen.«

Als alle Termine klar sind, legt Kürschner den Block wieder in das Regal, auf dem immer noch das kunstvoll verzierte ukrainische Brot liegt. Bestimmt ist es mittlerweile schon knochenhart. Wir hätten es essen und den Wodka dazu trinken sollen, denke ich.

Wir? Wer?

Dr. Eib erscheint unangemeldet, beschwert sich beim Landrat laut und energisch über Frau Böhm vom Rechnungsprüfungsamt. Er sei sehr für die demokratische Mitbestimmung der Angestellten, aber nicht auf seine Kosten! Er lasse seine Autorität nicht öffentlich von einer Frau des Rechnungsprüfungsamtes demontieren. Dafür hätte er zu DDR-Zeiten in der NDPD nicht gegen den Stachel gelöckt, daß er nun als CDU-Kreisvorstandsmitglied im heutigen System von einer ehemaligen DDR-Finanzprüferin beleidigt werde. Baldus unterbricht ihn abrupt. Er solle das mit Frau Böhm klären. Außerdem wäre er mit deren Arbeit sehr zufrieden.

Dr. Eib zuckt nicht, aber er wechselt sofort das Thema. Er arbeite schon sehr lange hier, hätte Ratsvorsitzende und einen Landrat überlebt, er könne sich also ein Urteil erlauben. »Und, Herr Landrat, das muß gesagt werden, seit Sie die Fäden in der Hand halten, hat sich die Arbeit im Landratsamt entscheidend verbessert. Wirklich entscheidend verbessert, sehr entscheidend ...«

Baldus sagt, er hätte jetzt keine Zeit.

Ich gehe zu Frau Böhm, die in einem kleinen Zimmer unter dem Dach des Landratsamtes sitzt. Sie erklärt mir ihr Aufbegehren bei der Dezernentenberatung. Es ginge ihr nicht um formale Stellungsnahmen (sie sagt auch jetzt, wo sie überhaupt nicht aufgeregt sein muß, »Stellungsnahme«). Aber es sei schlimm, daß manche Leute, die schon früher leichtfertig über Ungerechtigkeiten hinweggesehen hätten, heute wieder schludern würden. Und sie wisse, wovon sie rede, denn in der DDR hätte sie als Mitarbeiterin der Staatlichen Finanzrevision in Suhl alle Spielzeugbetriebe von Südthüringen geprüft. Die Sonneberger wären mit ihrer Arbeit sehr zufrieden gewesen. Lediglich als sie die Betriebsbilanz einer kleinen Privatfirma nicht bestätigte, sei ein Unglück geschehen. Diese Firma hätte damals, was für solche kleinen Privatfirmen ungewöhnlich gewesen wäre, zwei moderne österreichische Füllmaschinen erhalten. Und diese Maschinen aus dem nichtsozialistischen Währungssystem hätten wegen der Devisen, die sie kosteten, mindestens zweischichtig ausgelastet werden müssen. Doch die zwei Maschinen liefen nicht mal regelmäßig in einer Schicht. »Aus dem Grund verweigerte ich, und das war damals kein Novum, dem Betrieb die Bilanzbestätigung. Doch kaum geschehen, wurde ich zum Generaldirektor der Vereinigung Volkseigener Betriebe Spielwaren, er war Mitglied des Zentralkomitees der SED, bestellt. Und der verlangte, daß ich die Bilanz des Privatbetriebes sofort bestätige. Und mein Chef in der Staatlichen Finanzrevision sagte, ohne daß er mir den Grund nannte: ›Friedel, es tut mir sehr leid, aber du mußt sofort die Sonneberger Spielzeugbetriebe abgeben, du wirst versetzt.‹ Erst sehr viel später erfuhr ich, daß der Chef dieser kleinen Sonneberger Privatfirma ein Skatbruder des ersten Sekretärs der SED-Kreisleitung gewesen war.«

Sie sei damals zwar Prüferin geblieben, aber diese Ungerechtigkeit der Obrigkeit hätte sie nie verwunden.

Herr Baldus dagegen sei ein gerechter Mann. Außerdem höflich, fachlich beschlagen und klug. Er sage oft: »Sprich sanft und trage einen großen Stock« oder: »Wir haben sehr viele Häuptlinge und zu wenig Indianer im Landratsamt«. Und andere weise Sprüche. Auch wenn sie sein Ziel und seine Maßnahme nicht immer gleich vorausschauend verstünde, würde sie ihm als Rechnungsprüfungsamt keine Zügel anlegen.

Inzwischen hat Baldus ein Regierungsfax aus Erfurt erhalten, in dem ihm mitgeteilt wird, daß nach den neuesten Plänen der Innenminister Schuster den Kreis Bad Salzungen an die Kreise Eisenach, Schmalkalden und Meiningen aufteilen will. Alarmstufe 1. Alle Mitarbeiter wieseln im Büro umher, organisieren Protestschreiben, sammeln Bürgerbriefe. Es geht um Existenzen. Baldus scheint ungerührt, er fährt am Nachmittag mit seiner Frau nach Fulda.

Ich frage inzwischen Cheffahrer Greulich, wo ich den Kabelvertrieb vom Deifuß finde. Greulich verzieht das Gesicht, als ob er in eine Zitrone gebissen hat, und mault, was ich bei diesem Deifuß verloren hätte, das sei doch ein ... ein ... ein ... Er sucht nach dem passenden Wort, findet es aber nicht. Nein, er möge den Deifuß nicht. »Der war in der DDR ein Fuhrparkleiter, und ich war in der DDR ein Fuhrparkleiter. Er war allerdings der große Fuhrparkleiter, der Chef aller Technik in der Salzunger Kaserne, und ich nur ein ganz kleiner Fuhrparkleiter, hier, beim Rat des Kreises. Und wenn ich unter der Karre lag und den Auspuff zum zehnten Mal selbst schweißen mußte, erhielt der Deifuß einen nagelneuen Auspuff aus dem NVA-Sonderkontingent.«

Ein sehr spitzer Giebel läßt das Haus mit dem Schild »Kabelvertrieb GmbH« höher aussehen, als es ist. Die Vorderseite wurde neu verputzt, aber hinten und an der Seite hängen die Schiefer wie die Schuppen eines an Land geschwemmten, angefressenen Fisches herum. Im Musterzimmer mustert mich ein kleiner, sehr korpulenter Mann und sagt, daß er keinen Bastlerbedarf verkaufe, nur große Posten abgebe. Ich frage nach dem Deifuß, der ein hoher NVA-Offizier gewesen sei und nun ein erfolgreicher Unternehmer geworden wäre. Er sagt barsch, daß mich das einen Scheißdreck angeht. Auch nach meinen langen Erklärungen bleibt er dabei, daß es sinnlos sei, über ihn zu schreiben. Denn die Leute würde nicht die Wahrheit, wie sich jemand nach der Wende am eigenen Schopf aus dem Schlamassel herausgezogen hat, interessieren. Ihr Urteil stände bei seinesgleichen schon fest: früher Partei und Offizier und mit SED- oder Stasi-Geldern Unternehmer geworden!

Jawohl, er sei einer der verantwortlichen Offiziere für die gesamte Militärtechnik des Salzunger NVA-Regimentes gewesen. »Und das Tag und Nacht. Der Politoffizier konnte am Nachmittag seine Parteibibel zuklappen und dann war Feierabend für ihn. Und der operative Offizier, wenn dem bei einer Schießübung das halbe Bataillon daneben schoß, hatte der immer eine Begründung: Oben war zu viel Himmel und von der Seite zu viel Wind! Aber bei mir galt keine Entschuldigung, die Autos hatten vier Räder, also mußten sie fahren! Egal wie.«

Stolz zeigt er mir die dicke Hornhaut an den Händen. Seine Garage hätte er ohne Hilfe gemauert. »Und die sich damals über meine Garage das Maul zerrissen, die saßen saufend in der Kneipe, wenn ich nach Feierabend gemauert habe. Weshalb sollen wir, die seinerzeit ordentlich gearbeitet haben, uns heute wegen der Vergangenheit die Augen auskratzen? Weshalb soll ich heute mit den Fingern auf den ehemaligen CDU-Kreisvorsitzenden Urban zeigen? Der stand am 1. Mai und am 7. Oktober oben auf der Tribüne! Oben auf der Tribüne, und ich mußte unten im Stechschritt an ihm vorbei. Und er sah nicht aus, als ob er litt, da oben auf der Tribüne.

Aber so war das eben ... Ich laß mir weder das Vergangene nehmen, noch das Heutige.«

Allerdings hätte er sich nach der ersten großen Pleite, also nach dem Zusammenbruch des Sozialismus, geschworen: Nie wieder werde ich wie in der DDR um des lieben Friedens willen still sein oder etwas anderes sagen, als ich sagen will. Und als ihm 1991 ein westdeutscher Unternehmer einen günstigen Verkaufsvertrag anbot, aber dafür verlangte, daß Deifuß ihm regelmäßig über die Kunden und die Verkäufe Bericht erstatte, hätte er gesagt: »Damit Sie es ein für allemal wissen, Berichte gebe ich jetzt und in Zukunft nur noch abends im Schlafanzug. Und zwar vor dem großen Schlafzimmerspiegel. Und nur an mich selbst!«

Mit achtzehn war der heute einundvierzigjährige Deifuß die hundert Meter in 10,6 Sekunden gesprintet. Eine Krankheit beendete ein Jahr später die sportliche Hoffnung des für den SC Turbine Erfurt startenden großen Talents. Seine zweite Liebe gehörte den Motorrädern. Die erfüllte sich Deifuß mit einem Studium als Diplomingenieur für Kraftfahrzeugtechnik bei der Armee. Er diente danach zuerst in Sondershausen und Gotha und von 1975 bis zur Wende in Bad Salzungen. Letzter Dienstgrad: Major.

Als technischer Offizier hätte er eher als andere gemerkt, wie schlecht es um die Planwirtschaft stand, daß in der DDR sozusagen aus Scheiße Bonbons gemacht werden mußten, und da hätte er für alle Fälle noch ein ziviles Studium als Berufspädagoge absolviert.

»Und 1989 war dann ja ›für alle Fälle‹. Ich hatte gerade Urlaub, trug Zivil, als die Grenze geöffnet wurde. Aber ich fuhr nicht rüber, schließlich hatte ich einen Eid auf die DDR geleistet. Und Eid ist Eid. Außerdem brauchte ich eine ganze Weile, bis ich begriffen hatte, daß es mit dem realen Sozialismus in der DDR wirklich zu Ende ist. Und daß ich plötzlich meine Westverwandten, meine Großmutter und Onkel Wilfried und Cousin Harald, die Kapitalisten waren – sie haben einen kleinen Maschinenbetrieb –, wieder kennen durfte. Doch als ich das endlich gefressen hatte, wollte ich nicht auch noch abwarten, ob man so gnädig ist, mich in die Bundeswehr zu übernehmen, oder mich rausschmeißt. Der Divisionschef riet, ich solle wegen der Armeerente bleiben, doch ich bin gegangen. Schließlich hatten wir bei den Pionieren, in der FDJ, im Parteilehrjahr, bei den Offiziersberatungen – immer wieder hatten wir den frommen Spruch aufgesagt, daß wir Hammer und nicht Amboß wären und unser Schicksal in die eigenen Hände nehmen könnten. Das habe ich dann getan. Ich habe Kabel verkauft.«

Anfangs hätten die Kabelwerker in Vacha nur mitleidig gegrient, wenn er sogar die Kabelstärken verwechselte. Aber er hätte in solchen Fällen seine Armee-Erfahrungen nutzen können, denn Armee- und Wirtschaftsführung würden sich ähneln: Auch wenn der Chef das Ziel noch nicht genau erkannt hätte, müßte er erst mal Vorbefehle geben, damit die Soldaten sich eingraben oder anderweitig beschäftigen würden – solange bis der Chef sich kundig gemacht hätte und ordentliche Befehle geben könnte.

Außerdem stamme er aus einer Handwerkerfamilie. Die neun Geschwister des Vaters wären Tischler, Maurer, Schuster gewesen. Und den Rat der Großmutter »Junge, du kannst nur so viel aus dem Fettopf essen, wie im Fettopf drin ist«, hätte er sein Leben lang beherzigt. Neben diesen Erfahrungen besäße er im Salzunger Ortsteil Kloster ein kleines Haus und die selber gebaute Garage. »Ich habe für den Kabelvertrieb das Wohnzimmer ausgeräumt und ein Büro reingeräumt. Und das Auto auf die Straße gestellt und das Kabelmaterial in der Garage gestapelt.

Am 1. Juni 1990 gründete Deifuß die zweite eingetragene GmbH des Kreises Bad Salzungen, die »Deifuß-Kabel GmbH«. Allerdings ohne Telefon – und das als Kabelvertrieb! Drei Jahre Wartezeit in Kloster. Damals wurde gerade die Salzunger August-Bebel-Straße an das Telefonnetz angeschlossen, und als er erfuhr, daß die Mutter einer Schulfreundin seines Sohnes dort eine Fertigteilgarage besaß, hätte er die gute Frau so lange bequatscht, bis sie ihm die Garage vermietete.

»Zwei Fenster ausgestemmt und einige Nächte lang gemauert, selbst verputzt, tapeziert, zwei Schreibtische rein, einen Computer. Und das Telefon! Ich habe eine arbeitslose Elektroingenieurin aus dem Kalibetrieb eingestellt und ihr gesagt: ›Entweder es wird etwas, oder wir zwei sitzen in einem Jahr zusammen auf dem Arbeitsamt.‹ Und nach einem Jahr konnten wir einige von den Arbeitern aus dem Kabelbetrieb, die damals über mich gelacht hatten und inzwischen arbeitslos waren, einstellen.«

Es fehlte noch ein Bürohaus, doch dafür wollte die Stadt dem neuen Betrieb die alte Stadtgärtnerei verkaufen. »Die Stadtgärtnerei gehörte früher zur Stadtwirtschaft, also auf gut deutsch zu ›Wasser, Scheiße und Licht‹. Und so sah es dort auch aus. Schornstein, Gewächshäuser und Heizhaus fielen ein, und im Wohnhaus hatte man Samen gezüchtet, die Radieschen wuchsen aus den Wänden. Das war uns egal. Aber wir kamen zu spät. Zwei Wochen vor dem geplanten Verkaufstermin kassierte die Treuhand die Gärtnerei. Und wir mußten noch einmal von vorn beginnen. Fünfmal reichten wir danach die Kaufunterlagen ein, und fünfmal waren die Unterlagen in der Treuhand verschwunden.

Erst zwei Jahre später konnten wir kaufen und haben in sechs Monaten die Gärtnerei zu diesem Bürohaus umgebaut.«

Aber damit wäre die Geschichte nicht zu Ende. »Es hat sich doch noch einer aus dem Westen gefunden, der Ansprüche auf das Grundstück stellt. Und wir durften nicht einmal ein freitragendes Dach für das Materiallager auf dem Grundstück errichten. Da habe ich die vom Bauamt gefragt: ›Kann ich wenigstens ein Zelt auf der Wiese hinter dem Haus aufstellen?‹ ›Ein Zelt können Sie natürlich aufstellen‹, sagten die.«

Er geht mit mir nach draußen. Hinter dem Haus steht wirklich ein Zelt, ein sehr großes Zelt, die provisorische Lagerhalle.

Am Nachmittag wechsle ich mein Quartier.

Das zweite Angebot auf meine Annonce ist mit der Hand geschrieben. »... ein sehr schönes Zimmer mit sep. Eingang ... Außerdem sind wir sehr daran interessiert, uns mit ihnen über einige Dinge, die wir nach der Wende erlebt haben, zu unterhalten. Deswegen wollten wir auch schon an das Fernsehen schreiben. Mit freundlichem Gruß, Familie Höfel, Bad Salzungen – Kloster, Lindenberg 5.«

Kloster liegt auf der rechten Seite der Werra. Eine sehr schmale Buckelbrücke führt über den Fluß, dahinter weithin sichtbar der hohe Schornstein der traditionsreichen, alten Klosterbrauerei. Über dem Pförtnerhaus der Brauerei hängt ein Schild: »Betriebsbesetzung! Von der Treuhand verkauft und verraten!«

Bei Höfels hört niemand. Ich will wieder gehen, da hält ein Trabant mit Hänger. Auf dem Hänger liegt, mit dicken Seilen verschnürt, eine fabrikneue, großblumige Polstergarnitur im Stil alter Bauernmöbel. Frau Höfel, ich schätze sie um die fünfzig, begrüßt mich nur sehr kurz und beginnt dann eine nicht enden wollende Jammerklage. Während der Fahrt über die Berge hat eine Windböe den Anhänger erfaßt und ihn samt der neuen Möbel umgeschmissen. Arge Schleifspuren an den Sessel- und Sofalehnen. »Die schönen, teuren italienischen Sessel ... Nie bekommen zu DDR-Zeiten ... Immer so etwas gewünscht ... Und nun dieses Unglück ...« Der Mann sagt nichts dazu, erst als die Frau immer lauter klagt, knurrt er:

74

»Du mit deiner Sparsamkeit! Hättest einen ordentlichen Transporter bestellen sollen, dann wären die Möbel noch heil.« Ich trage mit ihm die ramponierte Couch mühsam die Treppe hinauf in das Wohnhaus. Allerdings finden wir für das großblumige Bauernsofa kaum noch einen freien Platz, denn die Zimmer sind vollgestellt mit neuen Möbeln aus Korb, Eiche, dicken Polstern. Nach dem Transport zeigt mir Frau Höfel »das schöne Zimmer mit sep. Eingang«. Es ist niedrig und steht kistenförmig am Wohnhaus. Als ich das flache Fenster in Augenhöhe sehe, weiß ich, daß ich in einer umgebauten Autogarage wohnen werde. Und all die Möbel, Stühle, die Wandbretter, die Blumenbänke, die Vasen und Biergläser, die im Haus nach der Wende durch die begehrten Westprodukte ersetzt worden sind, tun hier noch ihren Dienst.

Abends bin ich zu einem Schnäpschen eingeladen. Die Frau sitzt allein in der Stube, ihr Mann ist schon zu Bett gegangen. Er muß früh raus und mit dem Trabi über die Berge bis nach Fulda fahren. Dort hat er einen Job als Gabelstaplerfahrer in einer Mineralwasserfabrik. Vor der Wende arbeiteten fast alle Höfels in der Salzunger Klosterbrauerei. Der Mann, der Sohn und der Schwiegersohn als Fahrer. Und sie hätte in der Pförtnerbude gesessen, Telefongespräche vermittelt und nachts, wenn nachts entladen werden mußte, den Männern was zu Essen gemacht.

Sie schüttet mehrmals nach, ich solle trinken, es wäre ein guter Cognac, eine Markenfirma aus dem Westen.

Ich sage: »Schön wohnen Sie hier. Das Haus, die Möbel, das Gästezimmer, der Markencognac. Worüber wollen Sie sich beim Fernsehen beschweren?«

Sie antwortet nicht auf meine Frage, sagt nur, daß die kleinen Leute schon immer von der Obrigkeit beschissen worden wären. Aber sie hätte sich das in der DDR nicht gefallen lassen und würde es sich auch heute nicht gefallen lassen.

»Beispielsweise bekamen wir hier keine Zentralheizung

für unser Haus, obwohl es immer sehr naß war. Aber Partei-bonzen in der Nähe erhielten eine Zentralheizung. Ich schrieb also an den Honecker. Und siehe da, für uns Arbeiter gab es auch eine Zentralheizung!« Und dann sei da noch die Sache mit der Baugenehmigung gewesen, wehalb sie sich auch beim Kommunistenchef Honecker beschwert hätte. »Wir wollten auf unserem Grundstück am Frankenstein bauen. Die Behörde lehnte ab. Aber andere bauten dort auch, zum Beispiel dieser Herr Szykessy* ... Und der Szykessy* hat ja nach der Wende aus seinem Bungalow einen Puff gemacht.«

»Ein Puff in Kloster«, frage ich zweifelnd.

»Natürlich, er hat ihn zwar als Sauna- und Fitneßclub ge-tarnt, aber es ist ein richtiger Puff mit ausländischen Nutten und solchem Schweinekram.«

Zu Honeckers Zeit, als es auch noch keinen Puff gegeben habe, hätte man wenigstens auf ihre Briefe geantwortet. Doch heutzutage ... Zuerst hätte sie, weil ihr Mann wegen der Nachtschicht schon schlief und der Shellgas-Vertreter so drängelte, einen Vertrag unterschrieben, »daß wir unsere Zentralheizung auf Gas umstellen. Aber dann paßte der Gas-kessel nicht drauf, und ich wollte ihn rückgängig machen, diesen Beschiß. Ich habe Briefe geschrieben, einen Anwalt bemüht, aber niemand half.«

Ja und nun die Sache, weshalb sie sich an das Fernsehen wenden werde. Sie geht zur Toilette und zeigt mir hinter einer Verkleidung, daß der Putz von der Wand herunterbröckelt. Das Hangwasser werde draußen nicht ordentlich abgeleitet, sondern an das Haus geschwemmt. Sie hätte auf 10 000 Mark Schadenersatz geklagt, sie wisse schon nicht mehr, wie viele Briefe sie geschrieben habe, aber nichts rühre sich, nichts.

Sie habe sich jetzt auch an den Allerhöchsten von der CDU gewandt. (»Ich bin nach der Wende gleich in die CDU gegan-gen, denn die CDU, die ist für die kleinen Leute und außer-dem hat sie jetzt die Macht im Land.«) Doch wenn sie von dem Allerhöchsten der CDU auch keine Hilfe erhalte, trete sie sofort aus der CDU aus. »Was soll ich dann noch in dem Verein?«

Ich muß noch Luft schnappen. Nachtspaziergang durch Kloster. Im Bürohaus der Brauerei brennt Licht. Ein junger Mann hockt vor einem alten Kanonenofen und wärmt sich die Hände. Er sei einer der drei »Betriebsbesetzer«. Außer ihm gehöre noch der Herr Becker, der früher hier mal Chef gewesen sei und jetzt im Landratsamt die Müllentsorgung vom Kreis abrechne, und dessen Sohn dazu. Die Beckers würden die Brauerei von der Treuhand kaufen wollen, eine Erlebnis-Brauerei gründen und ihn dann einstellen. Er hätte sogar Weihnachten und Silvester hier gesessen und die Brauerei verteidigt.

»Gegen wen«, frage ich.

»Gegen die Abrißfirma.«

Bis zum Januar 1992 hätte er hier mit anderen ABM-Leuten den Glasbruch und den Müll der letzten Jahre weggeräumt. Danach Arbeitslosengeld und nun noch 800 Mark Arbeitslosenhilfe. Sie hätten ein Baby, die Frau bekäme 600 Mark Mutterschaftsgeld, aber die Wohnung koste inzwischen kalt schon 411 Mark. Er sitze ohne Bezahlung hier. Warm sei es. Und es wäre vielleicht seine letzte Chance, wenn die Beckers die Brauerei vor dem Abriß retten.

In der Gaststätte »Zum Klostergarten« stehen nur noch zwei Männer am Tresen. Ich schaue mir, während der Wirt für mich ein Schnitzel brutzelt, im Nachbarraum auf einem großen Wandbild die gemalte Geschichte vom hiesigen Männerkloster und früher nebenan in Allenstein befindlichen Frauenkloster an. Eine liebliche Nonne zupft die Blütenblätter einer Margerite, und ein Mönch betet mit seinem Rosenkranz. Der Wirt interpretiert das Bild so: »Die Nonne zählt an den Blütenblättern ab, wirds heute mit dem Mönch klappen? Ja. Nein. Ja ...«

Ich frage ihn, ob es stimmt, daß oben am Frankenstein ein Puff aufgemacht worden sei. Ja, die Leute würden bis aus Hessen kommen, das Bumsen und das Bier wären eben im Osten noch billiger.

»Und im Puff kassiert einer aus dem Westen?«

»Nein, den Puff besitzt ein Hiesiger, ein gewisser Szykessy*, der hat früher im Rat des Kreises und danach im Landratsamt gearbeitet.«

»In welcher Abteilung?«

»Im Verkehrsamt.«

Ich sage: »Verscheißern kann ich mich allein.«

Aber die zwei am Tresen bestätigen, daß der Szykessy* in der Abteilung Verkehr gearbeitet hat.

Als ich kurz vor Mitternacht (der Puff wird noch aufhaben, denke ich) zurück in Frau Höfels Zimmer mit »sep. Eingang« gehe, brennt im Besetzerzimmer der Brauerei kein Licht mehr.

Gespräche mit dem Landrat (4)

MEINE VISIONEN SIND HEUTE WENIGER UTOPISCH ...

... als vielmehr pragmatisch bescheiden. Wenn Sie mich vor vier Jahren gefragt hätten, was erwarten Sie noch von der Politik, dann hätte ich gesagt: Ich hoffe, daß in unserem Land die Demokratie nicht vor die Hunde geht, daß die Parteien sich nicht den Staat aneignen (was sie schon weitgehend getan haben) und lieber dafür sorgen, daß ich im Alter meine Pension bekomme. Wenn Sie mich heute danach fragen, also das mit der Pension würde ich nicht mehr sagen, den Glauben habe ich schon verloren ...

Meine große Vision ist, daß Menschen in einem Land so zusammen leben, daß sie sich geistig, wirtschaftlich und moralisch alle frei entfalten können. Das alles ist natürlich gefährdet, wenn das wirtschaftliche Gleichgewicht verlorengeht, wenn es, wie jetzt bei uns, massive Einschnitte in Besitzstände gibt. Und das nicht nur durch langsameren Zuwachs, sondern weil man den Leuten was wegnehmen muß. Es gibt keinen Verteilungskampf um Zuwächse mehr, es gibt einen Verteilungskampf um mehr oder weniger starke Einschränkungen. Solche Kämpfe sind geeignet, den Zusammenhalt der Gesellschaft zu stören, und wenn dabei alles falsch gemacht wird, kann es die Gesellschaft zerstören.

Deshalb müssen die Politiker endlich auch das Versorgungs- und Tarifsystem grundsätzlich überarbeiten und erneuern. Dazu sollte man die Axt an die Wurzel setzen, das heißt, auch die Tarifautonomie reformieren. Denn die Tarifautonomie ist doch nichts anderes mehr, als daß sich zwei zu Lasten eines Dritten verabreden und Vorteile verschaffen. Es verabreden sich diejenigen, die Arbeit vergeben und aus der Arbeit anderer Gewinn erzielen, mit denen, die noch Arbeit haben, und verteilen das noch zu Verteilende zu Lasten der Arbeitslosen, der Alten und der Kranken. Das machen sie regelmäßig jedes Jahr.

Ein anderes Beispiel. Das Kanalnetz im Westen ist fast genauso marode, wie das in der ehemaligen DDR. Um es zu erneuern, brauchte man 300 Milliarden Mark. Aber es stellt sich heute kein Politiker hin und sagt, Leute, uns fehlen 300 Milliarden Mark für die Erneuerung der Kanalnetze! Statt dessen investieren wir wahnsinnig viel Geld in die 4. Stufe der biologischen Kläranlagen, aber wieviel Millionen Kubikmeter ungeklärt vorher schon durch die defekten Kanäle in das Grundwasser kommen, darüber redet keiner. Manchmal hat man schon das Gefühl, in einem absurden Theater zu leben.

Ich möchte, daß jeder sich entscheiden kann: »Das ist mein Leben, und ich will es so und so leben.« Und daß er es auch umsetzen kann, daß er eine Lebenschance bekommt und diese nicht derart von anderen Menschen beschnitten wird, daß er nur vor sich hinkümmert. Diese Vision reicht mir schon. Ich gehöre nicht zu den Menschen, die einen Gottesstaat wollen. Weil auch der wieder von Menschen gebraucht und mißbraucht werden könnte. Man muß die Gesellschaft ohne festen Zukunftsplan offenhalten. Und man sollte jedem Menschen die Chance geben, durch Versuch und Irrtum, durch Lebensstudien seinen Weg zu finden. Wer groß denkt, kann groß irren.

Der sechste Tag

Der Landrat begrüßt mich nun jeden Morgen mit Handschlag und freundlichem Lächeln. Im Laufe des Tages nutzt sich das Lächeln ab. Die bevorstehende Aufteilung des Kreises, die drohende Arbeitslosigkeit der Kalikumpel, der Streit mit dem Amerikaner wegen des Oechsener Gewerbegebietes, der Konkurs der Klosterbrauerei und des Hartmetallwerks Immelborn lassen ihn, während der kurzen Terminpausen hastig an seiner Pfeife ziehend und in seinen Stoppelbart brubbelnd, im Eiltempo durch das Zimmer marschieren. Er schimpft dabei zwar, daß er in der Armee seine Ideale von sauberer Moral, Ethik, Gerechtigkeit und Pflichterfüllung viel regelmäßiger leben konnte, als hier in diesem Tollhaus Wirklichkeit, aber auch diese Bemerkung bleibt ein äußerliches, kluges Statement. Sein Inneres hält er bisher vor mir verschlossen.

Das ukrainische Brot liegt inzwischen nicht mehr auf dem Terminregal. Die Sekretärin hat es mitgenommen. Ihre Nachbarin würde noch Hühner halten, sagt sie. Und die würden Öko-Eier legen.

Vier Stunden lang debattiert Baldus heute mit Experten der Erfurter Wirtschaftsplanungsfirma Ercosplan über Ökologie, Müll und Verbrennungsanlagen auf dem Gelände des Kalibetriebes in Merkers. Ercosplan-Chef Dr. Bartel dankt dem

Landrat für das Vertrauen in sein Büro, denn wegen der Planung eines Gewerbegebietes würden sich heutzutage Kommune, Kreis und das Land in die Haare kriegen, weil jeder einem anderen Planungsbüro die Option erteilt hätte. Baldus winkt ab, kein vorzeitiges Dankeschön, er wisse noch nicht einmal, ob der Recyclingpark in Merkers zu realisieren sei. Er sehe zwei entscheidende Kampffronten: die innere und die äußere. Wobei der Kampf nach außen wahrscheinlich leichter zu gewinnen sei. Dazu müßte man einen der Müllströme mit Wertstoffen (die im Osten zwar mitfinanziert würden, aber vor allem nach Köln oder in den Schwarzwald gelenkt würden) nach Merkers umleiten. »Sonst deponieren wir hier nur wertlosen Hausmüll. Aber ich denke an Elektroschrottrecycling, an Autorecycling, Plast- und Papierverwertung.« Dieses Umlenken könnte man, obwohl die Konkurrenz auf dem Müllmarkt immer unerbittlicher würde, noch organisieren. Schwieriger sei der Kampf nach innen, denn der Gegner würde die Emotionen der Leute als wirkungsvollste Waffe benutzen. »Vierzig Jahre lang haben die Funktionäre den Leuten in Merkers erzählt, daß aus dem Kalischornstein kein Dreck herauskommt. Aber kilometerweit färbte sich die Wäsche auf der Leine schwarz. Weshalb sollten sie heute den Beteuerungen der Experten, daß aus einer Müllverbrennungsanlage in Merkers nur reine Gebirgsluft entweicht, glauben?« Der Herr Wollny, Bürgermeister in Merkers, hätte in einem Presseartikel geschrieben, und Baldus zitiert aus dem Kopf: »Keiner, der eine solche Anlage plant, wohnt persönlich in Merkers ... Unser Kreis darf nicht die Müllkippe von Europa werden. Davor haben wir Angst.« Dazu kämen noch Anti-Müllpredigten der Pfarrer des Kreises von der Kanzel herunter und die von den Grünen geschürten Gerüchte über Giftmüll- und Sondermüllverbrennung.

Das Wort Sondermüllverbrennung, sagt Bartel, dürfe man nicht mal aussprechen, man könnte es bestenfalls im geheimsten Winkel seines Gehirns denken, sonst provoziere man sofort einen Volksaufstand.

Baldus schlägt vor, daß Ercosplan die Studie so aufbaut, daß am Ende des Recyclingparkes in Merkers auch eine Verbrennungsanlage stehen könnte, aber nicht müßte. Dann sei man variabel. Sie hätten die schwere Aufgabe, die Bürgerbewegung gegen den Müll in eine Bürgerbewegung für den Müll, also für neue Arbeitsplätze, umzufunktionieren. Und dabei setze er auf die Kalikumpel, denn wenn die erst einmal merken würden, daß es mit den Entlassungen ernst gemeint ist ...

Während Baldus zum Mittagessen zwei Bananen ißt, suche ich Wollnys Gegenartikel zur Müllverbrennung in der Pressemappe. Baldus hat wörtlich zitiert. Ich frage ihn, ob er den Text auswendig gelernt hat. Nein, so bedeutend sei das Geschreibsel nicht. Aber er verfüge über ein gutes Gedächtnis. Was er einmal gelesen hätte ...

»Bei mir gab es, wenn man so will, in der Jugendzeit einen ziemlichen Entwicklungsknick. Nichts mit Gymnasium, Studium usw. Erst bei der Bundeswehr bekam ich den entscheidenden Bildungsschub. Ich habe mir mein höheres Wissen während der Armeezeit aneignen müssen. Habe alles gierig und ohne es auszuwählen, in mich reingeschlungen. Nietzsche, Goethe, Brecht, Engels – alles, was gerade mein Interesse weckte. Später habe ich systematischer ausgewählt. Und als ich die Truppenbücherei einrichtete, kannte ich fast 2 000 Bände mit Titel, Autor und Inhalt. Ich war ein Spätentwickler. Meine Eltern nicht sehr reich, außerdem ...« Er hört mitten im Satz auf, so als hätte er schon zu viel über seine Vergangenheit erzählt, und ich frage auch nicht nach.

Am Nachmittag fährt Baldus zur Sitzung des Landkreistages nach Erfurt, und ich suche in der Wirtschaftsabteilung den Rainer Becker, der nach Feierabend den »Besetzerdienst« in der Klosterbrauerei übernimmt. Der frühere Chef der Brauerei sitzt allein in einem winzigen Zimmer hinter großen Stapeln von Akten und Abrechnungen der ständig steigenden Müllmenge des Kreises (von 17 000 Tonnen 1990 auf monatlich 40 000 im Jahr 1993). Ich frage, ob er mir die alte Klosterbrauerei aufschließt. Nein, sagt er, jetzt noch nicht, er müsse seine Arbeitszeit überpünktlich genau einhalten. Aber ich könnte schon vorausfahren, sein Sohn säße im Büro. Er selbst käme in zwei Stunden.

Um 16 Uhr stehe ich auf dem menschenleeren Hof, die große Werksuhr zeigt 14.37 Uhr. An der Lagerhalle hängt noch das alte Firmenwappen: der beleibte, rotbäckige, von Gerstenähren und Hopfenblüten umkränzte Klostermönch verkündet, daß hier seit 1873 Bier gebraut wird. Daneben: »Klosterbrauerei. Täglich Straßenverkauf. Bayerische Biere . . .« Und in der allergrößten Schrift: »Hochstift Fulda seit 1848«.

Viele Herren nach der Wende . . .

Rainer Becker kommt pünktlich, bringt Kuchen mit, holt aber zuerst einen dicken Schlüsselbund aus dem Schrank. Wie Petrus schlurft er mit mir über den Hof, schließt das Sudhaus auf. Der sonst geschäftige und geschwätzige Mann wird still. Die Fliesen liegen zerschlagen auf dem Boden, der Putz bröckelt, Staub und Spinneweben wie in einem verwunschenen Schloß. Das Messinggeländer hat Grünspan angesetzt. »Mein Braumeister, der Hans Schäffer, ließ mich, als ich hier meine Lehre beendete, das Messing stundenlang putzen, zuerst mit Bierhefe und leichter Schwefelsäure, danach mit einigen Tropfen Öl. Es mußte immer glänzen wie Gold. Und der süße, fruchtige Duft der Maische, den roch man bis hinunter zur Werra. Ich habe mit meiner Familie viele Jahre in der Brauerei gewohnt.«

Er arbeitete bis 1982 in der Klosterbrauerei, war hier technischer und Betriebsdirektor. Und versucht nun ein Stückchen seines Lebens vor dem Abriß zu retten.

Die letzten volkseigenen Brauereichefs hätten nach der Wende nur daran gedacht, sich selbst zu retten. »Sie verkauften sich an den Westunternehmer Gans*. Der besaß drüben einen Bauernhof, dort handelte er sehr bescheiden mit Getränken und kam 1990 in den Osten, um hier im großen Stil einen Getränkemarkt aufzubauen. Vertreter von Gans hockten also in unserem Vertriebsbüro und quatschten unsere alten Kunden an, versprachen ihnen nagelneue Gaststätteneinrichtungen, niedrige Preise und warben einen nach dem anderen ab. Und als der Gans unseren Kundenstamm hatte, kaufte er zu DDR-Preisen noch die besten Brauerei-LKW, nahm sich einige Fachleute der Klosterbrauerei mit, sagte ›Tschüß, das wars dann wohl‹ und ging 10 Kilometer weiter nach Barchfeld und gründete dort seinen Getränkegroßhandel, inzwischen einer der größten in Thüringen. Die Klosterbrauerei hat ihn einen alten Dreck interessiert.« Anschließend wären noch andere Wessis erschienen, aber alle hätten nur das Grundstück oder die Lagerhallen inspiziert. »Dabei«, er führt mich in den Gärkeller, »sind beispielsweise die Gärbottiche noch gut erhalten, und der Bierkeller, tief im Berg gelegen, hat Sommer wie Winter 8 bis 9 Grad. Es lassen sich hier vorzügliche Biere brauen. 40 000 Hektoliter vielleicht im Jahr, auch dunkles, und außerdem könnte man die bekannte Salzunger Sole abfüllen. Eine Erlebnisbrauerei, in der die Leute sehen, wie auf alte Art Bier entsteht, dazu eine Gaststätte. Arbeitsplätze für vielleicht zwanzig Leute. Eine Konzeption haben wir.«

Es fehle nur noch das Geld. Oder wenigstens eine Bankbürgschaft. Aber wer reiche einem Ossi ohne Hauseigentum (»ich wohne im Plattenbau zur Miete«) schon mal 500 000 oder eine Bankbürgschaft rüber. Zur Zeit verhandele er mit einer Baufirma, vielleicht schieße die den Kredit vor.

Als wir uns verabschieden, steht die große Werksuhr immer noch auf 14.37 Uhr. Ich sage, es wäre gut, wenigstens die Uhr wieder zu reparieren.

»Weshalb dafür jetzt noch Geld ausgeben? Vielleicht später.«

Gespräche mit dem Landrat (5)

WÄHREND UND NACH DER WIEDERVEREINIGUNG ...

... hat sich die Bundesregierung einige gravierende Fehleinschätzungen geleistet. Noch vor drei Jahren wäre es leichter gewesen, Veränderungen im sozialen Gefüge durchzusetzen, denn die Menschen waren damals noch spontan bereit, sehr viel für die Wiedervereinigung zu tun, auch materiell. Sie hätten im Westen ohne Diskussion auf einen Schulneubau zugunsten einer neuen Schule im Osten verzichtet. Aber nun hat der Verteilungskampf in einer Phase begonnen, in der die Freude über die Wiedervereinigung schon deutlich zurückgegangen ist. Außerdem fühlen sich immer weniger Menschen dem Staat und seinen Repräsentanten verpflichtet. Die Wiedervereinigung über die Identifikation mit dem BRD-Staat ist nicht gelungen. Es gibt noch kein neues gemeinsames Staatsbewußtsein.

Außerdem haben die meisten Westdeutschen bis heute das ehemalige Territorium der DDR nicht betreten. Und werden es auch nicht betreten, weil es ihnen zutiefst unsympathisch ist. Im günstigsten Falle war den Westdeutschen die DDR völlig schnuppe, gleichgültig. Bis einige Glücksritter mitbekamen, daß hier noch ordentlich Geld zu machen ist. Ich kenne Leute, die verdienen in der Woche hier inzwischen Millionen. Das ist für mich unvorstellbar. Aber die gibts. Beispielsweise Wirtschaftsanwälte, die Großbetriebe liquidieren. Und die sind natürlich auch an der Vernichtung der DDR-Betriebe reich geworden. Doch das bemerkenswerte: Es hindert sie niemand daran.

Trotzdem halte ich es für recht unappetitlich, daß zum Beispiel die Liquidation der Faser AG mit 12 Millionen Mark für das Anwaltsbüro vergütet wird.

Doch die eigentlichen Gewinner der Einheit sind natürlich die 16 Millionen Menschen der ehemaligen DDR, die frei geworden sind, die nun nicht mehr unter Zwang etwas anderes sagen müssen, als sie selbst meinen. Denn das ist für mich das eigentlich Schlimme in einer Diktatur. Sich auch charakterlich verbiegen müssen, um zu überleben. Das muß man heute nicht mehr.

Ob es neben den Gewinnern auch Verlierer der Einheit gibt, sozusagen Sieg und Niederlage? Welche Niederlage, verdammt noch mal, soll man denn hier erlitten haben? Die einzigen, die eine Niederlage erlitten, sind die kommunistischen Ideologen. Und zwar diese, die den übrigen Leuten jetzt einreden wollen, sie hätten auch mit verloren. Haben etwa die Leute verloren, die jetzt ihr Haus endlich vernünftig decken können, die neue Fenster kaufen können, die eine wesentlich höhere Rente erhalten? Na gut, es haben diejenigen verloren, die einen Trabi für 10 000 DDR-Mark gekauft hatten und ihn zwei Monate später für 500 Westmark verscheuern mußten ...

Es ist keiner erschossen worden, es ist keiner ins Gefängnis gesteckt worden. Außer den paar alten Säcken vom Politbüro. Das wars. Wenn nicht mehr passiert in der Revolution!

Der siebente Tag

Der Direktor des Vachaer Gymnasiums hat sich an einem sehr ungünstigen Tag beim Landrat angemeldet, um Zuschüsse für den Einbau von Lärmschutzfenstern (das Gymnasium liegt direkt an der B 84) zu erbitten. Denn am Abend werden sich die Abgeordneten der Stadt Vacha entscheiden, den Kreis Bad Salzungen zu verlassen und nach Eisenach überzuwechseln. Trotzdem verspricht Baldus, daß er »in irgendeiner Ecke noch 10 000 für das Vachaer Gymnasium zusammenkratzen wird.« Froh über diese Botschaft, legt der Direktor die förmliche Zurückhaltung ab und sagt, so als wolle er Baldus verbal den Arm auf die Schulter legen: »Herr Landrat, es war ja nicht alles schlecht, was wir in der DDR-Volksbildung gemacht haben. Natürlich, die technische Ausstattung unserer Physik- und Chemieräume war schlechter als bei Ihnen, aber was die Erziehung betrifft: Die sogenannte Revolution im Herbst 1989, die wurde doch nicht von irgendwelchen schlecht oder roboterhaft ausgebildeten Befehlsempfängern gemacht, sondern von sehr gut ausgebildeten, mündigen Bürgern. Und diese Bürger hat nicht das Bildungssystem der alten Bundesrepublik erzogen, sondern unsere sozialistische Volksbildung. Sie aus der alten Bundesrepublik, Entschuldigung Herr Landrat, Sie haben nur die Bananen dazu gegeben.«

An diesem Mittag ißt Baldus nicht wie gewöhnlich die von Greulich mitgebrachten Bananen, sondern geht nebenan in das Bistro. Er kommt gut gelaunt und rechtzeitig zur Kreistagssitzung zurück. Verkündet dort vom Rednerpult – genau wie zu DDR-Zeiten – zuerst Erfolgszahlen: 3 900 neu geschaffene Arbeitsplätze, 4 500 neue Pkw-Führerscheine ... In der Diskussion steht eine sehr schlanke, große Frau mit kurzem Haarschnitt auf und sagt sinngemäß sehr laut und sehr eindringlich: »Sie alle hier im Saal wissen, daß mein Vater, ein geachteter Salzunger Geschäftsmann, auf Grund von Denunziation und einer fingierten Anklage jahrelang in Einzelhaft gesessen hat. Denunziert wurde er von Stasi-Informanten. Und heute sitzt ein Stasi-Informant immer noch in der CDU-Fraktion dieses Parlaments und stimmt im Namen der neuen Demokratie mit ab. Hat die CDU inzwischen weder eine christliche noch eine demokratische Scham, steht sie noch zu ihrem Beschluß, daß kein ehemaliger Stasi-Informant sein Kreistagsmandat behalten darf?« Der CDU-Kreisvorsitzende Klobisch beantragt die erste Auszeit für die Fraktion. Man versammelt sich. Und teilt danach mit, daß die CDU im Prinzip an ihrem Entschluß festhalte, aber jeder Abgeordnete natürlich individuell entscheiden könne, ob er oder ob er nicht ...

PDS-Chef Klinzing fragt nach der Zukunft der Klosterbrauerei und des Hartmetallwerkes, kritisiert, daß weder der Landrat noch das Wirtschaftsdezernat konzeptionelle oder materielle Hilfe leisten. Doch Baldus und der Wirtschaftsdezernent müssen sich nicht verteidigen, denn sofort springen mehrere oppositionelle Abgeordnete von der SPD und den Grünen auf und sprechen der SED-Nachfolgepartei jedes politische und moralische Recht ab, über wirtschaftliche Probleme zu urteilen. Schließlich hätten sie durch vierzig Jahre Mißwirtschaft schuld an der jetzigen Misere.

Noch vor dem Ende verläßt der Landrat die Sitzung, fährt zur Einwohnerversammlung nach Oechsen. Im Auto frage ich Baldus nach der Frau mit dem kurzen Haarschnitt. »Das ist Frau Wilhelm, Tierärztin, Abgeordnete der Grünen-Bürgerbewegung, ihr Vater hat, wie gesagt, sehr lange gesessen, und dieser Stasi-Zuträger, verkriechen müßte sich solch einer.«

Ich erkundige mich, ob Baldus den PDS-Chef Klinzing persönlich kennt. (Ich hatte zwischen Akten und Zetteln und Zuckerstücken auf dem runden Tisch neulich auch die Visitenkarte des Herrn Klinzing gefunden.) Der Landrat nickt. Klinzing wäre oben in der Kaserne Verpflegungsoffizier gewesen, und sie hätten manchmal miteinander Skat gespielt. »Er ist ein guter Skatspieler.« Und sonst? »Sonst werde ich alles tun, damit die PDS nicht mehr in den nächsten Kreistag gewählt wird. Die hetzt mir nur das Volk auf.«

Das gesamte Volk von Oechsen (mit Ausnahme der Kinder und Kranken) hat sich an diesem Abend in der Turnhalle versammelt. Alle Bänke sind besetzt, auch die Sprossenwände, Stufenbarren und Schwebebalken. Baldus kommt eine Stunde zu spät. Er schreitet nach vorn (eine Frau neben mir an der Sprossenwand sagt: »Das ist der Scheiß-Wessi.«) und setzt sich in die erste Reihe. Bürgermeister Wreschniock begrüßt den Landrat vom Präsidium aus und wiederholt die Chronologie des zweijährigen Versuches, in der Oechsener Hopfenaue Baurecht für die von Mister Werner vertretene amerikanische Firma »Christa Enterprises« und die Investorengruppe »STL International IMT« zu erhalten. Schuld am bisherigen Mißerfolg hätten nur das Landratsamt in Salzungen und die Erfurter Behörden, denn weil das geplante Gewerbegebiet am Rande des UNESCO-Biosphärenreservats Rhön liege, erteilten die Behörden ständig neue Auflagen, beispielsweise Probebohrungen zum Wassernachweis. »In Wirklichkeit geht es aber gar nicht um das Biosphärenreservat. Es paßt den Herren in Erfurt und Salzungen nur nicht, daß wir ohne ihre Berater, ohne ihre Millionenkredite und ohne ihre Kontrolle dieses Projekt selber realisieren und allein 700 Arbeitsplätze schaffen. 15 Hektar der Fläche befinden sich in kommunalem Besitz, es entstehen beim Verkauf der Hopfenaue an Enterprises nicht einmal Eigentumsprobleme.«

Der Vertreter des Umweltamtes entgegnet, daß es nach dem Thüringer Naturschutzgesetz nicht möglich sei, ohne weiteres auf der grünen Wiese im Landschaftsschutzgebiet der Rhön zu bauen. Zwischenrufe aus dem Saal. »Wir fressen aber kein grünes Gras!« »Wozu ein Landschaftsschutzgebiet? Damit die Arbeitslosen dort spazierengehen und frische Luft schnappen können?« »Wir brauchen hier keine Naturschutzwiese, sondern die 700 Arbeitsplätze des Amerikaners.« »Habt ihr uns denn gefragt, ob wir unter Naturschutz gestellt werden wollen?«

Mitten im Tumult geht Mr. Werner aus der ersten Reihe nach vorn zum Rednerpult. Er ist klein, läuft gebückt, die Schultern nach vorne hängend, so als schmerze seine Lunge. Er spricht kurzatmig, aber fast ohne Akzent. »Ich vertrete 39 amerikanische Unternehmen, die alle zu den 600 größten der Welt gehören. Sie wollen als Anfangskapital 130 Millionen Dollar ohne Vorbedingungen nach Oechsen bringen. Aber scheinbar sind 130 Millionen für den Landkreis kein Geschäft, denn nichts geschieht. Die Bürokraten tun nur alles, um uns zu hemmen. Wenn denen die 700 Arbeitsplätze, die ich für euch schaffen will, zu viel sind, dann sollen sie es einfach sagen.«

Die Frau neben mir erzählt, daß Mr. Werner krebskrank sei. Trotzdem opfere er, ein Fremder, ein Amerikaner, sich für die Oechsener auf. Die eigenen Leute dagegen würden dem ehrenwerten Mann nur Steine in den Weg legen.

Baldus geht nach vorn. Er hält sich am Pult fest, redet von oben herab, nicht locker und gewandt wie sonst, sondern im eckigen Beamtendeutsch. »Verantwortung ... Verpflichtung ... Versprechung ... Verordnung ...« Auch als Amerikaner müßte man sich genau an deutsche Gesetze und Vorschriften halten. »Herr Werner, Sie sollten sich eines sehr gut merken: Für ein Gewerbegebiet, auch wenn es von Amerikanern finanziert wird, steht eine gesetzlich saubere Planung im Mittelpunkt.« Da steht Mr. Werner in der ersten Reihe auf und ruft nach vorn: »Herr Landrat, Sie irren! Ich stehe heute hier im Mittelpunkt!«

Beifall im Saal.

Und Baldus schreit: »Mr. Werner ... Mr. Werner, Ihr Auftreten und Ihr Benehmen sind so schlecht und mies wie Ihre Argumente!«

Stille im Saal. Danach Pfiffe und Buh-Rufe. »Treten Sie ab Baldus!« »Verräter!« »Drecksack, wir brauchen Mr. Werner und nicht euch Wessis.«

Mr. Werner nutzt die Chance, als Baldus mühsam, um Fassung bemüht und kreidebleich, wieder in der ersten Reihe sitzt. »Herr Baldus, Sie sind hier fehl am Platz, denn Sie haben nicht einmal genügend Verstand, um zu beurteilen, ob wir deutsche Gesetze brechen.«

Jubelndes Volk.

Und Bürgermeister Wreschniock gibt noch eins drauf. »Es

ist richtig gesagt worden, nicht der Herr Landrat, sondern Mr. Werner ist heute hier der Mittelpunkt.«

Versöhnliche Vorschläge aus dem Präsidium: Gesprächstermin für Mr. Werner beim Thüringer Wirtschaftsminister, neue Gutachten vom Umweltamt.

Aber Mr. Werner ist mit den mündlichen Versprechungen nicht zufrieden. »Geben Sie es mir endlich schriftlich, damit ich meinen Auftraggebern sagen kann: In der Rhön ist das Land, in dem Ihr bauen werdet! Ich bin doch nach Oechsen gekommen, um euch hier goldene Brücken zu bauen. Dafür habe ich auf Millionen-Geschäfte in Asien verzichtet und persönlich große finanzielle Opfer gebracht.«

Hinter mir an der Wand hängen sehr alte Anschauungstafeln für den Sportunterricht. Ich studiere die Hilfestellungen für die verschiedenen Turngeräte. »Merke: Beim Knieaufschwung kräftiger Schub am Knie und . . .«

Mr. Werner geht zum Rednerpult: »Um für euch Arbeitsplätze zu schaffen, war ich nicht einmal am Weihnachtsabend zu Hause in Amerika. Da hat meine Frau gesagt: Du hast keine Heimat mehr! Es tut mir sehr leid, aber ich muß euch jetzt sagen: Ich werde von Oechsen weggehen! Meine Kräfte sind aufgebraucht, meine Koffer schon gepackt. Ich habe für den kommenden Sonntag den letzten freien Flug nach Amerika gebucht. Das Projekt Thüringer Wiederaufbau ist damit gescheitert. Ich werde zu Hause erzählen, daß hier nichts geht, und das wird sich dann sehr schnell herumsprechen in der Welt der Unternehmer. Alle sollen wissen, was hier geschieht! Ich wollte euch goldene Brücken bauen . . . Auf Wiedersehen! Arbeitet nun allein weiter! Vielleicht werden wir eines Tages zurückkehren.«

Die Frau neben mir heult. Ich schaue zweimal hin, sie heult wirklich.

»Merke: Beim Felgaufschwung ist zu beachten, daß immer eine Hand in Hilfestellung . . .«

Schimpfend läuft das Volk nach einer Weile auseinander.

Ich gehe zu Mr. Werner und bitte ihn vor seiner Abreise noch um ein Interview.

»Okay. Am Freitag beim Bürgermeister in Oechsen«, sagt er. Und lacht zufrieden.

Gespräche mit dem Landrat (6)

LANDRAT SEIN IST ETWAS SEHR BRUTALES

… denn er führt Gesetze aus oder sorgt dafür, daß Gesetze ausgeführt werden. Ich erledige das allerdings mit einer gehörigen Portion Skepsis gegenüber der Sinnhaftigkeit mancher Gesetze. Vor allem wenn ich verschiedene Ziele gegeneinander abwägen muß, versuche ich meinen Einfluß möglichst im Sinne der Betroffenen geltend zu machen. Dabei weiß ich aber, daß es kaum einen Ablehnungsprozeß gibt, in dessen Folge nicht irgend jemandem, irgend etwas weggenommen wird. Man muß das alles ausbalancieren und aushaltbar machen, Gesetze tun das nicht immer. Es gibt manche Gesetze, die sind gar nicht ausführbar. Und andere Gesetze entstehen nur, weil im Ministerium eine bestimmte Fachabteilung existiert, die sich mit diesem Gebiet beschäftigt. Ich würde öfters gern wieder gute Bücher lesen, aber es ist nun mal zwingend notwendig, daß ich wenigstens die wichtigsten Kommunalgesetze lese. Ich möchte wegen der fehlenden Zeit aber nicht auf meinem jetzigen geistigen Stand verharren müssen. Das ist übrigens ein Kernproblem bei Politikern. Sie kommen vor lauter Agieren nicht mehr dazu, neu zu reflektieren und dazuzulernen. Und dann treffen sie irgendwann Entscheidungen, die nicht mehr dem Zweck entsprechen. Der Informationsstand veraltet bei Durchschnittspolitikern sehr schnell. Nicht ohne Sinn holt sich Ministerpräsident

Vogel laufend neue junge Leute in seine Umgebung, die sind fünfundzwanzig bis dreißig Jahre alt und die füttern ihn. Sonst wäre er nichts weiter als ein alter Herr, der auf ein erfülltes Leben zurückblicken kann. Und einer, der große Erfahrungen hat, die ihm heute nichts mehr nützen. Ich füttere mich noch selbst, aber es ist unangenehm, wenn man hundert Seiten in 30 Minuten durchziehen muß. Da bleibt alles sehr fragmentarisch.

Ich halte es für eine Katastrophe, wenn jemand in die Politik geht und sagt, er könne es sich nicht mehr vorstellen, ohne sein politisches Amt zu leben. Ich kann mir nur vorstellen, Landrat zu werden, wenn ich mir auch vorstellen kann, daß ich es eines Tages nicht mehr bin. Und ich kann mir nur vorstellen, in einer Demokratie als Landrat zu arbeiten. Natürlich nörgeln viele nun wieder an unserer Demokratie herum, aber die setzen Demokratie mit Moral gleich. Doch Moral ist etwas Individuelles. Demokratie dagegen eine Organisationsform für den Staat. Und ich habe Schwierigkeiten, Demokratie und Moral unter einen Hut zu bekommen, denn nur das individuelle Verhalten, das politische Handeln des einzelnen ist moralisch bewertbar, nicht die Demokratie als solche. Demokratie schützt nicht davor, daß sich vierzig Politiker plötzlich unmoralisch verhalten. Die Demokratie ist nur dazu da, daß unmoralische Entscheidungen kontrolliert und verhindert werden können. Manche Leute bezweifeln, daß man mit unserer Art von Demokratie alle heutigen Probleme im Land anpakken kann. Aber das hatten wir ja schon in Deutschland, daß wir die Probleme größer gemacht haben, als sie eigentlich waren, um damit zu begründen, daß wir auf die Demokratie verzichten müssen. Der Sündenfall wäre, wenn wir die Demokratie auch nur einen Tag außer Kraft setzen würden.

Der achte Tag

Am nächsten Tag scheint der Landrat weder den blauen Himmel noch die sich mühende Januarsonne zu bemerken, er mault lediglich über die gestrige Entscheidung der CDU zum Mandat von Stasi-Informanten, sagt kein Wort zu Oechsen und vergräbt sich stundenlang hinter Akten.

Ich spaziere derweil genüßlich durch die Stadt. Schon von weitem sehe ich auf der Treppe zur Marktbuchhandlung den feuerroten Bart von Marx. Er sitzt dort mit Andreas in der Sonne. Trinkt Büchsenbier und, ich gucke zweimal, aber es stimmt wirklich, er liest in einem bunt bebilderten Büchlein über Liebe, die angeblich nie vergeht. Wegen meines Staunens über den lesenden Marx beachte ich einen sehr großen, sehr schnell laufenden Mann nicht, der aus der Buchhandlung herauskommt. Als ich ihn, schon in der Mitte des Marktplatzes, genauer betrachte, denke ich, daß er Eberhard Stumpf, dem ehemaligen Ratsvorsitzenden, ähnelt.

Ich frage Andreas, ob ihn der Vater wieder in die Wohnung reinläßt und ob er endlich Arbeit gefunden hat. Nein, weder das eine noch das andere. »Vielleicht solltest du aufhören mit der Sauferei?« Er schüttelt den Kopf und beteuert, daß er sofort aufhören könnte mit dem Trinken. »Sofort, wenn ich 'ne Bude und 'ne Arbeit habe. Aber ohne Wohnung keine Arbeit und ohne Arbeit keine Wohnung, da bleibt einem wenigstens das Bier.« Er erinnert mich daran, daß ich mich in ihrer Behausung bei Stander in Langenfeld sehen lassen wollte. »Wir räumen vorher auf. Mußt nur was zu trinken und Gehacktes mitbringen.«

Über der Tür zum Buchladen fehlt die alte Inschrift »Volksbuchhandlung«. Die neue Besitzerin, Frau Laßmann, hat die Steinbuchstaben mühevoll mit ihrem Mann abgeklopft. Sie ist über vierzig, rennt aber noch wie eine Zwanzigjährige zwischen den Regalen hin und her. Genauso schnell redet sie. »Der

Obdachlose mit dem roten Bart, der kauft ab und an einen billigen Liebesroman bei mir. Neulich habe ich ihm einen schönen Beutel aus Leinenstoff geschenkt, damit er seine Habseligkeiten nicht immer in diesem Plastebeutel herumschleppen muß. Er hat sich auch vielmals bedankt, aber gesehen habe ich ihn nie mit dem Leinenbeutel. Vielleicht hat er ihn gleich wieder verscherbelt.«

Ich frage die Buchhändlerin, ob eben Eberhard Stumpf aus der Buchhandlung herausgekommen wäre. Ja, der erscheine regelmäßig einmal in der Woche, frage, ob sie zufrieden sei mit den Wachleuten und der Dienstdurchführung. Er wäre höflich, korrekt und immer freundlich. Früher, als hohes Tier, hätte sie ihn nicht gekannt. Nur einmal beim Volksfest zum Tag des Bergmanns auf den Werrawiesen sei er ihr aufgefallen. Die meisten Funktionäre wären damals schon betrunken gewesen, doch er hätte nüchtern und vernünftig mit den Leuten geredet.

Als ich vom Stadtbummel zurückkomme, reibt sich der Landrat die Augen. Dicker Pfeifenqualm liegt, Nebelschwaden gleich, in seinem Zimmer. Und ohne Vorrede sagt er: »Ich hätte meine Frau gestern nach Oechsen mitnehmen sollen. Wenn meine Frau vor mir im Saal saß, passierte es nie, daß ich die Beherrschung verlor und ausrastete. Mein Sternbild ist nun mal der Löwe, und wenn man mich richtig reizt ... Wissen Sie, bei der Bundeswehr hat man mir auch beigebracht, wie man einen Gegner in Sekundenschnelle physisch oder psychisch ausschalten kann.«

Kurz vor Dienstschluß fragt er, ob ich es eilig hätte, nach Hause zu kommen. Natürlich nicht. Er lüftet und setzt sich mit mir an den runden Tisch.

»Als ich fast dreißig Jahre alt war, sagte meine Mutter mir, daß ich deshalb ständig mit meinem Vater auf Kriegsfuß lebte, weil ich ihm von allen vier Kindern am ähnlichsten sei. Er würde seine eigenen schlechten Eigenschaften täglich bei mir wie im Spiegel sehen. Unser Vater war bis in sein hohes Alter sehr jähzornig. Etwa mit vierzehn versuchte ich, mich von ihm zu befreien, indem ich genauso laut oder noch lauter und genauso jähzornig schrie wie er. Das war die Phase meines extremen Subjektivismus. In dieser Zeit verachtete ich den Vater, der als Multifunktionär (vom Abgeordneten, später stellvertretenden Bürgermeister über Karnevals- und Kirchenverein bis hin zum Mitglied im Landeselternbeirat) öffentlich über die unersetzliche Rolle der Familie predigte, aber unser Familienleben beschränkte sich auf das gemeinsame Abendessen am Sonnabend, das Mittagessen am Sonntag, dann Kaffeetrinken und zwei Stunden spazierengehen. Den gemeinsamen Kirchgang haben wir aufgeteilt, damals gab es noch mehrere Messen am Tag. Niemand wagte, dem Vater zu widersprechen, und auch meine Mutter hat ihm in meiner Gegenwart nur ein einziges Mal widersprochen. Nur einmal. Aber dafür sehr heftig. Mein Vater stritt sich wieder sehr laut mit mir, worüber, weiß ich nicht mehr. Und da sagte meine Mutter plötzlich: ›Johannes, du hast unrecht, es ist falsch, was du machst! Laß den Jungen endlich in Ruhe! Du hörst jetzt gefälligst sofort mit dem Geschreie auf!‹ Da saß der Vater wie versteinert und war still. Meine Mutter, die immer sehr sparsam wirtschaftete, hat mir danach, das weiß ich noch genau, Geld für Zigaretten geschenkt. Ich war damals siebzehn. Und wie gesagt, genauso jähzornig wie mein Vater.«

Baldus macht das Fenster zu. Am nächsten Morgen will er zum Innenminister Schuster nach Erfurt fahren, um für den Erhalt des Kreises Bad Salzungen zu kämpfen. Ich sage ihm, daß ich in dieser Zeit in Oechsen Mister Werner interviewe. Er lächelt: »I wish you a happy day, vielleicht schenkt dieser Mister Ihnen eine Million Dollar!«

Am Abend gehe ich, auch ohne das große Geld in der Tasche zu haben, in Kloster hinauf zum Puff. Es ist bitterkalt und kein Mensch mehr zu Fuß unterwegs. Auf der Haupt-

straße weist ein großer blauer Pfeil den Weg zum sogenannten »Sauna- und Fitneßcenter«. Ich gucke mich vorsichtig um,
als ich in diese Nebenstraße tappe, aber niemand schaut mir
durch einen Gardinenspalt aus den kleinen Fachwerkhäusern
hinterher. Weshalb auch? Wahrscheinlich läuft keiner in den
Puff. Ich überlege, was ich sage, falls ich mich wirklich traue,
am Etablissement zu klingeln. Natürlich bin ich neugierig
geil auf die Strapsmädchen, aber vielleicht sind sie auch
splitternackt unter dem Pelzmantel? Pubertäre Gelüste! Ich
habe mir vorsorglich Notizbuch und Stift in die Manteltasche
gesteckt. Ich könnte die Mädchen ja über ihre Schicksale be-
fragen … Dann ist die Nebenstraße zu Ende. Eine Sackgasse
mit Parkplatz. »Nur für Gäste des Fitneßcenters«. Nicht ein
Auto steht dort. Wahrscheinlich bin ich der erste Kunde in
dieser Nacht. Der steile Weg hinauf zum Fitneßcenter ist mit
Betongitterplatten, wie sie entlang des Grenzzaunes von der
Ostsee bis zur Rhön quer durch Deutschland lagen, befestigt.
Und von gleißendem Flutlicht angestrahlt. Keiner, der forsch
hinaufgeht, bleibt ungesehen. Und wer wacklig herunter-
kommt, erst recht nicht. Diese Öffentlichkeit hatte ich nicht
gewollt. Ich haste hoch und stehe außer Atem vor dem Ma-
schendraht, der das kleine Gebäude mit den schummrigen,
verhangenen Fenstern umgibt, und suche in der Manteltasche
nach dem Notizbuch, als müßte ich das wie einen Betriebs-
ausweis beim Pförtner vorzeigen. Während ich den Klingel-
knopf drücke, hoffe ich endlich nachholen zu können, wovon
seinerzeit die privilegierten DDR-West-Dienstreisenden nach
Besuchen in der Kaiserstraße und auf der Reeperbahn
schwärmten. Die Frau, die mir den Puff öffnet, hat wahrhaftig einen Pelzmantel an, lange, schwarze Haare, ein schönes,
junges Gesicht. Sie fragt mich in schlechtem Deutsch: »Du
bis bekannt?« Ich weiß nicht, was sie will. Da nimmt sie mich
an der Hand und sagt: »Noch viele Mädchen. Wieviel Geld
du?« Geld? Ich kann ihr doch nicht erklären, daß ich eigent-

lich nur mal kostenlos gucken, meine Gelüste sozusagen dienstlich mit einem Interview befriedigen will. Wie soll ich ihr das klarmachen? Also hole ich nicht mein Notizbuch aus der Manteltasche, sondern meine Geldbörse. Mache sie auf, ziehe die 50 Mark, die drin sind, heraus und den Schwanz ein.

Abwärts bleibe ich, geblendet vom Flutlicht, in den Löchern der Gitterplatten stecken. Fluche über diese Grenzweg-Such-scheinwerfer-Zumutung. Rede mir ein, daß es besser sei, am Tag in den Puff zu gehen. Und mich zuvor bei diesem Herrn Szykessy*, früher Verkehrsamt, heute Chef des Bordells, an-zumelden, damit er mir das Haus und die Mädchen zeige.

In meinem Kloster-Garagenzimmer köpfe ich eine noch jungfräuliche Flasche Uzo und trinke den griechischen Anis-schnaps aus einem Plastezahnputzbecher.

Gespräche mit dem Landrat (7)

DIE BUNDESWEHR WAR MEIN EIGENTLICHER LEHRMEISTER …

… sie hat mir nicht nur in der Gesellschaft den Aufstieg und die nötige Reputation ermöglicht, sondern sie hat mich auch in vielen Eigenschaften geprägt: Durchhaltevermögen, die Fähigkeit, bei Rückschlägen nicht aufzugeben und bei widrigen Umständen handlungsfähig zu bleiben. Auch dann zu arbeiten, wenn man keine Lust hat oder wenn man müde und total erschöpft ist und trotzdem eine neue Aufgabe erledigen muß. Man hat Verantwortung für andere, denn als Führer kann man nicht sagen: Ich weiß nicht mehr weiter. Ich kann jemand fragen, aber wenn der auch nichts weiß, muß ich selbst eine Lösung finden. Denn Führung ist eine Kunst, eine auf Charakter, Können und geistiger Fähigkeit beruhende freie schöpferische Tätigkeit. Dabei gibt es keine gravierenden Unterschiede zwischen militärischer, politischer und wirtschaftlicher

Führung. Und was das Befehlegeben und Befehleempfangen betrifft, man muß sich zuvor beraten, man muß Entscheidungen treffen, und erst dann kann man wieder Befehle erteilen. Das Befehlsmodell der Bundeswehr ist absolut identisch mit den Befehlsmodellen in deutschen Verwaltungen und Wirtschaftsstrukturen. Das Landratsamt in Bad Salzungen, die Leitungsspitze von Mercedes, das Innenministerium in Thüringen oder die Führungsspitze der Bundeswehr funktionieren nach den gleichen Prinzipien. Außerdem braucht es immer einen lebendigen Austausch zwischen denen, die Befehle geben, und denen, die sie erhalten. Ein Kompaniechef hat dabei nur den Vorteil, häufiger bei seinen Soldaten zu sein als ich beispielsweise bei meiner Poststellenfrau im Landratsamt.

Während meiner Zeit als Bundeswehroffizier habe ich mich manchmal gefragt, was ich tun würde, wenn ich befehlsgemäß auf den ersten DDR-Soldaten schießen müßte. Ich hätte geschossen, gar keine Frage, ich war Soldat. Aber es hätte mir unheimlich leid getan. Und mir war klar, daß auch viele DDR-Soldaten nicht mit Hurra abgedrückt hätten. Aber diese Sensibilität ist mir bei ehemaligen NVA-Offizieren im nachhinein nicht häufig begegnet. Da hieß es nur: Den Klassenfeind vernichten! Die Offiziere waren nach meiner Erkenntnis so geprägt, daß sie den Sieg über den Kapitalismus – und Sieg für den einen heißt ja Niederlage für den anderen –, daß sie diesen Sieg herbeiwünschten. Ich habe hier zu einem Regimentskommandeur gesagt: »Sie wußten doch, daß die Bundeswehr-Kasernen an den Wochenenden fast leer standen, vielleicht noch 20 oder 30 Leute von 1 500. Wie haben Sie bloß ihren Soldaten erklärt, daß die am Wochenende zu 85 Prozent in der Kaserne bleiben mußten, damit sie am Sonnabend nicht von der Bundeswehr überfallen werden?« Und da sagte dieser Regimentskommandeur: »Ja, dann habe ich eben aufgehört zu denken.« Das ist mir zu billig.

Nein, die haben als Oberst oder Oberstleutnant ein Schweinegeld verdient und dafür ihren Soldaten jeden befohlenen Scheiß erzählt. Sie wußten auch, daß sie ihre Vorgesetzten belügen, wenn sie ständig Gefechtsbereitschaft meldeten. Und sie wußten, daß ihr Wirtschaftssystem dem des sogenannten Kapitalismus nicht überlegen war, denn abends glotzten sie Westfernsehen. Die hatten vielleicht ein viel positiveres Gesamtbild über das Leben im Westen als ich, der geborene Westdeutsche. Und trotzdem erzählten sie ihren Soldaten: »Die Kapitalisten kommen morgen, überfallen die DDR und nehmen uns die Errungenschaften des Sozialismus weg.« Na welche denn?

Ich wurde 1991 auf der 101 in Bad Salzungen eingesetzt, und die DDR-Offiziere sagten mir, das wäre eine der modernsten Kasernen der DDR. Ich staunte über die hervorragende Unterbringung der Technik und wunderte mich ansonsten über den geringen Komfort in den Unterkünften für die Soldaten. Ein einziges Mißverhältnis. Als Westjournalisten dann aber von menschenunwürdigen Zuständen schrieben, habe ich ihnen gesagt: »Nun laßt aber mal die Kirche im Dorf. Das ist ein Standard, den wir vor zwanzig Jahren auch bei der Bundeswehr hatten. Und nur weil wir heute zwanzig Jahre weiter sind, ist das nicht menschenunwürdig.« Dagegen hat mich die besondere Raffgier einzelner NVA-Berufsoffiziere sehr empört. Für mich ist es unvorstellbar, daß ich mir vor den Soldaten den größten Fleischbrocken servieren lasse oder daß von der Soldatenverpflegung das Beste für den Speisesaal der Offiziere abgezwackt wird. In der Bundeswehr essen während einer Übung zuerst die Soldaten, danach die Unteroffiziere und zum Schluß die Offiziere. Und wenn es nicht bis zum Schluß reicht, sind die Offiziere selbst schuld. Die haben sich nämlich zu kümmmern. Und es war schon verwunderlich für mich zu sehen, wie ein ehemaliger NVA-Offizier sich vordrängelte und vor den Soldaten sein Essen bekam. Und als ich ihn darauf ansprach, sagte er mir: »Welche Privilegien habe ich denn sonst als Offizier, ich habe nur diese.« »Nein«, antwortete ich, »Sie haben das Privileg der besseren Ausbildung und das Privileg des größeren Grades an Selbstverwirklichung!«

Der neunte Tag

Die Weite der Rhön öffnet sich unter mir, als ich von Dermbach aus nach Oechsen hinauffahre. Ich halte an, steige aus. Stehe lange und sehe mich satt an den unter mir liegenden Spielzeugdörfern und den baumlosen, basaltenen Bergkuppen, die wie Moscheekuppeln golden in der aufgehenden Sonne glänzen. Dazwischen liegen Nebelhaufen, großen Wattetupfen gleichend, die ein Kind im Spielzeugland einer Winterlandschaft verteilt hat. An den Sträuchern hinter mir hängen noch die nun schon schrumpligen Vorräte der schwarzen Amseln: die blauen, bitteren Schlehen und die roten Hagebutten. Ich habe oft davon geträumt, in dieser einzigartigen Landschaft der nahen Ferne, zwischen Rhöndisteln und Magerrasenflächen, wohnen zu können. Hier ein kleines Häuschen zu besitzen. Aber was zu DDR-Zeiten möglich gewesen wäre, wird nun, da die Grundstückspreise für »bebaubare grüne Wiesenflächen in der Rhön« fast so teuer sind wie in der Zentrumslage von Leipzig, für mich ein unerfüllbarer Traum bleiben.

In Oechsen hoffen alle Leute, die ich im Vorbeigehen befrage, auf die Arbeitsplätze, die der »reiche Onkel aus Amerika« beschaffen wird. Fast jeder zweite hier arbeite im Kali. Wenn Kali sterbe und Mr. Werner die Grundstücke für seine Mineralwasserfabrik nicht kaufen dürfe, werde die Rhön wie vor 1945 zum Armenhaus von Deutschland.

Die Sekretärin im Vorzimmer des Bürgermeisters ist wegen Mr. Werner verunsichert. Vorgestern hätte er verkündet, daß er unweigerlich abreise. Doch gestern hieß es, er hätte weder gepackt, noch gebucht.

Mit Bürgermeister Peter Wreschniock warte ich auf den Amerikaner. Wreschniock ist kein Rhöner, sondern in Mecklenburg aufgewachsen. Er hatte in seiner Jugendzeit ein Vorseminar für die Priesterlaufbahn abgebrochen, danach Kfz-Schlosser gelernt und in der Rhön als Elektriker gearbeitet. Und weil die Eltern seiner Frau in Oechsen eine Bäckerei besaßen, lernte er dort noch das Bäckerhandwerk. Später hat er die große Konsumbäckerei in Stadtlengsfeld mit aufgebaut. Wurde Industriemeister, war lange Zeit Mitglied der Betriebsgewerkschaftsleitung in der Konsumbäckerei, und nach der Wende wählten die Oechsener ihn zum neuen CDU-Bürgermeister.

Seit dieser Zeit kämpfe er um das Gewerbegebiet auf der Hopfenaue. Und er werde es zusammen mit Mr. Werner auch gegen diesen Wessi-Landrat Baldus durchsetzen. Wreschniock lächelt, als er das sagt, er lächelt immer still vor sich hin.

Der Amerikaner kommt eine halbe Stunde später, nickt mir zu, schluckt zuerst Tabletten, dann läßt er sich die Artikel der Lokalpresse über die »Bürgerversammlung in Oechsen« reichen und faxt sie nach Amerika. Beiläufig erzählt er, daß er gestern den amerikanischen Geheimdienst beauftragt hätte, sich mit der Kampagne gegen ihn und das Oechsener Projekt zu beschäftigen. »Denn das ist nun keine lokale Geschichte mehr, hier wird ausprobiert, wie weit man heute im wiedervereinigten Deutschland antiamerikanische Politik machen und amerikanische Staatsinteressen gefährden kann.« Er sei nicht umsonst im Rang eines Kommodore und hätte im Auftrag der amerikanischen Regierung als militärischer Geheimdienstler schon in aller Welt gearbeitet.

»Verstehen Sie, geheime Missionen. Und Export und Import.«

Ich schalte mein Aufnahmegerät ein.

»Mr. Werner, Sie sprechen fast akzentfrei Deutsch. Sind Sie wirklich in Amerika geboren?«

»Natürlich, ich bin ... äh ... 1930 ... also 1930 ... und zwar ... in ... äh ... Manchester, USA, Stadt Pennsylvania. Meine Vorfahren waren Deutsche, der Großvater hatte Besitzungen in Pommern. Er war dort auch im Wohnungsbau aktiv. Und Export und Import. Er mußte nach Amerika auswandern, weil er eine jüdische Frau geheiratet hatte. Also etwa 1848. Er hat dort in Amerika wieder mit Export und Import begonnen. Auch mein Vater und meine Mutter waren Geschäftsleute, Export und Import vor allem mit Südamerika. Und ich wurde von klein auf zuerst vom Großvater, später vom Vater, zu allen Geschäften mitgenommen. Ich hab das alles schon als Kind gelernt.«

Ich unterbreche ihn, sage daß es schlecht möglich sei, daß der Großvater als verheirateter Mann 1848 nach Amerika gegangen ist und den 1930 geborenen Mr. Werner zu Geschäftsreisen mitgenommen hätte.

»Was weiß ich, vielleicht sind sie auch erst 1880 in die Staaten gegangen, das Jahr ist doch unwichtig. Außerdem hatten Sie sich für ein Interview über meine Arbeit hier angemeldet und nicht, um Informationen über meine Vergangenheit zu sammeln. Ich sagte ja schon, da ist viel noch streng geheim ...«

»Weshalb haben Ihre Amerikaner nicht schon vor 1989 in der BRD investiert, sondern wollen es erst jetzt im Osten tun?«

Er ist sichtlich erleichtert und erzählt, daß in dem Firmenkonsortium sehr viele amerikanische Juden vertreten wären. »Der Antisemitismus äußerte sich in der alten Bundesrepublik viel stärker als hier in der DDR. Hier wußten die Menschen, was Hitler mit den Juden gemacht hat ... Außerdem, ehrlich gesagt, in Wirklichkeit geht es uns in Oechsen gar nicht allein um die Mineralwasserfabrik, die wir bauen wollen, sondern die reichen Juden in Amerika wollen hier testen, ob sie wieder nach Deutschland zurückkommen können. Auch Juden aus Israel würden sich vielleicht wieder in Ostdeutschland ansiedeln. Nach 1989 hatte das internationale Judentum die Hoffnung, daß in den Gebieten der ehemaligen DDR etwas Neues entsteht, daß sie hier beruhigt investieren können. Aber da inszenierte man von Westdeutschland aus, das hat unser Geheimdienst erkundet, ich sage es noch einmal, von Westdeutschland aus, Nazikrawalle und Skinheadaufmärsche. Und da krachte es, und da brannte es, und wir mußten nicht einmal unsere amerikanischen TV-Teams hierherschikken, um diese neofaschistischen Schandtaten zu filmen. Die Berichte hat man uns täglich von Deutschland aus angeboten, so als wollte man uns warnen: Geht nicht in den Osten und investiert dort, guckt mal, hier schlagen sie die Ausländer zusammen, guckt mal, hier schreiben sie antijüdische Parolen, guckt mal, hier legen sie Feuer.«

»Sie werden trotzdem mit Ihren reichen Auftraggebern in Ostdeutschland investieren?«

»Aber natürlich. Kennen Sie das Detektei- und Rechtsanwaltsbüro Baker? 1 600 Mitarbeiter von Petersburg bis Taiwan. Bakers Frau, eine deutsche Jüdin, möchte ihr Deutschtum bewahren. Sie würde in Oechsen ein Haus bauen lassen, vielleicht vier Monate des Jahres hier wohnen. Auch Hollywoodstars. Doch zuvor müßte man mir die Grundstücke für einen freundlichen Preis verkaufen, dann kann man bauen, werden Investoren kommen. Ich habe den amerikanischen Investoren gesagt: Fallt nicht auf die gezielte Westpropaganda gegen die Ostdeutschen herein! Zuerst haben die Westdeutschen behauptet, daß die Schulbildung in der ehemaligen DDR nicht dem europäischen Niveau entsprach, daß die Leute dumm und faul sind. Und nun posaunen sie in die Welt hinaus, daß im Osten Antisemiten leben. Ich weiß nicht, ob die Westdeutschen die Einheit wirklich wollten, denn sie hatten durch die Teilung nur wirtschaftliche und militärische Vorteile. Sie konnten kontinuierlich in die DDR exportieren und billig von dort importieren. Und die Amerikaner ständig zum Geldgeben bewegen, denn sie brauchten nur zu sagen: Die Ostdeutschen und die Russen können sofort angreifen, also helft uns mal ... Die Ostdeutschen dagegen mußten sich immer selber helfen, fleißig und einfallsreich sein. Deshalb sind sie bestimmt auch brauchbarer für eine Art sozialistischen Kapitalismus, wie er in einigen amerikanischen Unternehmen jetzt ausprobiert wird.«

»Bitte, was für ein Kapitalismus, ein sozialistischer?«

»Im Prinzip geht es darum, sich nicht mehr ausschließlich um das große Geld für die Vorstandsmitglieder und Aktionäre zu kümmern, sondern daß sich die Unternehmensleitung auch um den kleinsten Mann im Betrieb sorgt, beispielsweise den Toilettenwärter. Denn wenn der Toilettenwärter nicht zufrieden ist mit der Betriebsatmosphäre, wird er die Toilette nicht ordentlich saubermachen. Und ist die Toilette nicht sauber und ein Geschäftspartner, mit dem man gerade einen Vertrag abschließen will, merkt das, ja, dann ist das Geschäft eben futsch. Wir hätten hier in Oechsen solch ein Modell, eine Art neues Volkseigentum, entwickelt und die Ostdeutschen nach einiger Zeit an unseren Betrieben beteiligt, sie ihnen zum Schluß selbst übergeben. Aber vor solch einem Beispiel haben die westdeutschen Monopole Angst. Deshalb legt man uns hier nur Steine in den Weg ...«

»Geschieht das auch in anderen Ländern, in denen Sie investieren?«

»Nein, weder in Chile, in Asien noch anderswo. Nirgendwo. Beispielsweise haben wir jetzt die Fabrik für Sanitär- und Fertigteile, die wir erst nebenan in Merkers bauen wollten, in Rußland errichtet.«

»Unter Ihrer Leitung, Mr. Werner?«

»Wissen Sie, ich war früher persona non grata in der Sowjetunion. Da hab ich also jemand anders hingeschickt.«

»Und wo befindet sich diese Fabrik?«

»Sie ist genau 34 Kilometer von Moskau entfernt.«

»Also in einem Stadtteil oder einem Vorort von Moskau?«

»Nein, außerhalb von Moskau, ich sagte ja, genau 34 Kilometer vom Zentrum entfernt.«

Ich will nicht mit ihm über die Größe Moskaus streiten, aber ich habe keine Lust mehr weiterzufragen, will nur noch wissen, wann er das erstemal nach Deutschland kam.

»Im letzten Kriegsjahr. Danach regelmäßig ab 1956. Wir forschten in der BRD über den Verbleib der alten Nazis. Natürlich in Zivil. Unsere wunderschönen amerikanischen Uniformen, all das Gold, das trugen wir dabei natürlich nicht. Ich war überall, wohin mich die amerikanische Armee oder die Regierung schickte, sozusagen immer im Sondereinsatz.«

»Und was waren das für Sondereinsätze?«

»Wissen Sie, ich bin eigentlich Ökonom, Doktor und Professor der Ökonomie. Außerdem noch Sprachwissenschaftler, ich spreche neun Sprachen, Deutsch ist eine der besseren, Finnisch ist eine der schlechteren. Sozusagen ein Naturtalent für Sprachen. Und wahrscheinlich holte man mich auch deshalb zu den Spezialtruppen in der US-Armee. Von 10 000 Bewerbern nimmt man vielleicht 50. Man muß Rauschgifthändler und Schmuggler bekämpfen können, man muß alle Waffensysteme der Welt in fünf Minuten beherrschen. Und außerdem gibt es ja in jedem Krieg Leute mit sehr wenig Gehirnmasse, und die schneiden dann, in Vietnam war das so, den Eingeborenen beispielsweise die Ohren ab. Aber wir Amerikaner dulden solche Auswüchse nicht. Und die Kriegsgerichte fordern dann Leute wie mich aus diesen Sondereinheiten an, und die Verurteilten werden an Ort und Stelle erschossen.«

In seinem Leben habe er durch diesen Job schon die halbe Welt gesehen, sagte er.

»Waren Sie auch in Moçambique?«

Er nickt.

»Und in welchen moçambiquanischen Städten?«

Bürgermeister Wreschniock, der während des Gespräches bislang andächtig lauschte, unterbricht Mr. Werner und sagt, daß der Herr Scherzer als Entwicklungshelfer auch schon in Moçambique gewesen sei. Mr. Werner mustert mich daraufhin, klopft mir auf die Schulter. »Sie also auch . . . Genau aufzählen kann ich Ihnen die Städte natürlich nicht, das müssen Sie verstehen, in den Orten sind unsere Leute vom Geheimdienst immer noch im Einsatz.«

Von der Landschaft in Moçambique sei er begeistert gewesen. »Allerdings störten mich die Erschossenen, die dort an dem meterhohen Grenzzaun nach Südafrika lagen.«

Ich entgegne nicht, daß es an der Grenze keinen Drahtzaun gibt und die moçambiquanischen Wanderarbeiter seit Jahrzehnten ungehindert zu Fuß nach Südafrika gehen. Aber als er über seine Besuche in den tiefen Diamantenschächten von Moçambique erzählt (in Moçambique gibt es keine Diamanten-, sondern nur Steinkohlegruben), frage ich den Sprachwissenschaftler, Doktor, Professor der Ökonomie, militärischen Geheimdienstler und Besitzer einer amerikanischen Weltfirma hinterlistig: »Haben Sie in Moçambique auch die alte Stadt Cunnilingus besichtigt?« (Für Nichtfachleute: Cunnilingus ist die lateinische Bezeichnung für eine Form des sexuellen Mundverkehrs.)

»Natürlich bin ich auch in . . . äh . . . Cunnilingus gewesen, sehr schön, aber ich sagte ja schon, diese Massaker an den Grenzzäunen . . .«

Ich schalte mein Aufnahmegerät aus.

Als ich gehe, fragte ich die Sekretärin, ob alle Einwohner in Oechsen an Mr. Werners Selterwasserfabrik und seine 700 Arbeitsplätze glauben.

»Ich denke schon«, sagt die Frau. »Woran sollten sie denn sonst glauben?«

Gespräch mit den Eltern vom Landrat

Am Wochenende fahre ich in den Westerwald. Maria und Johannes Baldus, die Eltern des Landrates, wohnen im Städtchen Betzdorf auf einer Anhöhe in einem kleinen Landhaus. Die Sträucher in ihrem Garten sind akkurat beschnitten. Ich läute pünktlich um 14 Uhr. Der Kaffee steht schon auf dem Tisch. In der Wohnstube tickt unüberhörbar eine große, neue Westminsteruhr. Ich erinnere mich, daß eine ähnliche im Büro des Landrates steht. Johannes Baldus, ein feingliedriger, schlanker Mann, setzt sich in den Ohrensessel und zündet eine Pfeife an. Die Mutter, Maria Baldus, schenkt Kaffee ein. Zuerst erläutert mir Vater Baldus (wenn er spricht, schweigt die Frau) ausführlich die Historie von Betzdorf.

Jeder zweite in Betzdorf hätte um die Jahrhundertwende bei der Eisenbahn sein Brot verdient. »Und die Mädchen wählten ihre Männer danach aus, ob sie die Latewski, die Eisenbahneruniform mit der Doppelreihe blanker Knöpfe und der geflochtenen Schnur an der Dienstmütze, trugen. Der Großvater meiner Frau, ein Lokführer, paradierte an Feiertagen noch mit seinem Eisenbahnerschleppsäbel. Und als Bahnhofsvorsteher erhielt man damals den an einer goldenen Kette baumelnden kurzen Offiziersdolch und ging mit Glacéhandschuhen zum Dienst.«

Der Großvater von Johannes Baldus jedoch wirtschaftete als Bauer, der Vater, ein Ladeschaffner, hätte die Einstiegsgruppe in den Beamtendienst geschafft. Er selbst lernte Autoschlosser und arbeitete danach in der Kraftfahrzeugreparaturhalle der Eisenbahn. Allerdings ohne Uniform mit doppelreihigen goldenen Knöpfen und ohne Offiziersdolch. Politisch stammt er aus einer traditionellen SPD-Familie. Bis 1956 war sein Vater SPD-Stadtrat in Betzdorf. Und in den zwanziger Jahren verteilte der kleine Johannes die Einladungen an die SPD-Genossen. »Ich bekam natürlich als Kind rote Ohren, wenn ich dann bei den Versammlungen in der Wohnung sitzen durfte und hörte, daß in Betzdorf anstelle der Gaslaternen elektrische Lampen aufgestellt werden sollten. Daß ich später nicht wie der Vater in die SPD eintrat, verdanke ich der Kirche. Ich war regelmäßiger zur Kirche gegangen als der Vater, der arbeitete ja Schicht bei der Eisenbahn – und die von der SPD nahmen es sowieso nicht sehr genau mit dem Gottesglauben. Nach dem Krieg trat ich in die CDU ein, und nachdem der Vater als SPD-Stadtrat altersbedingt abgetreten war, begann ich an seiner Stelle, allerdings auf der anderen Seite, als CDU-Stadtrat. Achtzehn Jahre war ich ehrenamtlicher Bürgermeister. Leise, fast nebenbei, erwähnt er: »Zu meinem 70. Geburtstag erhielt ich als erster Bürger der Stadt den goldenen Ehrenring. 865er Gold!«

Er hätte sich immer dem höchsten Gut der neuen Gesellschaft, der Demokratie, verpflichtet gefühlt, das heißt auch die Meinungen der anderen Fraktionen geachtet.

Das hätte er auch dem Stefan geraten, als der Landrat geworden wäre. »Denn der Stefan ist von Natur aus ein Kämpfer und störrisch außerdem.«

Nach dem Kaffee und Kuchen stellt mir die Mutter einen der vier Söhne, den siebenunddreißigjährigen Klaus, vor. Er ist noch ein sehr großes Kind, gibt mir freundlich, aber ungelenk die Hand. Er sagt nichts, er verzieht den Mund zu einem Lachen. »Klaus wurde als Mongoloider geboren, solange wir Alten noch leben, wird er hier zu Hause bleiben.« Außer ihm und dem Stefan gehören noch eine Tochter und zwei Söhne zur Familie Baldus. Die Tochter hätte Rechtsanwalts- und Notargehilfin gelernt, sich bis zur Bürovorsteherin entwickelt, geheiratet, Kinder bekommen und besorge nun den Haushalt. Der älteste Sohn hat, bis er an einer Zungenfibrose erkrankte, als Fachbereichsleiter an der Fachhochschule für Rechtspflege künstlerisch gelehrt und arbeitet nun noch als Rechtspfleger im Amtsgericht. Und dann gäbe es noch einen Kaufmann, der nach England geheiratet hätte.

»Die meisten Schwierigkeiten«, behauptet der Vater, »bereitete uns der Stefan. Wir haben ihn, obwohl er überdurchschnittlich intelligent war, sogar vom Gymnasium herunternehmen müssen. Er interessierte sich für alles andere, nur nicht für seine Zensuren.«

In seinen Flegeljahren hätte der Stefan wenig von der Kirche wissen wollen. Was sich Gottseidank geändert hätte, denn nur die christlichen Werte würden die Welt noch zusammenhalten.

Der Gong der Westminsteruhr tönt voll und klar. Ich lobe das gute Stück. Und Vater Baldus strahlt. Er hätte schon 21 dieser Art zusammengesetzt. Kaufe die Einzelteile für 3 200 Mark bei der Herstellerfirma (fertig würde solch ein Westminster rund 5 000 kosten), puzzele alles zusammen und »verkaufe« die Standuhren an Freunde und Bekannte für genau 3 200 Mark. »Als Arbeitslohn nehme ich zwei Flaschen guten Weines.«

Zur Verabschiedung begleiten sie mich bis zur Gartenpforte. Bitten mich, den Sohn zu grüßen und seine Frau, die Rosemarie. Vater Baldus wünscht eine gute Fahrt, und die Mutter sagt: »Leicht haben es unsere Kinder wohl nicht in diesem Osten? Katholisch sind sie, und der Stefan ist außerdem noch Offizier. Man hört auch, daß die Ostdeutschen schlecht über die neuen Westchefs sprechen. Manchmal, wenn ich nachts wach liege, denke ich, daß er zufriedener leben könnte, wenn er hier im Westen geblieben und kein Landrat im Osten geworden wäre.«

Der zehnte Tag

Am Montag grüße ich den Landrat von seinen Eltern. Er will sich mit einem Lächeln bedanken, aber das mißlingt ihm. Er stolziert an diesem Morgen auch nicht wie üblich im kerzengeraden Offiziersschritt in seinem Zimmer herum, sondern läuft krumm wie der Glöckner von Notre Dame. Hexenschuß. Ich erzähle ihm etwas von »aufrechten Gang üben«. Doch diese Anspielung aus DDR-Zeiten versteht er nicht. Auch auf seinem Bürostuhl sitzt er nicht sehr gerade, vermeidet es, den Kopf zu drehen, bittet mich, für ihn eine Joseph-Haydn-CD aufzulegen. Und beginnt danach, ohne daß ich begreife, weshalb er das tut, zu philosophieren. »Als ich 1991 in den Osten kam, dachte ich – und mit mir sehr viele aus den alten Bundesländern –, daß die Stimmung hierzulande der Stimmung nach dem 2. Weltkrieg ähnelt.« Ich verstehe ihn nicht. »Naja, wir hatten zwar nicht erwartet, im Osten wie die Befreier seinerzeit von winkenden Mädchen mit Blumensträußen und alten weinenden Frauen mit Taschentüchern begrüßt zu werden. Aber wir dachten: Nach dem 2. Weltkrieg distanzierten sich fast alle Deutschen vom Vergangenen, niemand hing an seiner Vergangenheit, alle wollten neu beginnen, und so würde es auch in Ostdeutschland sein.« Inzwischen hätte er begriffen, daß er sich damals täuschte, denn viele im Osten wollten ihre Vergangenheit nicht wegschmeißen, die würden auch nicht mit Hurra das neue westliche Modell begrüßen. »Sie sind noch gar nicht dort angekommen, wo ich sie immer vermutet habe. Also muß ich auf sie zugehen und sie dort abholen – auch wenn ich sie dort längst nicht mehr vermutet hatte –, wo sie noch stehen: in ihrer mit der DDR verwurzelten Vergangenheit. Westdeutsche, die diesen ihren Irrtum nicht zugeben und auf ihrem Wunschdenken beharren, beharren auf der Trennung.«

Ich sage, daß ich an dieser Stelle eigentlich klatschen müßte, aber es sei ja wohl nicht als Rede gedacht gewesen. Nein, das wären lediglich Gedanken der vergangenen Nacht. »Ich konnte nicht schlafen wegen der Kreuzschmerzen.«

Mit der Fernbedienung unterbricht er die Haydn-Sinfonie, draußen wartet ein, wie Baldus sagt, »Jungunternehmer aus den alten Bundesländern«. Eine Straßenplanungsfirma. Den Namen solle ich nicht aufschreiben. Die zwei jungen Männer reden sehr laut und sehr schnell, erklären, daß sie die Datenbank aller Straßen im Kreis Bad Salzungen nur zum Vorteil des Landratsamtes und außerdem sehr billig angelegt hätten, nun wäre eine effektive Straßeninstandhaltung möglich.

Baldus fragt, ob sie, weil der Auftrag »so billig gewesen wäre«, auch gleich noch die nicht zur Zuständigkeit des Kreises gehörenden Bundes- und Landesstraßen mit ausgemessen und berechnet hätten und wie er sich wohl die 100 000 Mark Differenz ihrer Rechnungen erklären solle. Da sind sie plötzlich still, und der eine von beiden stottert etwas von einem Computerfehler. Schadenfroh wie immer, wenn Wessis ertappt werden, griene ich in mich hinein. Aber Baldus schlägt einen Kompromiß vor: Wenn sie bei ihrem nächsten Auftrag für das Landratsamt den Preis deutlich senken würden, könnte er von einer Weiterleitung der Rechnungsdifferenz absehen. Eilfertig, sich mit Worten und Haltung immer wieder verbeugend, versprechen sie Preisnachlaß. »In Größenordnungen, Herr Landrat, in Größenordnungen ...« Also doch Schonung für seine »Landsleute«, denke ich. Er sagt, als sie draußen sind: »Solche zwei finden sich immer: Denn wo ein Bettler ist, findet sich sehr schnell auch ein Dieb.« Der eine, der Geldgeber der beiden, stamme aus den alten Bundesländern. Der andere, der Habenichts, wäre noch unter Storz im Verkehrsamt vom Rat des Kreises tätig gewesen, der hätte die Informationen, die Beziehungen und die Aufträge besorgt. Ich sage ihm, daß ich annahm, beide würden aus den alten Bundesländern kommen. Er grient: »Kaum noch Unterschiede, was?«

Schon vor dem Mittagessen verabschiedet sich Landrat Baldus. Am späten Nachmittag hat sich der Thüringer Bildungsminister Althaus bei ihm zu Hause angekündigt, danach sei ein Forum mit den Lehrern des Kreises geplant. Er werde sich also nach Hause fahren lassen, nein, nicht um das Menü für den Minister vorzubereiten, das erledige seine Frau – sie hätte von einem gespickten Fasan geredet –, aber ein paar Flaschen guten roten Weines, die müsse er selbst besorgen.

»Und den Rücken wärmen, damit ich beim Lehrerforum gerade sitze.«

Ich kaufe Gehacktes, Brot, Bier, Korn und fahre, wie verabredet, zu Andreas, Marx und Stander nach Langenfeld.

Das kleine Häuschen zerfällt. Zerschlagene Ziegel und Putz liegen zuhauf vor der Tür. Dazwischen leere Dosen von Suppenkonserven. Drinnen kläfft ein Hund. Doch der Pinscher verschwindet, als Stander mir die Tür öffnet. Statt dessen erschrecke ich vor der nassen Kälte, die mich im Haus anfällt. Kohlen hätte er schon einige Wochen lang keine mehr, sagt Stander. Der 20- Mark-Gutschein vom Sozialamt, das wären gerade zehn Eimer gewesen. Im Wohnzimmer sitzen Andreas und Marx in großen wuchtigen Sesseln. Sessel wie für einen Salon. Das Sofa jedoch ist zerschlissen und der Spiegel zerschlagen. Verstaubte und ausgebleichte Kunstblumen und ein vertrockneter Kaktus stehen auf einem alten Buffet. Ich packe das Gehackte und den Schnaps aus. Ein Schluck zum Aufwärmen aus der Flasche. Der Hund, den er in die Abstellkammer gesperrt hat, kläfft. Früher hätte er nebenan beim Fleischer noch Reste umsonst bekommen, erzählt Stander. Doch nachdem er im Suff an dessen Haustür geschifft hätte, würde er nichts mehr rausrücken, der Geizkragen.

»Und weshalb hältst du dir den Hund?«

»Damit jemand bellt, wenn ich nach Hause komme.«

Andreas widerspricht: »Lüg nicht Stander, du hast ihn dir

geholt, weil du hoffst, daß einer mit Hund vielleicht paar Mark mehr kriegt vom Sozialamt als einer ohne Hund.«

»Halt die Klappe, Kleiner, sonst fliegst du hier raus und kannst mit Marx unter der Brücke pennen, mit diesem ... mit diesem ... Zugelaufenen.«

Andreas verteidigt Marx. Auf den lasse er nichts kommen, der hätte alles schon hinter sich. »Der is nämlich schon von allen ab, der is glücklich unter seiner Brücke.« Stander dagegen hätte noch alles vor sich, wenn sein Bruder ihn hier von den Bullen rausschmeißen lassen würde.

Dann ist es still. Stander hat irgendwo noch eine Zwiebel für das Gehackte gefunden. Und wir speisen andächtig.

Andreas sehr leise: »Soll ich euch mal erzählen, wie das ist, wenn die Bullen einen rausschmeißen. Die Mutter, was ja nicht meine Mutter ist, diese kleine graue Frau, die steht daneben und weiß nicht, was sie tun soll. Der Alte schreit: ›Mach dich hier raus, du verdammter Hund!‹ Ich hab mich auf den Boden gelegt, und er versuchte, mich wegzuschleifen, an den Füßen, so wie man erschossene Terroristen wegschleift. Ich habe mich am Schrank festgeklammert. Und er ruft die Bullen. Die kommen, heben mich hoch, drehen mir die Arme nach hinten – son Polizeigriff. Zerren mich die Treppe runter und legen mich auf die Straße. Legen mich hin und gehen.«

Stander erzählt, daß vor 14 Tagen seine Mutter gestorben sei, aber immer noch nicht begraben wäre.

»Ich habe kein Geld für mich, wo soll ich welches für die Toten hernehmen. Als der Vater starb, damals arbeitete ich wie er im Kali, habe ich noch geheult. Bei der Mutter keine Träne, wozu denn auch.«

Die erste Flasche ist leer. Stander redet und redet, keiner hört zu. Marx sagt nichts, der kaut und kaut. Und Andreas stiert mit traurigen Augen, als ob ihm gerade die erste große Liebe davongelaufen wäre, auf die herunterhängende blumige Zimmertapete.

Ich frage Marx, wie alt er ist. »Achtundfünfzig.« »Und wann bist du in den Osten gekommen?« »Vor zwei Jahren.« »Seit wann ziehst du umher?« »Seit über zehn Jahren.« Ich muß ihm jedes Wort einzeln aus der Nase ziehen. Er stammt aus Gelsenkirchen. War Bergmann. Hat zwei Kinder. Als seine Frau sich scheiden ließ, mußte er raus aus der Wohnung. Danach ständig obdachlos. Niemand, weder die Kinder noch die Frau, wüßte, wo er sich aufhielte. Wenn er mal erfriere, sei er eben wie ein Hund krepiert. In den Osten wäre er gegangen, weil die Leute hier noch was Soziales, vom Sozialismus Übriggebliebenes besäßen. »Sie treten nicht nach dir, wie nach einem tollen Köter.«

Stander widerspricht, nichts sei hier mehr wie früher. Früher hätte die Schachtel Karo 1,65 gekostet. Heute fast 4 Mark. »Und wenn ich in der DDR mal auf die Straße geflogen bin, habe ich im Rathaus nur drohen müssen: ›Damit ihr klarseht, ich bin der Herr Stander, und ich habe keine Wohnung. Entweder ihr besorgt mir jetzt sofort eine Bleibe, oder ich borge mir ein Zelt, baue das neben der SED-Kreisleitung auf und stelle ein Schild davor: ›Ich bin obdachlos.‹ So schnell konnte ich gar nicht gucken, wie die plötzlich fünf verschiedene Wohnungen für mich hatten. Heute kannste zehn Schilder aufstellen, heute kannste dich mit Benzin übergießen, ein Feuerzeug in die Hand nehmen und schreien: ›Entweder ne Wohnung, oder ich brenn mich an‹, da lachen die Drumherumstehenden nur und geben dir Streichhölzer, wenn das Feuerzeug nicht brennt.‹«

Als das Bier alle ist, will ich gehen, doch da faßt mich Andreas wie ein Kind das andere Kind, wenn sie die Straße überqueren, an der Hand und sagt: »Bleib noch. Es ist gut, wenn du hier bist.« Ich setze mich, und er erzählt, ohne daß ich ihn frage.

»Nachdem der Alte und seine Frau mich im Kinderheim ausgesucht hatten, nahmen sie mich mit zu sich nach Guben. Aber es ging nicht lange gut, denn der Alte begann wieder zu saufen. Und wenn er besoffen war, schlug er die Mutter und schlug mich. Das mußt du dir so vorstellen: Du liegst im Bett, abends um zehn. Und dann kommt der Alte aus der Kneipe, und dann kriegst du mir nichts, dir nichts eine gefeuert, egal, ob du schon geschlafen hast oder nicht. Manchmal hielt er auch ein Messer in der Hand und schrie: ›Ich schlacht dich ab, du Scheißer, du!‹ Und dann mußte ich nachts noch aufstehen und mich zu ihm setzen, weil er sich unterhalten wollte. Mit zehn oder elf Jahren habe ich angefangen, mir Mut anzutrinken für die Stunden, wenn er nach Hause kam. Die Mutter ist von den Schlägen klappsmühlenreif geworden. Sie hats jetzt immer noch mit dem Kopf und muß regelmäßig Tabletten nehmen. Die ist damals abends immer weggelaufen, hat sich irgendwo versteckt. Meist lag sie unter einem der Heuschober. In der Lausitz gibts diese Heuschober, in der Mitte eine Stange und das Heu drumherum wie ein Kegel. Da ist sie drunter gekrochen, und der Vater hat sie stundenlang gesucht, ist umhergerannt wie ein Blöder und hat geschrien. Und wenn er sie gefunden hatte, schlug er sie zur Strafe, weil sie abgehauen war. Er war groß und kräftig, Schlosser von Beruf und wohl ein geschickter Schlosser. Einmal hatte er mir zu Weihnachten eine Eisenbahn geschenkt. Er baute die Gleise und Signale auf, und als ich den Trafo einschalten wollte, damit der Zug abfährt, schrie er: ›Laß die Pfoten davon, laß die Pfoten weg, du Kerl.‹ Danach hatte ich keine Lust mehr, mit der Eisenbahn zu spielen. Da hat er allein damit gespielt. Und mich später gezwungen, an dieser verdammten Eisenbahnplatte mitzubauen. Ich hatte als Kind ein anderes Hobby. Ich interessierte mich für die Sterne. Und konnte stundenlang in den Himmel gucken und die Sternbilder suchen.«

Irgendwann am Nachmittag gehe ich. Nur Stander hält mich zurück, will mir etwas schenken. Von seinem Vater würde er noch stapelweise Schreibmappen aufbewahren, solche, die man bei Delegiertenkonferenzen und Beratungen erhalten hätte. Verkaufen könne er sie sowieso nicht. Ich sage, daß ich selber solche roten und blauen Mappen besäße, aber er läßt mich erst gehen, nachdem ich wenigstens eine davon genommen habe. Kunstlederner roter Einband. Ein Kugelschreiber steckt noch drin. Und die ersten zwei Seiten des Blockes sind krakelig beschrieben. »Auswertung des IX. Parteitages der SED. Genosse Hans Albrecht: Produktion hat im Sozialismus lediglich den Zweck der Befriedigung der Bedürfnisse aller Schichten der Bevölkerung. Kalidünger in Kilotüten für die Kleingärtner ... Sicherheit der Staatsgrenze durch Wachsamkeit aller gewährleisten ...« Das Wort »aller« ist dick unterstrichen. Auf der dritten Seite sind nur noch kleine Strichmännchen gemalt, auf der vierten Quadrate, Rechtecke und Kreise.

Bei Frau Hirschberg in der Sozialabteilung frage ich (und genieße die behagliche Bürowärme), ob sie noch Kohlengutscheine ausgeben könnte. Nein, aber sie verteile zusätzlich für jeden Obdachlosen sechs 5-Mark-Bezugsscheine, die zum Kauf von Winterbekleidung berechtigten.

Vom Sozialamt aufgewärmt, fahre ich nach Immelborn in das Hartmetallwerk. Am Betriebstor stehen Arbeiter in dicken Wattejacken und Filzstiefeln. Sie trampeln mit den Füßen und gestikulieren wie Taubstumme mit den Händen. Alles an ihnen bewegt sich. Trotzdem tropfen bei einigen die roten Frostnasen. Ich muß mich beim Pförtner anmelden. »Strenge Arbeiterkontrolle«, sagt einer der Frierenden, »damit nicht noch eine Million zum Tor hinausgeschleppt wird.« Ich frage sie nach dem Betriebsratsvorsitzenden Peter Schaaf. »Der organisiert heißen Tee in der Betriebskantine.« Ich sollte warten. Außerdem könnten sie mich auch ohne ihren Betriebsratsvorsitzenden über den Scheiß informieren, der hier gelaufen sei. Früher 1 400 Beschäftigte, jetzt noch 300, aber nicht weil der Betrieb veraltet sei. Sie hätten schon in der DDR mit modernsten westlichen Maschinen produziert. Ihre Wendeschleifplatten, Drehstähle, Spezialwerkzeuge wären allererste Qualitätsarbeit, in aller Welt begehrt gewesen. Aber mit der Wende hätte die Ausplünderung begonnen.

»Zuerst kam ›Krupp-Widia‹, die wollten den Betrieb übernehmen, aber sie ›übernahmen‹ nur die Kundenkartei und einige Kollegen aus der Vertriebsabteilung. Danach wurden von der Treuhand drei geschäftsführende Berater – wir nannten sie die Drei Blinden – kommissarisch eingesetzt. Die nahmen lieber gleich bares Geld, nämlich dicke Beraterhonorare, im Monat soviel, wie unsereiner in einem Jahr nicht verdient.« Und den Rest hätte Kauhausen rausgeschleppt.«

Einer der Männer sagt, daß sie in der DDR natürlich auch Volkseigentum geklaut hätten. Mal paar Drehmeißel oder Hartmetallbohrer, die man dann gegen Fliesen tauschte. Aber davon sei ihr Betrieb nicht ärmer geworden. Der Kauhausen jedoch hätte alles Volkseigentum, das sie in vierzig Jahren geschaffen hätten, auf einmal wegschleppen wollen: Maschinen, Autos, Geld, Gebäude, Grundstücke.

Ihre letzte Hoffnung sei die Gewerkschaft. Der Chef der IG Metall in Südthüringen, der Peter Winter, hätte die Medien über den Skandal informiert, Journalisten heiß gemacht und den Arbeitern gesagt: »Ihr sollt nicht arm sterben, das verspreche ich euch! Gemeinsam werden wir mit diesen kapitalistischen Spekulanten abrechnen!«

Den Betriebsratsvorsitzenden Schaaf finde ich nicht in der Kantine, sondern in seinem Büro. Er sieht so aus, wie ich mir, im Gegensatz zu den staats- und betriebsnahen BGL-Vorsitzenden, immer einen richtigen revolutionären, gegen die Unternehmer kämpfenden Betriebsrat der Arbeiterbewegung vorgestellt hatte: Er trägt eine blaue, ölverschmierte Monteurskombination, die Hände sind schwielig, ein klapperdürrer, aber wahrscheinlich zäher Körper. Auf seinem Tisch liegt eine zerbeulte Brotbüchse aus Aluminiumblech, und daneben steht eine abgewetzte schweinslederne Aktentasche der

fünfziger Jahre. Allerdings redet er nicht langsam und stok-
kend, schwerfällig wie ein Arbeiter nach Worten suchend, sondern locker und schnell. »Meine Mutter war Schulmeisterin,
sie hat mir das beigebracht.« Schaaf erzählt von den Stern-
stunden der Betriebsdemokratie nach der Wende. »Die alte
BGL wurde abgesetzt, und danach, das ist wohl einmalig,
durften alle Betriebsangehörigen über ihre alten bzw. neuen
Direktoren abstimmen. Und sowas gabs ja nicht mal im Westen. Wir haben damals außer dem technischen Direktor
Voigt die gesamte alte Leitung und die meisten Uneinsichti-
gen mit den ›sieben Gramm links‹ aus dem Betrieb gejagt.
Dafür, so sehe ich das heute, holten wir uns dann die Ober-
gauner herein. Obwohl, den Kauhausen, den hat ja die Treuhand ausgesucht.« Er kramt in seinen Unterlagen, holt einen
Zeitungsartikel, der noch nicht einmal ein Jahr alt ist, liest
laut vor: »Den Zuschlag erhielt ... ein Familienunternehmen
mit gesunder Bilanz. Der Name Kauhausen scheint den Aus-
schlag für den Kaufzuschlag gegeben zu haben ... Engagement für das Unternehmen, sparsames Wirtschaften und
Qualitätsarbeit sind für den Wahlrheinländer die Grundvor-
aussetzung, erfolgreich am Markt bestehen zu können. Die
Voraussetzungen sind in Immelborn vorhanden. Die Belegschaft hochqualifiziert und motiviert, wie Kauhausen es nur
noch von Japanern kenne ...«

Schaaf: »Wer von uns ahnte damals, daß der gutsituierte
Unternehmer im Rheinland mangels Geld in einem Reihen-
haus Marke ›Proletariat‹ wohnte. Das heißt, die Treuhand hätte
es wissen müssen!«

Länger als dreißig Jahre arbeitet Schaaf im Hartmetallwerk
Immelborn. Zuvor war er nach Abschluß des Ingenieurstu-
diums kurze Zeit in der benachbarten Barchfelder Kettenfabrik gewesen. »Die Kettenfabrik hatte damals den Ruf einer
feuerroten Bude. Ich sollte sofort in die Partei und in die
Kampfgruppe eintreten. Bin aber nicht eingetreten. Statt dessen

habe ich mein Hobby gepflegt und die Politik den anderen überlassen. Mein Hobby sind alte Autos, und das erwies sich später auch für unser Hartmetallwerk als nützlich, denn ein oder zwei Oldtimer-Fans fand man fast in allen volkseigenen Betrieben. Und über diese Kollegen konnte ich dann nicht lieferbares, lebenswichtiges Material oder Ersatzteile für uns organisieren.« Oben im Zentralkomitee der SED und im Ministerium hätten sie geglaubt, daß die Planwirtschaft dank ihrer Anweisungen noch einigermaßen laufe. In Wirklichkeit aber hätten die kleinen Organisatoren, sozusagen die unterste volkseigene Mafia, durch Beziehungen und gegen den Plan gerichtete Eigeninitiativen, die DDR-Wirtschaft recht und schlecht eine Zeitlang vor dem Zusammenbruch bewahrt.

»Also ein Beispiel. Wir brauchten dringend Nirostastahl, Wartezeit dafür laut Plankommission zwei Jahre. Was tun? Das Fleischkombinat in Barchfeld benötigte für die Wurstmaschinen Hartmetallmesser. Allerdings nicht erst, wie von der Plankommission versprochen, in drei Jahren, sondern sofort. Für die zweigten wir also Hartmetallklingen aus der laufenden Produktion ab. Die Fleischer gaben uns dafür die als Rarität gehandeltete hausgeschlachtete Thüringer Salami. Die Würste tauschte ich beim Köhler in Kaltennordheim gegen fünf Sack nur unter dem Ladentisch verkaufter Holzkohle ein. Damit fuhr ich ins Stahlwerk und holte einige Tonnen Nirostastahl. Wir konnten weiterproduzieren, die sozialistische Planwirtschaft war vorerst gerettet.«

In dieser Zeit der Improvisationen sei er bis zum Gruppenleiter der Technologie aufgestiegen. »Aber um ganz nach oben zu klettern, fehlten mir im Sozialismus die ›sieben Gramm‹ links am Jackett.«

Ich frage ihn, was er mit den ›sieben Gramm‹ meint.

»Na das SED-Abzeichen. Genau sieben Gramm. Ich habe es selbst auf der Briefwaage gewogen. Danach redeten wir unter uns eben nicht mehr von ›Genossen‹ oder ›Nicht-Genossen‹, sondern von denen mit den sieben Gramm und von denen ohne die sieben Gramm.«

Ich sage ihm, daß ich nicht begreife, weshalb er, ein alter Fuchs, seit über dreißig Jahren im Betrieb, als Betriebsrat übersehen konnte, daß Kauhausen nur abräumen wollte.

»Dem haben alle vertraut, der hat die Leute besoffen gequatscht, konnte reden, als ob er es bei den Jesuiten gelernt hätte. Und unsere Frauen in der Finanzabteilung waren noch unsicher, wollten ihren Job behalten, trauten sich nicht, ihn oder seine Frau (die hatte er eingestellt und die bekam ihr Gehalt dafür, daß sie monatlich mit ihrem dicken Hund zweimal über den Hof dackelte) streng zu kontrollieren.«

Erst der Liquidator, ein gewisser Günter Wagner, Diplomvolkswirt aus dem Westen, hätte festgestellt, daß Kauhausen den Betrieb um rund eine Million Mark erleichterte. Der Herr Wagner sei ein erfahrener Konkursverwalter, er hätte im Osten schon Dutzende Betriebe ordnungsgemäß liquidiert. Hier im Kreis unter anderem die Klosterbrauerei, einen Supermarkt in der Kreisstadt, den Konsumverband Nordthüringen … Und er verdiene natürlich eine Menge an jedem kaputten Betrieb.

»Aber kurz vor Weihnachten, als wir keine Lohngelder mehr auszahlen konnten, haben wir vom Betriebsrat den Herrn Wagner angerufen. Der sprach mit seiner Bank. Die übernahm die Gelddeckung. Dann trafen wir uns mit ihm auf der Autobahn, und er übergab uns die Schecks mit einigen hunderttausend Mark Lohngeldern.«

Wahrscheinlich würde Herr Wagner eine der leeren Hallen des Betriebes kaufen, um dort die Akten der liquidierten Betriebe aufzubewahren. »Denn auch wenn die Betriebe nicht mehr existieren, die Akten müssen erhalten bleiben.«

Noch hoffe er allerdings, daß der Betrieb nicht schließen müsse. Der beste Fürsprecher sei der Gewerkschaftsfunktionär Peter Winter.

»Dieser Revolutionär, den ich noch nie zu Gesicht bekommen habe?« frage ich.

Nun, der sei vielleicht ein Revolutionär, aber wahrscheinlich einer mit Einfluß – auch ganz oben. Denn sie als Betriebsrat hätten in Berlin bei der Treuhand vor geschlossener Schranke warten müssen. Doch sobald der Kollege Winter mit seinem Auto erschienen wäre, sei der Schlagbaum ohne Anmeldung geöffnet worden.

Die junge Sekretärin von Peter Schaaf schwieg während des Gesprächs. Erst danach erzählt sie, daß ihr Mann in der DDR über vier Jahre gesessen hat. »Man beschuldigte ihn, daß er mit einem kleinen Schiff der Volksmarine abhauen wollte.« Jetzt arbeite er als Dachdecker im Westen, sagt Schaaf. »Und beide sind noch nicht alt. Sie werden es packen, das neue Leben. Ich mit meinen 55 dagegen?« Einer der Old-timer-Freunde aus den alten Bundesländern hätte ihm seine Lebensmaxime verraten. »Bis fünfzig mußt du alles deiner Karriere unterordnen. Da mußt du gnadenlos so viel Geld machen, daß du ab fünfzig sorglos leben kannst!« »Aber das ist für unsereins im Osten ja unmöglich. Mit fünfzig hören wir nicht auf, sondern beginnen bestenfalls eine Karriere. Das heißt, wenn man uns überhaupt noch arbeiten läßt.«

Die frierenden Kollegen am Werktor haben inzwischen Feierabend oder sich ins Warme verzogen. Und der Pförtner, ein milchgesichtiges Jüngelchen, trägt akkurat ein, daß ich um 16.55 Uhr den Betrieb verlasse. Wahrscheinlich traut er mir nicht zu, daß ich etwas habe mitgehen lassen, denn er übersieht meine Umhängetasche. Statt dessen fragt er, als er den Namen schreibt, schüchtern, ob ich der Schriftsteller sei. Als ich nicke, sagt er, daß er Gedichte schreibe. Gedichte über die Liebe und die Natur. Als ich ihn nach seinem Beruf frage, druckst er. Er sei ... also er sei ... bis zur Wende ... »Ich war Politoffizier, oben in der Salzunger Kaserne.«

Bevor ich zur abendlichen Lehrer-Großveranstaltung mit

Minister Althaus in die Kaserne fahre, esse ich bei »Hilde« schnell noch eine Kohlroulade. (Der Minister speist zu der Zeit bei Baldus gespickten Fasan.)

Im turnhallengroßen Armeesaal, den ich vom Neujahrsempfang kenne, sind von hinten bis vorn zum Präsidium lückenlos Stühle gestellt. Vielleicht fünfhundert. Der CDU-Kreisvorsitzende Karl Klobisch rückt nervös immer wieder die Stühle hinter dem Präsidiumstisch hin und her, denn auch eine Viertelstunde nach Versammlungsbeginn sind weder Baldus noch der Minister erschienen. Plauderstunde für die versammelten Lehrer. Hinter mir sitzen zwei Vollbärtige. Ein grauer und ein schwarzer. Der Graue brummelt, daß sich der Minister (»wenn er überhaupt noch kommt«) warm anziehen solle, dem würde man mal ordentlich die Meinung geigen, diesem ehemaligen staatsnahen stellvertretenden Schuldirektor, Delegierten des letzten Pädagogischen Kongresses, diesem Vorbild in der vormilitärischen Erziehung, der jetzt Millionen an Steuergeldern für Prozeßkosten verschleudere, um Pionierleiter, Schulparteisekretäre, Staatsbürgerkundelehrer und andere staatsnahe Kollegen vom Schuldienst zu relegieren, der könnte sich auf unangenehme Fragen gefaßt machen, dieser ... Der Schwarzbärtige unterbricht ihn: »Du, ich habe gestern eine Reise in die USA gebucht. Sparpreis – zweitausendeinhundert Mark. Ich in Amerika ... Und das für zweitausendeinhundert. Ein halbes Monatsgehalt.«

Fast 30 Minuten kommen Baldus und der Minister zu spät. Der kleine Minister vorneweg, der lange Landrat als Nachhut. Mein Nebenmann wippt in den Knien, will aufstehen, schaut sich um. Aber weil die meisten nur wippen, bleibt auch er sitzen. Noch steht niemand auf, noch klatscht keiner.

Der Minister entschuldigt sich für die Verspätung, sagt allerdings nichts vom Abendessen, sondern beklagt den Verkehrsstau. (»Leider ist es auch mir als Minister nicht möglich, schneller als andere von Erfurt nach Bad Salzungen zu fahren.«)

Althaus, naiv, unschuldig und jugendlich aussehend, redet schon wie ein erfahrener Minister: von den Erfolgen der Bildungsreform, von den Erfolgen der Lehrerüberprüfung, von den Erfolgen der Schulnetzkonzeptionen, von den Erfolgen der Aktion »Kürzere Schulwege für kleinere Beine«. Aber natürlich gebe es neben den Erfolgen auch noch Probleme. Und genau über die möchte er jetzt mit den Lehrern des Kreises Bad Salzungen reden. Doch an Stelle meines vermuteten Lehreraufruhrs zuerst Schweigen. Danach heben einige Lehrer zögerlich die Hand und fragen sehr laut und gut artikuliert.

Ob der Herr Minister auch der Meinung sei, daß man die Förderkurse für Rechtschreibung wieder einführen sollte.

Ob das Ministerium auch Klassenfahrten in das Ausland fördern könnte, denn die Schüler müßten nach der Zeit des Eingesperrtseins endlich die Welt sehen können.

Ob der sehr verehrte Herr Minister sich noch wirkungsvoller für die schnelle Verbeamtung der Lehrer einsetzen könnte, denn als Beamte des neuen Staates würden die Lehrer...

Die Bärtigen hinter mir begrüßen die Verbeamtung. Die wäre nötig für die Lebenssicherheit der Lehrer. »Die Schulz beispielsweise, die Helga Schulz, weißt du, was die sogenannte rote Helga, ja, die Staatsbürgerkundelehrerin, jetzt macht? Nachdem die weg ist von der Schule, geht sie jeden Tag ohne Bezahlung in das Tierheim. Betreut dort obdachlose Hunde und Katzen. ›Die fragen mich nicht nach dem Parteibuch‹, hat sie mir gesagt.«

Ich drehe mich um und frage nach dem Tierheim. Es befände sich in der Nähe vom Sportplatz in Immelborn, sagt der Graubärtige. Irgendwann wagt sich einer der 500 Lehrer doch an eine kritische Frage, das heißt, es ist keine Frage, sondern sogar eine Beschwerde: »Die Ausschreibung für die

Schulolympiade ist vom Ministerium zu spät verschickt worden!«

(Am nächsten Morgen wird mir der Landrat erzählen, daß seine Frau keinen Fasan sondern einen Wildhasen gebraten hat. Und daß er sehr zufrieden gewesen sei mit der Veranstaltung. »Ein voller Saal, sehr disziplinierte Lehrer, dazu der CDU-Minister, unser Minister, der noch jung ist, aber schon sehr klug gesprochen hat. Ich denke, unser Kanzler ist sehr froh, daß es im Osten solche guten Leute in unserer Partei gibt.«

Ich erwidere, daß ich als zwölfjähriger Pionier immer »unser Präsident Wilhelm Pieck« und »unsere Partei der Arbeiterklasse« gesagt hätte. Später hätte ich allerdings das besitzanzeigende Pronomen »unser« stets durch die Artikel »der«, »die« oder »das« ersetzt.)

Gespräche mit dem Landrat (8)

DIE DDR WAR FÜR MICH NOCH VOR FÜNF JAHREN …

… lediglich ein Teil des sowjetischen Machtbereiches, ausgestattet mit viel geringeren Spielräumen, als Honecker es nach außen hin glaubhaft machen wollte. Allerdings auch mit einer viel größeren Individualität, als wir angenommen hatten, denn es gab schon so etwas wie ein Zugehörigkeitsgefühl der Bürger zu diesem Staat. Weil die DDR nicht abschaffbar erschien, war es ganz normal, daß man sich mit dem Staat arrangierte, der eine mehr der andere weniger. Ich maße mir auch heute nicht an, grundsätzlich über die Menschen hier zu urteilen, deren Schicksal es war, im sowjetischen Einflußbereich zu leben.

Und wahrscheinlich wird man sich wohl oder übel an positive Eigenschaften der Menschen in der DDR wieder erinnern müssen, beispielsweise an Heimatgefühl, Nachbarschaftshilfe, unkomplizierte Freundschaften, das Fordern nach mehr Einfachheit bei staatlichen Verordnungen ...

Die Gesetze zur Investitionserleichterung und zur Beschleunigung bei der Wegebauplanung wären in der Bundesrepublik ohne den Beitritt der DDR nie beschlossen worden. Auch die Änderungen im Tarifrecht, also Arbeitszeitverkürzung ohne Lohnausgleich, waren nur mit »Osthilfe« möglich. Der Zwang zum Umbau der Gesellschaft ist durch den Beitritt der DDR stärker geworden.

Natürlich ist auch die PDS eine Folgeerscheinung der DDR, und ich muß es hinnehmen, daß es in Deutschland nun eine linke Partei wie die PDS gibt. Diese Leute haben wie alle anderen das Recht, sich zu organisieren, und wenn sie gewählt werden, am politischen Leben teilzunehmen. Natürlich würde ich mich freuen, wenn die PDS nicht mehr in den Kreistag kommt und sich die ostdeutsche Mehrheit der bürgerlichen Mitte zuwendet, denn die PDS reist auf der Welle der DDR-Nostalgie. Und die hilft uns nicht weiter. Mir ist es völlig egal, ob sie sich Kommunisten oder Sozialisten nennen. Sobald die Leute sich im Besitz der Wahrheit wähnen und alle anderen dazu bringen wollen, an diese Wahrheit zu glauben, ist es für mich eine schlechte Partei. Ich bin gegen jeden Ismus.

Aber es kann nicht meine Aufgabe sein, den Menschen, die in der DDR groß geworden sind, egal ob sie in der SED waren oder nicht, einen neuen Platz in der Gesellschaft zuzuweisen oder zu verweigern. Ich bin dafür, daß auch den SED-Mitgliedern früher oder später der Zugang zu demokratischen Parteien genehmigt werden sollte. Sie müssen die Möglichkeit haben, sich in Parteien einzubringen. Ich glaube, die CDU macht einen großen Fehler, wenn sie heute die Trennung zwischen Gut und Böse an der Migliedschaft oder Nichtmitgliedschaft in der SED festmachen will. Denn es gab ja auch Genossen, die haben in der DDR auf Reformen gedrängt, manchmal heftiger als in den Blockparteien.

Der elfte Tag

Kürschner meldet den ersten Dienstagmorgen-Besucher. Es ist ein älterer Herr, er geht ein wenig gebückt, als trüge er eine schwere Last. Und so redet er auch. Leise und höflich, die Worte vorsichtig setzend, aber nicht untertänig. »Es ist gut, den Landrat einmal aus der Nähe zu sehen, Ihnen in die Augen schauen zu können.« Er tut das in der Art, wie ein Vater den Sohn, der jahrelang in der Fremde verbracht hat, bei der Heimkehr mustert. Dann stellt er sich vor: »Dieter Krech, der Leiter Ihres Katasteramtes«, und erzählt von seiner Arbeit. »Wissen Sie, Herr Landrat, die LPG haben seinerzeit alle Flächenfestpunkte, also die Grenzsteine, umgepflügt. Und das für ewig. Nicht ein Gedanke daran, daß jemals wieder eine private Grenze im Acker gezogen werden könne. Heute kommen die Leute und sagen: ›Zeigen Sie mir bitte, wo ich mein Grundstück finde.‹ Sie wußten oft nicht, daß sie Land haben, sie hatten es noch nie gesehen.«

Sein Anliegen sei aber ein persönliches. Es beträfe die Gebietsreform. Sein Sohn, der Olaf Krech, sei der Leiter des Katasteramtes vom Landkreis Schmalkalden. Und wenn Salzungen und Schmalkalden zu einem Kreis vereint würden, werde es entweder in Salzungen oder in Schmalkalden nur noch ein Landratsamt und auch nur noch ein Katasteramt geben. »Entweder der Sohn löst den Vater auf, oder der Vater löst den Sohn – ich meine natürlich die Dienststellen – auf. Dieser Gedanke ist schrecklich für mich, mit solch einem Gedanken kann man doch nicht leben in einer Familie.«

Baldus scheint erschrocken, weiß nicht sofort zu antworten. Dann versucht er, dem älteren grauhaarigen Mann Mut zu machen, indem er sagt, daß sich die Regierung und das Parlament nicht gegen den Willen seiner Bürger stellen könnten. Außerdem würden bis zur Abstimmung im Landtag noch einige Monate vergehen. Und er sei bei der Armee darauf getrimmt worden, über lange Zeit eine Stellung zu halten, auch wenn es anfangs nicht sehr günstig aussehe.

Es klingt, als ob Landrat Stefan Baldus sich selber Mut zusprechen müßte. Aber der Dieter Krech nickt eifrig und geht ein wenig erleichtert. Er wird es wohl dem Sohn ausrichten.

Der zweite Besucher kommt nicht leise. Es ist der Bürgermeister von Merkers, Wolfgang Wollny. Er steht klein, untersetzt, einen buschigen Schnauzer auf der Oberlippe, in der Tür, hat seinen Kopf auf dem kurzen stiernackigen Hals kampfeslustig nach vorn gereckt. Mit ein wenig zusammengekniffenen Augen spricht er barsch zum Landrat. Er möchte bitte aufhören, in Schablonen zu denken, beispielsweise: »Wollny ist gegen eine Müllverbrennungsanlage in Merkers. Wer gegen eine Müllverbrennungsanlage in Merkers ist, will keinen Recyclingpark. Wer keinen Recyclingpark will, ist gegen neue Arbeitsplätze.« Baldus entgegnet ihm zurechtweisend: »Herr Wollny, ich habe bisher nirgendwo öffentlich erklärt, daß in Merkers eine Müllverbrennungsanlage gebaut wird. Falls Sie nicht aufhören, solch eine Behauptung in die Presse zu lancieren, werde ich gerichtlich gegen Sie vorgehen.«

Dann versucht er einzulenken. Sie wären doch beide für neue Arbeitsplätze verantwortlich. »Damit die Kalikumpel nach einer Grubenschließung nicht ins Bodenlose fallen. Das ist unser gemeinsames Ziel, Herr Wollny, Ihres als Bürgermeister von Merkers, meines als Landrat dieses Kreises.«

Aber Wollny nickt nicht. »Ihre Sache vielleicht, Herr Landrat, aber meine? Von den achttausend Kumpels, die einmal im Kalibetrieb Merkers gearbeitet haben, wohnen nicht einmal fünfhundert in Merkers. Aber es wurden in unserem Gewerbegebiet auch ohne Müll heute fast schon fünfhundert neue Arbeitsplätze geschaffen. Nun sind Sie an der Reihe, Herr Landrat!«

Baldus redet diplomatisch, sagt, daß es widersinnig wäre, sich zu streiten, denn schließlich säßen sie beide heute hier

und müßten die Folgen der DDR-Mißwirtschaft und des Raub-
baus in den Kaligruben ausbaden! Damals sei eben ohne Rücksicht auf die Grubensicherheit gefördert und gefördert und gefördert worden, sogar die Stützpfeiler hätte man reduzieren
müssen, denn auch die wären ja aus Kali gewesen, und Kali
hätte Devisen für DDR . . . Wollny schneidet ihm das Wort ab.
»Herr Landrat, wir haben manchen Mist gemacht in Merkers,
aber nie mit der Sicherheit untertage, die war unantastbar!
Selbst wenn der Genosse Honecker nach einem Grubenbe-
such den Vorschlag gemacht hätte, die Stützpfeiler zu reduzieren, wären sie nicht reduziert worden! Bis 1988, als die über-
geordneten Funktionäre einen Bürgermeister in Merkers
brauchten, habe ich mein ganzes Leben lang im Kali gearbeitet. Grubenelektroschlosser gelernt, als Lehrhauer gearbeitet,
als Hauer, Großgerätefahrer, Steiger, als Forschungsingenieur
für CO_2 und zum Schluß als Abbauplaner für die Grube in
Merkers. Ich habe damals am Kuppelabbau mitgearbeitet,
ohne diese großen, domähnlichen Kuppeln wäre Merkers
heute halb so interessant für die Mülleinlagerung. Ich habe
oben berechnet, was unten abgebaut wurde. Und wenn ein
Pfeiler zu schwach war, dann wurde eben ein ganzes Ensem-
ble überdimensionaler Pfeiler drumherum stehengelassen.
Natürlich haben wir soviel Salz rausgeholt wie möglich, aber
nie zu Lasten der Sicherheit! Fakt ist: Wir waren besser als die
Westkonkurrenz. Und die posaunte nach dem Gebirgsschlag
in unserer Grube auch die Geschichte vom Raubbau in die
Welt, weil wir behauptet hatten, der Gebirgsschlag sei durch
die im Westen in die Hohlräume gepumpte Lauge verursacht
worden. Das war schlichtweg Konkurrenzkampf, Herr Landrat, Kampf der zwei Systeme oder Klassenkampf. Das alles
hatte nichts mit der Verankerung untertage, mit der Stoß-, Prei-
ler- und Firstsicherheit zu tun, die hielten wir mit Akribie ein,
vielleicht sogar akkurater als die drüben in Hessen. Dafür
sorgten meine Chefs unerbittlich.«

»Konkurrenzkampf, ja«, sagt Baldus. Aber auf den »Klassenkampf« – er schluckt es, wie ich als Kind den eklig schmeckenden Lebertran, schnell hinunter – auf den Klassenkampf lasse er sich nicht festlegen, der wäre lediglich eine Erfindung der Kommunisten. »Heute sitzen wir alle im gleichen Boot, weshalb sonst würde ich mich als Landrat um die Arbeitsplätze für die Kalikumpel kümmern.«

Wollny, nun auch versöhnlicher, bestätigt dem Landrat, daß er ihn für einen »ehrlichen Wessi« halte, der sich vor allem wegen der Arbeitsplätze um einen Recyclingpark in Merkers kümmere. Doch schließlich ginge es auch um Politik. Denn wenn die arbeitslosen Kumpel, egal ob durch Müll oder was anderes, eine neue Perspektive hätten, würden sie nicht den Kopf verlieren, würden sie nicht die Gruben besetzen, die Straßen blockieren, die Regierung mit faulen Eiern beschmeißen. »Und der Kreis Bad Salzungen kommt nicht durch revolutionäre Greuelgeschichten in die Schlagzeilen, denn sowas schreckt die Unternehmer-Investoren nur ab! Stimmts?«

»Richtig, Herr Wollny.«

Wieder an der Tür stehend, vereinbaren beide häufigere telefonische Absprachen.

Am ovalen Tisch im Sitzungszimmer warten schon die Herren der Firma Hutec aus Neu Isenburg. Baldus hat sie vor vier Wochen eingeladen, um sich über Müllverwertung ohne Müllverbrennung zu informieren. Hutec bietet dafür eine große Müllfabrik an, in der 70 Prozent des Hausmülls maschinell nach verwertbaren Rohstoffen getrennt werden: Den Rest, sagt der Geschäftsführer, könne man kompostieren. Eine Anlage davon laufe bereits in der Nähe des italienischen Perugia. Eine zweite bei Frascati wäre produktionsfertig, arbeite allerdings noch nicht, denn der Pfarrer des Dorfes . . . Er redet nicht weiter und zeigt statt dessen Prospekte, Tabellen und Fotos. Besser wäre es natürlich, sich die Funktionsweise vor Ort anzuschauen. Und Baldus beauftragt Jürgen Senff, eine

Reise nach Perugia und Frascati zu organisieren. Er fragt noch einmal, weshalb die produktionsfertige Anlage bei Frascati noch nicht laufe. Der Hutec-Geschäftsführer winkt ärgerlich ab: »Dort gibt es einen wild gewordenen Grünen, einen Dorfpfarrer! Der hat zuerst Briefe und Artikel gegen unsere Müllfabrik geschrieben und wider den Müll von der Kanzel aus gepredigt. Und weil er gleichzeitig Bürgermeister der Nachbargemeinde ist, hat er nun verhindert, daß wir die Reststoffe in seiner Kommune deponieren. Deshalb läuft die Anlage noch nicht.«

Baldus lacht: »Da haben Sie dort sozusagen meinen Pfarrer Sobko und meinen Bürgermeister Wollny in einer Person!«

Während der Mittagspause bringt Kürschner ein Flugblatt. »Aufruf zur Protestdemonstration von Merkers nach Bad Salzungen und anschließender Kundgebung zum Erhalt des Kalistandortes.« Die Kumpel hätten gebeten, das Flugblatt im Landratsamt aufhängen zu dürfen, aber er möchte den Landrat nicht in Schwierigkeiten bringen, denn Aushänge zu politischen Veranstaltungen wären im Amt doch nicht gestattet. Baldus sagt: »Hängen Sie es im Erdgeschoß im Eingangsbereich auf, am besten so, daß man es nicht sieht, aber es trotzdem sieht.«

Anschließend ist Baldus für niemanden mehr zu sprechen. Er will sich in Ruhe auf die Verhandlungen mit der Suhler Landrätin Liebaug und dem Schmalkalder Landrat Luther über die Aufteilung bzw. Vereinigung der drei Landkreise vorbereiten. Frau Liebaug bevorzugt einen Rennsteigkreis Schmalkalden-Suhl, Luther will sich weder wie vorgeschlagen mit Salzungen vereinen, noch den Kreisstadtstatus abtreten. Und Baldus möchte verhindern, daß der Kreis Bad Salzungen zerstückelt und an Eisenach, Schmalkalden und Meiningen verteilt wird. »Morgen wird in Schmalkalden zwar noch nicht die Hauptschlacht geschlagen, aber es wird ein sehr entscheidendes Gefecht sein«, kommentiert Baldus. Er packt sich einen Aktenstapel zum Thema »Gebietsreform« auf seinen Schreibtisch.

Noch bevor er sich an das Studium macht, ruft die Lokalpresse an. In den meisten Asylbewerberheimen Thüringens würden die Asylanten von privaten Betreiberfirmen mit Verpflegungspaketen versorgt. In Geisa gebe es allerdings immer noch vom Landratsamt verteilte Wertgutscheine, die jeder Asylbewerber nach seinen Eßgewohnheiten vorteilhaft in Lebensmittelgeschäften eintauschen könnte. Darüber möchte die Zeitung vor Ort berichten. Baldus, sonst sehr pressefreundlich, lehnt kategorisch ab. »Kein Wort über die Asylbewerber im Landkreis! Hier ist es noch ruhig. Und ich will, daß es ruhig bleibt. Das Thema Verpflegung der Asylbewerber ist tabu, zumindestens ins Heim hinein kommt mir keine Presse.«

Ich frage ihn nicht, ob ich hinein darf. Und während er die Akten studiert, fahre ich auf gut Glück nach Geisa, das man in der DDR nur mit Grenzpassierschein betreten konnte.

Oberhalb von Geisa trennte jahrzehntelang die Mauer Deutschland und Europa in die zwei Weltsysteme. Ich laufe quer über Äcker und Wiesen, bis ich aus der Ferne den Beobachtungsturm aus Beton sehe. Kein Baum ringsum, nur einzelne Hagebuttensträucher und Schlehenbüsche. Aber die sind so niedrig, daß sich nicht einmal ein Hase, geschweige denn ein Mensch hinter ihnen schützend verkriechen könnte. Freies Schußfeld! Der dicke Beobachtungsturm ähnelt einem Leuchtturm. Doch auf der oberen, mit Fensterscheiben verglasten Rundumplattform, von der aus die Feuerlampen des Leuchtturmes die Schiffe aus der Dunkelheit der Meere in den sicheren Hafen geleiten, sind Suchscheinwerfer montiert. Die Tür in das Innere des Turmes ist mit Hohlblocksteinen zugemauert. An die Wände gesprayt: »Endlich frei!« »Steve Gainey war hier« »Friends for ever«. Ich laufe genau

92 Schritt, dann stehe ich vor dem leicht gebauten, einer Bohrplattform ähnelnden Beobachtungsturm der 11. US-Armee. Um den Turm herum stehen Kasernen, davor ein kreisrunder Appellplatz, Fahnenstangen. Alles noch ordentlich umzäunt. »Point Alpha« war der am weitesten nach Osten vorgeschobene Nato-Posten in Europa. Und die hier stationierte 11. US-Panzeraufklärungsarmee hatte Vietnam-Erfahrung. Nach »Point Alpha« fuhr man die im Hinterland der BRD kasernierten US-Soldaten, um sie durch »Feindberührung« zu motivieren.

Ein Stück vom Grenzzaun steht noch. Ich stecke die Finger durch die Maschen. An dem mit Stacheldraht gekrönten Drahtgeflecht hängt ein Schild: »Denkmalschutz, Regenbogenverein«. Daneben haben Künstler neue, avantgardistische Denkmäler aufgestellt. Immer kleiner werdende offene Tore, am Ende von einer Stahlplatte verschlossen. Zwei Telefonzellen, die Fenster mit Blechen zugeschweißt und der Innenraum ohne Telefon.

Mich friert, ich fahre hinunter nach Geisa. Im Rathaus gewährt mir Bernhard Schuchert (CDU) auch ohne Voranmeldung ein Viertelstundengespräch. Der Sechsunddreißigjährige hat Geisa schon vor der Wende als einer der jüngsten Bürgermeister des Kreises regiert. »Ich bin, wie man so schön sagte, in den Sozialismus hineingeboren worden und hier an der Grenze und mit der Grenze aufgewachsen. Die Grenze gehörte zum Alltag, man konnte sie sich nicht einfach wegdenken. Und ihr Verschwinden war kein Thema für die nahe Zukunft.« Es sei doch auch in Geisa nicht so gewesen, daß bei jedem Schritt, den man gemacht hat, einer mit der MPi dahinter stand. Und sie hätten auch nicht jeden Tag geschrien oder geflüstert: »Weg mit der Grenze!« Er erinnere sich, daß ihn damals auch Ladenbesitzer, Lehrer oder Bauern, egal zu welcher Zeit, anriefen, um ihm mitzuteilen, daß im Geschäft ein Fremder einkaufe oder aber Unbekannte über die Wiesen in

Richtung Grenze laufen würden. »Und die da anriefen, das waren keine Grenzhelfer, keine Stasi-IM oder Parteifunktionäre. Die hätten nicht anrufen müssen.«

»Sie haben diese Meldungen an die Sicherheitsorgane weitergegeben?«

»Dazu war ich als Bürgermeister von Amts wegen verpflichtet, allerdings . . .«, er macht eine lange Pause, wählt die Worte sehr sorgfältig: »Die zuvor bei mir angerufen hatten, waren dazu nicht amtlich verpflichtet.« Und manche dieser Anrufer würden heute keine Gelegenheit auslassen, öffentlich mit dem »verbrecherischen Grenzsystem, unter dem sie Tag und Nacht unbeschreiblich gelitten hätten«, abzurechnen.

Ich frage, ob das Schild »Denkmalschutz« an einem Teil der Geisaer Grenzanlage ein Scherz ist. Nein, sie hätten die Grenze erst abgerissen und dann ein Stück Grenzzaun mühsam wieder aufgebaut. Und der aus Oberhessen stammende Künstler Josef Knecht hätte einen 25 Meter hohen stählernen Regenbogen über die ehemalige Grenze spannen, ein künstlerisches Symbol der Wiedervereinigung schaffen wollen. Kosten rund fünfhunderttausend Mark. Daraufhin sei der »Regenbogenverein« gegründet worden, Geisa und die hessische Nachbargemeinde Rasdorf und auch der Landkreis Bad Salzungen wären beigetreten. Für Idee und Konzeption sei bereits Geld an den Künstler gezahlt worden, doch wegen der finanziellen und bürokratischen Hindernisse hätte er bald aufgegeben. »Wenn ein DDR-Künstler früher eine Metall-Skulptur fertigte, hatte der nicht nur die Idee, sondern mußte alles bis zur letzten Schweißnaht selber machen. Zuerst Stahl organisieren, dann Gas für den Schneidbrenner besorgen, monatelang nach Zement für den Betonsockel umherlaufen. Der Knecht allerdings dachte: ›Ich habe die Idee, andere werden sie umsetzen.‹ Und das hat nicht funktioniert.«

Wobei dem Bürgermeister ein anderes Grenzprojekt noch

mehr am Herzen gelegen hätte. Er wollte in dem leeren amerikanischen Stützpunkt »Point Alpha« eine internationale Stätte der Begegnung und Mahnung für junge Leute einrichten, ein multinationales Kulturzentrum aufbauen. »Ich habe mit Pontius und Pilatus darüber verhandelt, sogar mit dem Bonner Staatssekretär Waffenschmid. Ihm gesagt, wie wichtig es wäre, hier zwischen den vorgeschobenen Posten des früheren Warschauer Paktes und der Nato ein Zentrum für Frieden und Verständigung zu schaffen. Er versprach nachzudenken, aber wir sollten auch Verständnis dafür haben, daß sich die Bundesregierung nicht mit, wie er sagte, kommunalen Problemen beschäftigen könnte. Kommunal? Hier standen sich die mächtigsten Armeen der Welt gegenüber!«

Inzwischen wäre dieses multikulturelle Zentrum »Point Alpha« in anderer Weise verwirklicht worden: »Die Hessen haben ihre Asylbewerber dort untergebracht. Die sanitären Anlagen der Amerikaner sind ja okay, alles ist weit abgelegen, Stacheldraht drumherum.« Und so gebe es jetzt über die ehemalige Grenze hinweg zwar keinen Regenbogen des Gedenkens, aber dafür einen regen Bogen des Geschäfts – denn die »hessischen Asylanten« oben in der Rasdorfer ehemaligen US-Kaserne »Point Alpha« und die »Thüringer Asylanten« unten in der ehemaligen NVA-Grenztruppenkaserne Geisa würden nicht nur informelle Verbindungen herstellen.

Die zweigeschossige, bis auf die Fahnenstange schmucklose NVA-Kaserne steht am Ortsausgang von Geisa. Links daneben ein Garagenkomplex mit zerschlagenen Holztoren. Und davor ein Autofriedhof. Schrottkisten, an denen die Nummernschilder, die Kofferraumklappen, die Räder, die Rückspiegel fehlen. Zwei junge schwarzhaarige, dunkelhäutige Männer in pinkfarbenen, glänzenden Jogginganzügen pumpen unentwegt einen platten Reifen auf. Aber wie die Luft hineinkommt, ist sie wieder draußen.

Im Innenhof des Asylbewerberheimes steht ein neuer, blitzblanker Mercedes mit Salzunger Kennzeichen. Ich gehe die Treppe zum Hauseingang hinauf. Die Tür ist vergittert, aber offen. Von der Tür aus tappe ich durch einen ebenfalls vergitterten Gang (so ähnlich werden wohl Löwen oder Affen in die Zirkusarena getrieben) bis zum vergitterten Pförtnerfenster. Hinter dem vergitterten Fenster jedoch sitzt niemand, und die vergitterte Innentür zum Heim ist von außen verschlossen. Ich warte, bis ein Ausländer herauskommt und sie von innen öffnet. Im Gegensatz zu einem Gefängnis sind die Gitter ohne Schlüssel nur von innen zu öffnen. Man kann hinaus, aber nicht hinein. Die drinnen werden vor denen draußen geschützt. Ich grüße freundlich, der Ausländer hält mir die Tür noch auf, als ich schon im Flur stehe.

Alle meine Sinne werden sofort beansprucht. Schrille Radiomusik. Knoblauchgeruch und Duft von gebratenen Hühnern. Nackte, früher wohl weiße Wände. In den Ecken leere Konservendosen. Vor manchen Türen Kartons mit Abfällen. Ich frage einen Ausländer, ob es im Heim einen deutschen Betreuer gibt. Ja, die Caritas im Keller. Dort sitzt eine junge Frau, die mir bestätigt, daß sie für alle Probleme der Ausländer verantwortlich sei. Sie würde beim Ausfüllen von Formularen helfen, bei psychologischen Problemen, bei Streitigkeiten und bei Heimweh. »Heimweh auch?« frage ich. »Ja, auch Heimweh«, sagt sie. Doch sie dürfe mir leider keine Auskünfte geben, dafür würde ich eine Genehmigung vom Herrn Ziller, dem Leiter der Caritas in Geisa, benötigen.

Herr Ziller wohnt in der Friedrich-Engels-Straße, seine Haustür steht offen. Er hat sein Caritas-Studium seinerzeit in Westberlin begonnen und nach dem Mauerbau in Leisnig bei Leipzig beendet. Seitdem arbeitet er im allgemeinen sozialen Dienst, Fürsorge von der Geburt bis zum Tode. Von der Kanzel predigt er nicht. Aber als ich ihn reden höre, denke ich, daß er wahrscheinlich auch ein guter Prediger wäre.

»Seit 1991, als die Grenzsoldaten auszogen und die dreihundert Asylbewerber einzogen, sind lediglich drei von ihnen als Asylanten anerkannt worden. Unsere regierenden Christdemokraten reden immer von Nächstenliebe auch den Fremden gegenüber, aber wahrscheinlich ist es nicht ihr ernster Wille, diesen Menschen zu helfen, sie zu integrieren. Sonst dürften deren Kinder wenigstens eine deutsche Schule besuchen. Aber man gibt keinen Pfennig Geld aus, damit die Kinder unsere Sprache erlernen können und meinetwegen die Andacht in der Kirche verstehen. Es widerstrebt meinem christlichen Glauben, daß der Staat im Falle der Ausländer nicht mehr an Nächstenliebe denkt, sondern seine Fürsorgepflicht an sogenannte private Betreiberfirmen weitergibt, die an den Asylbewerbern verdienen. Wie muß es um die Moral einer Gesellschaft bestellt sein, wenn der Staat nicht den Hilfsbedürftigen direkt hilft, sondern privaten Unternehmen ein zusätzliches Geschäft verschafft. Unternehmen, die gewinnbringend Blinde über die Straßen führen und Rollstuhlfahrer die Treppen zum Theater hinauftragen. Oh, mein Gott!«

Als ich, nun mit Genehmigung zum zweitenmal in das Heim komme, sitzt ein Pförtner hinter dem vergitterten Fenster. Er scheint nicht, wie ich das angenommen hatte, ein bärbeißiger, knurrender Typ zu sein, denn er grinst, als er mich sieht, drückt sofort den summenden Türöffner und holt mich höchstpersönlich in seine Pförtnerbude, gibt mir die Hand. An der Wand des Zimmers hängt kein Kohl-Bild, dafür aber, nicht zu übersehen, eine große Rot-Kreuz-Sanitätstasche. Er sagt: »Damit ich das Blut stillen kann, wenn sich die Zigeuner im Heim gegenseitig zu Steaks verarbeiten.« Sein früherer Posten wäre ihm heute also noch von Nutzen. Als ich nicht begreife, was er meint, fragt er enttäuscht, ob ich mich nicht mehr an ihn erinnern würde. »Ich bin doch der Hamann, ehemals Kreisvorsitzender des Deutschen Roten Kreuzes in Bad Salzungen.« Er hätte mir bei einer Lesung einmal sein Buchmanuskript über den Hamburger Antifaschisten und

Kommunisten Franz Jacob mitgegeben. Daran erinnere ich mich. Es war eine dicke Klemmappe mit Fotos und heroischen Texten über den Kommunisten Franz Jacob. Nach diesem Franz Jacob war das Grenzbataillon benannt, das der Genosse Oberstleutnant Hamann befehligt hatte, bevor er Vorsitzender des Deutschen Roten Kreuzes geworden war. Er lacht zufrieden, fragt: »Na, hast dus jetzt?«

Nach dieser Einleitung zeigt er mir stolz ein neues Manuskript. Er hätte hier als Pförtner genügend Zeit und Muße und außerdem bei einer Hamburger Akademie für viel Geld einen Schriftsteller-Schreibkurs belegt.

»Eine Fortsetzung über Franz Jacob«, frage ich.

»Nein, über die Stalingrader Schlacht. Ich beschreibe, wie die deutschen Soldaten dort unter extremsten Bedingungen tapfer gegen die Rote Armee gekämpft und den Kommunisten lange Zeit widerstanden haben.«

Ich blättere in dem neuen Werk: »Mit Garben lichtete ich die Reihen der Russen . . .«

Weil er Offizier an der Grenze und SED-Altlast gewesen sei, hätten die Westdeutschen die kostenlose Lieferung neuer Krankenwagen von seinem Rücktritt als DRK-Kreisvorsitzender abhängig gemacht. Deshalb sei er froh, daß ihn die private hessische Wach- und Betreiberfirma »Czok und Vogel« eingestellt hätte. Was er natürlich auch dem Chef im Heim zu verdanken habe. »Der Chef«, er lacht spitzbübisch, »der Chef wird staunen, Dich zu sehen, ein guter Bekannter.« Und er rennt vorneweg, öffnet die Tür zum Chefzimmer wie bei einer Weihnachtsbescherung. Ein Urschrei drinnen. Dann nimmt der Mann die Beine, die er auf dem Schreibtisch liegen hat, herunter, stemmt seine Massen hoch, nimmt meine Hände in seine Pranken. Mit seinem blonden, an beiden Seiten nach unten hängenden Schnauzbart sieht er aus wie ein Walroß. Schnauft auch so. Der Ambrosi!

Früher Bürgermeister in Tiefenort und in Merkers. In Merkers hatte er sich viele Jahre gegen den zweitmächtigsten Genossen des Bezirkes Suhl, den Kandidaten des Zentralkomitees der SED und Parteisekretär vom Kalibetrieb, Genossen Waldemar Liemen, wehren müssen. Der Ambrosi war damals ein echter Poltergeist. Ich erinnere mich, daß wir stundenlang miteinander über Recherchen für mein Buch »Der Erste« geredet hatten. »Wenn der Liemen als Partei pfeift, dann springen alle.« Das sagte er mir zwar am Biertisch, aber er fügte auch hinzu: »Das kannst du aufschreiben und meinen Namen auch!«

Ambrosi schickt den Hamann hinunter in den Keller, der rumänische Sozialhelfer solle sofort Kaffee für uns kochen.

Er sei hier der Chef von sechs Leuten. Aber dienstgradmäßig und was die Ausbildung beträfe, wahrscheinlich der letzte. Sie hätten ab Oberst so ziemlich alles: Dozenten der Militärhochschule, Abteilungsleiter von Ministerien, Spezialisten der Stasi für Wirtschaftskriminalität. Alles sogenannte »Bonzen«, die 1989 vom Volk als »Strafe« in die Produktion geschickt werden sollten. »Wenn die heute damit ›bestraft‹ würden, wäre ja alles gut, aber die nimmt der Landrat nicht mal mehr als Hofkehrer.«

Entschuldigend legt er die Beine wieder auf den Tisch (»Der Bauch klemmt beim Sitzen auf diesen engen Bürostühlen.«), und irgendwann nach ausgiebigem Vergangenheitsplausch sprechen wir dann auch über Asylpolitik und Asylbewerber, das heißt, Ambrosi spricht, und ich höre zu.

»Es ist ja nun nicht so: Bist du ein Rechter, schreist du: Raus mit den Ausländern! Und bist du ein Linker, forderst du: Rein mit den Ausländern! So pauschal reden nur Politiker. Und die ändern heutzutage ihre Meinung alle paar Monate. Als das Heim aufmachte, ich hab es mit eröffnet, gaben sich die Salzunger Kommunalpolitiker, wenn man diese Leute Politiker nennen kann, hier die Klinke in die Hand. Krokodilstränen und Versprechungen. In diesem Jahr waren

insgesamt zwei davon hier: zu Weihnachten als Weihnachts-
männer!«

Der Rumäne bringt den Kaffee. Ambrosi nimmt reichlich
Milch und Zucker. Er hätte selbstverständlich auch seine Probleme mit den Asylanten, denn in deren Augen sei er ihr erster Gegner. Schließlich würde er die Polizei rufen, wenn sie
sich mit Messern stechen, und ginge manchmal selber mit
der Faust dazwischen. Außerdem wüßte er, wer von denen
wirklich als politisch Verfolgter gekommen und wer nach
Deutschland marschiert wäre, um ein paar Pfennige zu verdienen. Denn die müßten dann, wie die meisten Rumänen,
zuerst einmal einige Tausender an ihre Schlepper bezahlen.
Und Geld hätten sie nicht, also müßten sie klauen. »Neulich
hat einer aus unserem Heim in Fulda in einem Kaufhaus Waren für rund 3 000 Mark mitgehen lassen. Die hessischen Polizisten nahmen ihn fest und brachten ihn im Polizeiauto zurück nach Geisa. Zehn Monate dauerten die Ermittlungen,
dann der Prozeß. Aber der Staatsanwalt predigte wie so oft in
solch einem Fall allein, denn inzwischen war der Asylbewerber längst über alle Berge. Und pfänden, wenn sie was geklaut oder gekauft und nicht bezahlt haben? Hier im Heim
kann keiner was pfänden. Und falls es doch einmal zu einer
Verhandlung kommt, kriegen sie, wenn sie kein Geld haben,
und sie haben nie Geld, auf Staatskosten einen Rechtsanwalt.« Das sei die eine Seite. Die andere: »Ich war in Rumänien, ich habe das furchtbare Elend dort gesehen. Und ich begreife, daß für diese Leute der Knast in Deutschland immer
noch luxuriöser ist als ein ›freies Leben‹ in Rumänien.«

Der rumänische Sozialhelfer nickt und schenkt uns Kaffee
nach. Und Ambrosi schimpft, daß wir Deutschen, was das
Geld beträfe, keinen Zipfel mehr Moral besäßen als die Ausländer, vielleicht sogar noch weniger. »Im Winter 89/90 haben wir Bettlägerige und Neugeborene in überfüllte Züge
Richtung Westen gepfercht. Den Herzinfarkt vom Opa oder

das Erdrücken des Babys einkalkuliert, nur um 100 West-Mark Begrüßungsgeld für Opa oder das Baby kassieren zu können. Allerdings brauchtes wir die 100 DM nicht zum Überleben für unsere Familie wie mancher der Ausländer. Wir brauchtes sie nur für ein paar Extras!«

Er hätte sich auch die 100 Märker geholt. »Aber mich dabei geschämt wie ein Bettsecher. Und dann die erste Kiwi drüben gekauft, aber nicht gewußt, wie man die ißt. Da hat der Gemüsehändler gesagt: ›Hier, trink erst mal nen Stonsdorfer‹, und es mir dann gezeigt. Das mit der Kiwi wäre den Türken oder den Afrikanern bei uns wahrscheinlich nicht passiert. Dafür mit ner heißen Bockwurst und Senf.«

Manchmal urteile er über die Ausländer auch nur aus dem Bauch und nicht mit dem Kopf. »Die kriegen ihr Geld hier, ohne zu arbeiten (das heißt, die dürfen ja gar nicht arbeiten), unsereiner aber schuftet seit 1990 wie ein Blöder, um wieder einigermaßen hochzukommen. Und dann stehen die mit Händen in den Hosentaschen auf dem Flur und beschweren sich, daß die Wände immer noch nicht weiß sind! Da schreiste schon mal.«

Er sei nach der Wende ganz unten gewesen, da hätten die SED-Chefs die kleinen SED-Bürgermeister allein im Regen stehengelassen. Keine müde Mark finanzielle Abfindung, keine Hilfe von den Anstiftern, in deren Auftrag die Bürgermeister gehandelt hätten. »Im Krieg werden Offiziere, die ihre Mannschaft in schwierigen Situationen im Stich lassen, erschossen. Und vom sinkenden Schiff springt der Kapitän als letzter in das Rettungsboot oder geht mit seinem Schiff unter. Nicht so die SED-Chefs, die sind als erste über Bord.«

Er hätte sich schließlich eine Stelle im Landratsamt erkämpft, sei durch die neuen Abgeordneten bestätigt worden. »Einige von denen wußten, daß ich als SED-Bürgermeister im Herbst 89 bei allen Protestveranstaltungen in der überfüllten Kirche von Tiefenort gesprochen hatte. Aber immer wieder mußte ich wegen ›Staatsnähe‹ vor irgendwelchen Kommissionen aussagen, mich rechtfertigen.«

Und in diesen Kommissionen richteten auch Leute über mich, die sich zu DDR-Zeiten feiger benommen hatten als ich. Nur mit dem Unterschied, sie waren – nach ihren Worten – in der CDU-Blockpartei Widerstandskämpfer gewesen und ich in der SED ein Staatsdiener. Damals habe ich den Job im Landratsamt hingeschmissen. Das war auch die Zeit, als ich mich von meiner Lebensgefährtin trennte und aus Tiefenort wegezogen bin. Kein Hund wollte mehr was von mir, und keiner hätte mir was gegeben. Ich fragte nach Kredit wegen der Wohnung hier in Geisa. Da lachten die Herren der Bank nur. Also fing ich wieder bei Null an. Tag und Nacht geschindert, für den Westchef die Erstbelegung der Asylantenheime im Osten organisiert. Ich verdiene inzwischen wieder ordentliches Geld. Und die Banken kommen von alleine und fragen, ob ich einen Kredit brauche. Und den Wein laß ich mir vom Weinhändler aus dem Westen kommen. Und mein Mercedes steht draußen im Hof. Eigentlich brauche ich keinen Mercedes, ich fahre ihn, damit sich diese miesen Typen, die glücklich waren, als sie mich 1990 ganz unten hatten, vor Neid schwarz ärgern. Ich habe es allein wieder geschafft. Ohne wie sie kriechen, kuschen und mich verdrehen zu müssen.«

Ein spindeldürrer Aktenkofferträger bleibt auf der Schwelle der immer noch offenen Tür stehen. Scheint erschrocken über den Habitus und die Worte von Ambrosi. Vermeldet dann unsicher, seine Gesellschaft wolle die Asylbewerber auf TBC untersuchen. Oder wäre schon eine andere Gesellschaft in diesem Heim gewesen? Das müßte er vorher wissen. Denn zwei Untersuchungen bezahle das Landratsamt nicht. Und er versucht ein Lächeln.

Ambrosi schickt ihn in den Keller. Und bestätigt mir, daß selbstverständlich möglichst viele an den Asylbewerbern verdienen, etwas von dem Geld abfassen wollen, das der Staat für die Ausländer bereitstellt. »Mein Chef und seine Firma verdienen, und wir, die wir hier arbeiten, verdienen. Aber auch die Kommune schöpft ab, erhält eine höhere finanzielle Zuweisung, denn nun wohnen ja dreihundert Seelen mehr in Geisa. Nicht zu reden von den Malern und anderen Handwerkern. Sobald das letzte Zimmer fertig ist, fangen die mit dem ersten wieder an. Dann die Reinigungsfirmen, die Wäschereien...«

Aber schon bald werde das alles zu Ende sein, der Job eines Chefs vom Asylbewerberheim wäre nichts für die Ewigkeit. »Vielleicht flüchten schon in fünf Jahren mehr Ausländer aus Deutschland, als neue hereinkommen.«

Deutschland sei für ihn kein Land der Zukunft. Er würde im Sommer eine Türkin heiraten, eine Türkin aus Bulgarien. »Ich habe sie im Asylbewerberheim in Hinternah gefunden. Würden wir nicht heiraten, müßte sie zurück. Ihre Schwester ist schon abgeschoben.« Ich sei natürlich zur Hochzeit eingeladen. Er werde selbst Hammelfleisch braten. »Sie glaubt an Allah, also gibt es zur Feier Hammelfleisch.«

Und irgendwann würde er mit ihr nach Bulgarien gehen und dort eine eigene Wach- und Schließgesellschaft gründen. Für fünf Mark die Stunde könnte er sich erstklassige Offiziere als Wachleute leisten. »Und die werden mir, dem Boß, jeden Morgen einen Teppich vor der Tür ausrollen und den Kaffee, wenn ich das wünsche, links herum rühren.«

Er setzt sich in seinen Mercedes. Der Wachmann öffnet vor ihm eilfertig das große Kasernentor und verschließt es danach wieder sorgfältig.

Gespräche mit dem Landrat (9)

MEIN WELTBILD WAR EINMAL WIE BEI MILLIARDEN MENSCHEN ...
... von der Gegensätzlichkeit der Weltmächte geprägt. Als
Gorbatschow mit untauglichen, aber sehr wirksamen Mitteln
versucht hatte, den Kommunismus zu ändern, und damit der
Gegensatz der Weltsysteme wegbrach, änderte sich schlag-
artig das Leben in den Ländern – auch in der BRD –, die zu
diesem Kraftfeld gehört hatten. Das betraf auch die Wirtschaft, denn die Sowjetunion hatte vorher im Rahmen ihrer
Möglichkeit auch im Westen eingekauft. Das fiel erst einmal
alles weg. Und bewirkte, daß wir Arbeitslose bekamen ...

Während wir in der BRD immer versucht haben, trotz aller
Unterschiede auch zur Sowjetunion eine Art Partnerbezie-
hung herzustellen, haben die Amerikaner einfach gesagt, wir
rüsten sie tot. Und das hat schließlich auch funktioniert. Aber
niemand in der westlichen Welt hatte sich Gedanken gemacht, was geschehen soll, wenn die Sowjetunion eines Tages wahrhaftig nicht mehr existiert. Europa ist nach dem
Wegfall der Sowjetunion auf keinen Fall sicherer, sondern
unsicherer geworden, denn die Sowjetunion war eine nicht
freundliche, aber berechenbare Größe. Viele haben gedacht,
mit dem Zusammenbruch des sozialistischen Lagers hört die
Weltgeschichte auf. Aber das ist natürlich Blödsinn, völliger
Blödsinn. Man muß sich nur fragen, ob wir uns in den ehemaligen Ländern des Warschauer Paktes wieder auf dem Stand
von 1914 oder auf dem von 1917 befinden. (Allerdings mit un-
gleich größerer militärischer Zerstörungskraft.) Es gibt leider
noch keine Hoffnung, daß wir das Ende des Kampfes der
Weltmächte gegeneinander nun nutzen, um gemeinsam
Weltprobleme, beispielsweise eine gerechtere Wirtschafts-
ordnung, durchzusetzen.

Wenn ich an die Zukunft der Menschen denke, erinnere ich
mich an einen Film, den ich gesehen habe. Millionen Hun-

gernde der dritten Welt marschierten auf die zivilisierten Länder zu und mußten mit Waffengewalt daran gehindert werden … Die innere Ordnung von heute wird irgendwann zerstört, wenn wir nicht ernsthaft an einer neuen Weltordnung arbeiten. Wir müssen unser Verhältnis gegenüber den Staaten der dritten Welt radikal ändern, dürfen dort nicht nur Geld verteilen, sondern müssen endlich Bedingungen schaffen, daß diese Länder ihre Produkte, die sie besser herstellen können als wir, im Welthandel auch exportieren und zu ordentlichen Preisen verkaufen können. In Argentinien zum Beispiel erzeugen die Farmer das Rindfleisch kostengünstiger und mit besserer Qualität als die Bauern hierzulande. Aber die deutschen Bauern exportieren ihre Rinder auch auf den Weltmarkt. Und weil sie ihr Schlachtvieh nie so billig wie die Argentinier abgeben können, ersetzt ihnen der Staat den finanziellen Verlust zum billigen Weltmarktpreis. Dazu belegen wir argentinisches Rindfleisch mit Zöllen bis zu 25 Prozent und benutzen diese Zölle, um unser Rindfleisch zu subventionieren. Wir stören damit das Handelsgleichgewicht und verhindern die wirtschaftliche Entwicklung von Ländern der dritten Welt. Unsere Politiker benehmen sich so, als hätte Gott nicht EINE, sondern DREI Welten erschaffen.

Der zwölfte Tag

Während der Landrat in Schmalkalden über das Wohl und Wehe des Kreises Bad Salzungen, über Aufteilung oder Fortbestand, verhandelt, fahre ich – dieses Mal allerdings angemeldet – zu seinem Freund René. Und weil ich schon eine Stunde vor der Verabredung mit ihm in Stadtlengsfeld bin, gehe ich in das Café, das ich kenne. Nur eine etwa vierzigjährige Frau mit wuschligen schwarzen Haaren und noch jugendlich strahlenden braunen Augen sitzt dort. Trinkt Kakao. Ich setze mich zu ihr, und anscheinend ist sie froh darüber, denn ohne daß ich mühsam ein Gespräch beginnen muß, erzählt sie, daß sie Kurpatientin in der hiesigen alten Wasserburg sei. Dort würden neuerdings auch Frauen mit psychischen Problemen behandelt. Nein, sie hätte es natürlich nicht mit dem Kopf, aber wäre, wie andere Frauen auch, schlecht über die Wende gekommen. Allerdings ginge es ihr im Vergleich zu anderen noch gut. Ihre Zimmergenossin beispielsweise, eine ehemalige LPG-Vorsitzende – nach der Wende LPG weg, Mann weg, Häuschen weg und Grund und Boden weg! Sie dagegen hätte nach der Wende sogar dazugewonnen...

Sie stellt sich vor und läßt mir ein Glas Rotwein bringen. »Annegret S. Buchhändlerin in einer Thüringer Kleinstadt.« 1970 hätte sie ihre Lehre als Buchhändlerin in der Volksbuchhandlung begonnen, die ihr inzwischen sozusagen »gehören« würde. »Schon als Kind bestand die Welt für mich eigentlich nur aus Büchern. Wenn ich in die Bibliothek ging, nahm ich heimlich auch den Leseausweis meiner Mutter und den meines Vaters mit. Für mich lieh ich Märchenbücher aus, für meine Mutter Liebesromane und für meinen Vater Kriminal- oder Indianerbücher. Und alle habe ich gelesen.«

Seit fast dreißig Jahren Buchhändlerin, kenne sie aus der Weltliteratur natürlich die aufregendsten Geschichten. Aber nach der Wende hätte sie nichts mehr lesen müssen, da hätte sie die spannendsten Geschichten live erlebt.

Beispielsweise, als die Volksbuchhandlung dem Volk zur Privatisierung angeboten worden ist. »Aber ich konnte mir trotz aller Phantasie damals nicht vorstellen, daß in unserem Laden keine Bücher, sondern vielleicht Matratzen oder Kochtöpfe oder Hamburger verkauft und wir sechs Buchhändlerinnen keine neue Arbeit finden würden. Also meldete ich mich bei der Gebäudewirtschaft und sagte: ›Ich werde einen

Kredit nehmen und die Buchhandlung pachten!‹ Doch damals hatte ein Wessi schon Ansprüche angemeldet, und einen Kredit konnte ich nur bekommen, wenn er mir einen langfristigen Mietvertrag gewährte. Ich nahm all mein bißchen Mut zusammen und fuhr mit dem Trabi zu ihm nach Köln. Und der schickte mir eine Woche später wirklich einen Zehn-Jahres-Mietvertrag, und ich erhielt den Kredit und pachtete unsere Buchhandlung! Doch als ich schon das erste Geld für die Renovierung ausgegeben hatte, schrieb er mir noch einen Brief. Und teilte mit, daß er andere Pläne hätte, er nähme seine Zusage zurück. Danach mußte ich den Käufern, die er herschickte, das Haus zeigen. Ein Türke wollte ein Döner-Restaurant daraus machen...

In letzter Not, damals war ich wirklich reif für die Psychiatrie, hat mir die Gebäudewirtschaft, ihr gehörte das Haus trotz des Westanspruchs ja noch, einen unkündbaren Zwölf-Jahres-Mietvertrag für die Buchhandlung gewährt. Egal, wer das Haus kauft.«

Nach dem Mietvertrags- und Kreditkrimi hätte sie angenommen, das Schlimmste sei vorbei. Aber dann wäre die Nacht vom 30. April zum 1. Mai gekommen. »Da bin ich abends als Buchhandels-Halbtagskraft ins Bett, daß heißt, ich bin in der Nacht überhaupt nicht ins Bett gegangen – und am Morgen, am Kampftag der Werktätigen, als Unternehmerin aufgestanden. Plötzlich war ich die Chefin der fünf Kolleginnen geworden, mit denen ich jahrelang zusammen gearbeitet hatte, während der Arbeitszeit einkaufen gegangen war, zum Arzt, Kaffee gekocht... Doch nun kostete es plötzlich mein Geld, wenn eine von ihnen wie früher während der Arbeitszeit Kaffee kochte oder zu lange Pause machte. Vor einigen Wochen mußte ich das einer Kollegin sehr deutlich sagen. Ich saß mit ihr hinten im Büro, schimpfte, bis sie plötzlich heulte. Sie heulte so gottserbärmlich, daß ich blöde Gans plötzlich mitheulen mußte. Ich, die Unternehmerin!«

Sie will mir noch einen Rotwein bestellen, doch ich bin nun spät dran ...

René begrüßt mich an der Wohnungstür wie einen guten Bekannten. Ich entschuldige mich für die Verspätung, er sich für die Unordnung. Aber ein Kasten mit bayrischem Bier stände in der Küche. Er hat eine an den Knien ausgebeulte Trainingshose an und schlurft in zu großen Pantoffeln. »Machen wir es uns gemütlich.« Nach dem ersten Schluck holt er aus dem ansonsten mit Nippesfiguren und holzgeschnitzten Tieren vollgestellten Wohnzimmerregal einen Stapel Bücher. Zeigt sie mir stolz, als wären es Kostbarkeiten. Einen Sammelband über den Zweiten Weltkrieg, einen über China, einen über Militärstrategien. In dem Buch über China steht auf der ersten Seite eine Widmung: »Wer andere erkennt, ist gelehrt, wer sich selbst erkennt, ist weise. Wer andere besiegt, hat Muskelkraft, wer sich selbst besiegt, ist stark. Wer zufrieden ist, ist reich. Wer seine Mitte nicht verliert, der dauert ... Der Hörsaal V wünscht Ihnen, Herrn Stefan Baldus, für Ihren weiteren Lebensweg Erfolg, Soldatenglück ...«

Der Landrat hätte sie ihm ausgeborgt, nachdem er ihm gesagt hätte: »Stefan, ich habe in der DDR vierzig Jahre umsonst gelebt, und jetzt fange ich wieder in der ersten Klasse an.«

Ich frage René, was er gelernt hat. Er sei im Kalischacht gewesen, später auch im Kraftwerk. Im Moment allerdings wäre er schon einige Jahre krank und hoffe auf die Frührente.

»Mein Stefan, also was der Landrat ist, der kämpft ja sein ganzes Leben lang schon gegen die Kommunisten. Und er freute sich, als ich ihm gesagt habe, daß ich auch schon immer gegen die Kommunisten gewesen bin.« Natürlich hätte er im Kalibetrieb in einer sozialistischen Brigade arbeiten müssen, sei ausgezeichnet worden. In der Deutsch-Sowjetischen Freundschaft wäre er drin gewesen und im Freien Deutschen Gewerkschaftsbund auch. Sogar als »Aktivist«

ausgezeichnet worden. »Aber das versteht der Stefan, das mußte man! Denn es war ja ne Diktatur. Außerdem, wenn man nicht drin war gabs keine Prämie. Und wenn ich zu laut gegen die Kommunisten geschimpft hätte, hätte ich auch meinen Vater reingezogen, der war ja ein ganz hohes Tier, Genosse und Regimentskommandeur, bei den Grenztruppen.« Aber das sei alles unwichtig. Ich wolle doch bestimmt wissen, wie er, der kleine René, der Freund des großen Stefan Baldus geworden wäre.

»In meiner Stammkneipe, dem ›Thüringer Hof‹, saßen nach der Wende an manchen Tischen noch alte Kommunisten zusammen. Und stell dir vor, da setzt sich also der Landrat, damals war er ja noch der Befehlshaber der Armee oben in Bad Salzungen, also da setzt er sich nichtsahnend zu diesen Altkommunisten. Da hat er mir eben leid getan, und ich habe ihn an unseren Tisch geholt. Er hat sich bedankt und öfters auch mal ne Runde bestellt, der Stefan.«

René trägt ein verschlissenes Turnhemd. Am Arm eine Tätowierung: das »Glück-Auf« des Bergmanns und dazu eine nackte Frau. Er sei froh, sagt er, daß er sich bei der Armee nicht wie andere Hammer und Sichel habe einstechen lassen. »Ich hab dem Stefan oft gesagt, wenn du das hier im Osten sauber kriegen willst, diesen kommunistischen Schweinestall, da kannst du dich totkämpfen. Da ist es schon besser, habe ich ihm gesagt, wir gehen zusammen in ein anderes Land und bitten dort um politisches Asyl. Ich habe eine alte Mundharmonika zu Hause, da blase ich drauf, und du gehst mit dem Hut umher. Und zum Schluß spiel ich extra für dich noch mal das ›Lied vom Tod‹.

Einmal da fragt mein Stefan mich doch: ›Du, René, ich habe den Eindruck, daß bei euch immer noch viele den Kommunismus verteidigen, vielleicht war er doch nicht so schlecht?‹ Da denke ich, was ist denn bloß in den gefahren, der wird doch nicht die Seiten wechseln, jetzt, wo uns beide der Kampf gegen die Roten so verbindet. Da habe ich ihm stundenlang erzählt, wie die Leute hier geknechtet waren, die Kinder, die Frauen, die Rentner.« Aber das sei nun Gott sei Dank alles vorbei. »Und wenn ich jetzt doch noch meine Frührente bekomme, werde ich mit Stefan – natürlich unentgeltlich – in alle Betriebe des Kreises fahren. Ich kenne die Leute dort. Und ich werde ihm sagen, wer die Kommunisten dort sind.« Aber vielleicht sei das nutzlos. »Ich hab ihm mal gesagt: ›Stefan, wenn wir in Stadtlengsfeld an allen Türen, hinter denen noch Kommunisten wohnen, mit den Fäusten trommeln, würden wir uns die Hände blutig schlagen.‹ Da hat er mich umarmt, der Stefan, und gesagt: ›Wenn ich dich nicht hätte, René!‹«

Auf der Rückfahrt suche ich in Immelborn den technischen Direktor Dr. Klaus Voigt. Er ist der einzige »leitende Kommunist«, den die Arbeiter nach der Wende nicht aus der Betriebsleitung des Hartmetallwerkes hinausgeschmissen haben. Vor dem Fabriktor, bei den Leuten mit den Transparenten, finde ich ihn nicht. Einer der Arbeiter schimpft, als ich nach Voigt frage: »Der feine Herr wurde nach dem Konkurs nicht mehr im Betrieb gesehen, der hockt zu Hause. Und läßt uns die Kastanien aus dem Feuer holen.«

Voigts Einfamilienhaus steht zwar auf einer kleinen Anhöhe am Rande von Immelborn, doch den Betrieb sieht man von hier oben nicht mehr. Ich frage den etwa fünfzigjährigen, stattlichen Mann, der sehr aufrecht geht, weshalb er nicht mit den Kollegen gemeinsam für den Erhalt des Betriebes kämpft. »Weil das sinnlos ist. Jetzt kommen nur noch die Aasgeier, die sich die Reste holen. Der Staat wird bestenfalls ein paar Millionen lockermachen und die ABM-Stellen zum Abreißen des Betriebes aufstocken.« Nein, dafür würde er sich nicht vor das Werktor stellen.

Er ärgere sich nur, daß er so lange geblieben sei. Wäre er schon 1990 gegangen, damals noch nicht fünfzig, hätte er vielleicht inzwischen einen Job gefunden. Aber leider sei das Scheiß Pflichtgefühl, das man ihm und den anderen Genossen jahrelang gepredigt hätte, nicht so schnell verschwunden wie die Partei selber. »Ich wußte, daß Hartmetall technologisch gesehen empfindlich wie Hefeteig ist. Es wäre nicht fair gewesen, den Betrieb und die Leute in solch einer schwierigen Situation als Fachmann, der die moderne Technik mit installiert hat (fünfundzwanzig Jahre war ich im Werk), im Stich zu lassen. Obwohl ... Die Kollegen demonstrierten damals, schrien, daß die SED-Bonzen aus dem Betrieb raus müßten, die Arbeiter würden jetzt bestimmen! Sie setzten den Betriebsleiter ab, wählten einen neuen. Jeder konnte sich damals bewerben. Ich habe mich nicht zur Wahl gestellt, ich habe nur gesagt: ›Ihr habt einen herrlichen Vogel, Leute. Betriebsleiter werden nicht einmal im freien Kapitalismus von der Belegschaft gewählt.‹ Aber sie waren unbelehrbar. Das heißt, am lautesten schrien die Kollegen, die viele Jahre zuvor Mittelmaß, graue Mäuse, gewesen waren. Leute, die, selbst wenn sie im Kapitalismus aufgewachsen wären, nie im Vordergrund gestanden hätten. Es waren ›Aufsteiger lediglich für chaotische Zeiten‹. Also ein Herr Genßler wurde damals als Betriebsleiter gewählt. Die Firma Krupp-Widia wollte uns übernehmen, doch die übernahm nur die Kundenkartei. Sechshundert Entlassungen. Die Treuhand schickte Scharen von teuren Unternehmensberatern. Und diese verdienten an den Betriebserfolgsrezepten, die sie ausarbeiteten, einige Hunderttausende. Von ihren Erfolgsrezepten wurden nur die vorgeschlagenen Farben für den Anstrich der Türen realisiert. Damals verlangten die Lautesten des Betriebsrates erneut, mich, den SED-Voigt, der für die Misere verantwortlich sei, zu entlassen. Krupp-Widia hat es nicht getan, die brauchten meine technologischen Erfahrungen. Und die Treuhand hat es auch nicht getan. Im Gegenteil, sie entließ den von der Belegschaft frei gewählten Betriebsdirektor Genßler. Damals begannen einige Kollegen zu ahnen, daß es sich nun wieder ausdemonstriert hatte. Und sie schrieben auf Plakate: ›Wollt ihr die, die 89 für die Freiheit auf die Straße gegangen sind, heute selbst auf die Straße setzen?‹«

Voigt sinniert lange und fragt mich schließlich, ob ich schon wüßte, daß der Gewerkschaftskämpfer Peter Winter mit staatlichen Zuschüssen einen Teil des Betriebes kaufen würde. Er, der immer noch vor dem Werktor die Faust gegen die Unternehmer erheben würde, sei wohl selbst bald ein Unternehmer. Und dem Betriebsratsvorsitzenden Peter Schaaf hätte der Liquidator einen Job als Verwalter seines Aktenlagers, das er hier einrichten wolle, angeboten. »Damit hat es sich dann wohl ausgekämpft!«

Er würde jetzt auf Arbeitssuche gehen, denn er sei ein ausgezeichneter Fachmann und ob mit oder ohne SED-Abzeichen, das interessiere die Chefs der Hartmetallwerke in Israel, Südafrika oder Österreich nicht. Ich wünsche ihm Glück. Wir trinken einen Schnaps darauf.

Baldus hat derweil sein Vorgefecht in Schmalkalden verloren. Die künftige Kreisstadt für einen Rennsteiggroßkreis Suhl-Schmalkalden-Bad Salzungen soll Schmalkalden werden. In Bad Salzungen gäbe es demnach keinen Landrat mehr und alles andere auch nicht, was an Bürokratie hinten dran hänge. Es brauchte nur noch einen, der das Licht ausschaltet.

Gespräche mit dem Landrat (10)

KLUGE SPRÜCHE MACHE ICH GERN …

… die meisten sind von mir, einige auch angelesen oder leicht verändert.

Macht ohne Recht ist Unrecht, Recht ohne Macht ist Ohnmacht.

Mein Quengelpotential ist erheblich, es übersteigt oft sogar mein Gestaltungspotential.

Das Leitungsprinzip der DDR war organisierte Verantwortungslosigkeit.

Ein RUNDER TISCH hätte heute keine größere demokratische Legitimation als meine allwöchentliche Dezernentenberatung.

Wir brauchen zwar Berufspolitiker mit langjähriger Erfahrung, aber keine Berufsparlamentarier.

Privilegien und Macht sind nicht ein und dasselbe. Privilegien sind süß, Macht schmeckt wegen der Versuchung oft bitter.

Ich muß keine Frau gewesen sein, um als Mann Probleme von Frauen zu begreifen. Ich muß nur Frauen kennen, Frauen fragen und Frauen reden lassen.

Größe heißt, die Extreme berühren und den Raum dazwischen ausfüllen.

Der Neid ist die höchste menschliche Triebkraft und die ehrlichste Form der Anerkennung.

Wer nicht an die Macht will, sollte gar nicht erst in die Politik gehen.

Natürlich gibt es auch hier viele kluge Intellektuelle, man hat ja nicht nur Deppen in der DDR gefördert.

Der dreizehnte Tag

Baldus müht sich schon um halb acht vergeblich um eine Telefonverbindung zum Innenminister. Die Entscheidung von Schmalkalden könne nicht das letzte Wort gewesen sein. Unten im Saal warten die Bürgermeister auf die Dienstberatung mit dem Landrat. Niemand sitzt, sie stehen in Grüppchen beisammen. Der Salzunger Bürgermeister verlangt sofort Proteste. Wreschniock schimpft: »Nun hat dieser Wessi auch noch unseren Kreis verkauft!« Und Wollny tröstet ihn: »Aber wenigstens an einen Hiesigen, an den Luther!« Von Postenschacher ist die Rede und von der »Diktatur der neuen Obrigkeit«. Einige Bürgermeister schimpfen immer noch, als Baldus schon vorn am Rednerpult steht. Sie setzen sich nur zögerlich, widerwillig, als müßten sie auf einen Zahnarztstuhl. Zuerst spricht der Landrat über Geld und Haushalt. Dann über den Schmalkalder Kompromißbeschluß. Er versucht, der Niederlage Positives abzugewinnen. »Der Kreis Bad Salzungen wird nicht auseinandergerissen! Mein Ziel war es, das starke Zusammengehörigkeitsgefühl, das in vierzig Jahren im Kreis Bad Salzungen gewachsen ist, unbeschädigt zu lassen.« Er bittet um Meinungsäußerungen. Aber niemand meldet sich. Peinliche Stille im Saal. Er versucht es noch einmal. »Wäre ich heute mit dem Kreisstadtstatus für Bad Salzungen gekommen, man hätte mich wie Asterix auf dem Schild getragen und mir einen Orden verliehen. Aber leider...« Doch es bleibt auch danach still.

Die Bürgermeister reden erst wieder, als die Beratung zu Ende ist. Und Wreschniock fragt mich: »Wozu noch diskutieren? Das haben wir doch monatelang in Einwohnerversammlungen und Parteigremien schon getan. Und jeder hat danach geglaubt: Demokratie ist, daß die oben auf den Rat von unten hören. Aber die unten haben längst ihre Schuldigkeit getan, nämlich die oben gewählt. Und danach haben die nichts mehr zu sagen.«

Noch auf der Treppe nach oben zu seinem Büro ist Baldus verstört. Er murmelt: »Wir hätten in Schmalkalden doch auch Pfeile werfen oder würfeln können.«

Im Vorzimmer wartet ein junger Mann im Anzug und mit Krawatte auf den Landrat. »Wuchert. Hiesiger Geschäftsführer der Firma Kirchner.« Die »Hermann Kirchner GmbH & Co. KG« hat von der Treuhand sowohl das Immelborner Kieswerk und die rund um den Kiessee schon erschlossenen Lagerstätten als auch den noch unter Wiesen und Äckern liegenden Kies gekauft. Aber eben nur den Kies, nicht die Wiesen und Äcker darüber. Die befinden sich in Privatbesitz. Denn im Osten gehören den Grundstücksbesitzern nicht wie nach westdeutschem Bergrecht auch die Bodenschätze darunter. Die waren Volkseigentum, danach Treuhand-Eigentum und nun also Kirchners Eigentum. Will er jedoch seine gekauften Bodenschätze heben, muß er auch das Land darüber kaufen. Er hatte erst fünfzehn Mark pro Quadratmeter vertraglich vereinbart, sich dann aber schnell auf eine Mark vierzig revidiert. Im Moment ist er bereit, maximal sechs Mark zu zahlen. Weil aber kurzfristig keine Einigung mit den Landbesitzern möglich sei und die Kiesvorräte zu Ende gingen, müßte der Betrieb, droht Geschäftsführer Wuchert, notgedrungen weitere Arbeiter entlassen. »Also, Herr Landrat, Sie sollten schnellstens ein GAV einleiten.« GAV heißt »Grundabtretungsverfahren« und bedeutet auf schlecht Deutsch: einstweilige Enteignung der Flächenbesitzer zum Zwecke höherer Interessen. Rückgabe, nachdem der Kies raus ist und das Land unter Wasser steht. Baldus sagt, daß er das nicht vor der morgigen Versammlung mit den Grundeigentümern in Immelborn entscheiden werde. Und außerdem müßte die Regierung das hiesige Bergrecht dem westdeutschen endlich angleichen: Die das Land oben besitzen, denen gehören auch die Bodenschätze darunter. Nur so könnte man verhindern, daß halb Thüringen unterirdisch von der Treuhand billig verkauft würde. »Denn Kiesgruben, machen wir uns nichts vor, Herr Wuchert, sind heutzutage ja Goldgruben.« Abrupt entläßt er Wuchert und auch mich. Will nochmal nach Erfurt, um im Innenministerium über die Kreisreform zu verhandeln.

Ich laufe zum Markt, um meine Mittagsbockwurst zu essen. Andreas sitzt ohne Marx und ohne Stander allein neben dem

Kiosk. Seine Plastetüten mit Klamotten hat er zwischen die Knie geklemmt, in der Hand hält er eine Bierdose. »Heute erst die zweite«, sagt er, so als müßte er sich bei mir dafür entschuldigen. Ich kaufe ihm eine Wurst und frage scherzhaft, ob er nicht ein paar Quadratmeter versumpfte Wiesen am Immelborner Kiessee besäße, die könnten wir jetzt leicht in bares Geld umrubeln. Er nimmt es ernst und fragt böse, ob ich ihn verscheißern wolle. »Was mir gehört, steckt in den zwei Plastetüten. Ich habe noch nie was Persönliches besessen, nie, nicht einmal einen eigenen Wecker. Auch nicht, als ich noch zu Hause war!« Aber was das Kieswerk betreffe, das kenne er wahrscheinlich besser als ich. »Ich habe dort einige Monate gearbeitet. Stand am Band und drückte einen Knopf, damit der Kies, das heißt diese Scheißbrühe mit Steinen darin, gleichmäßig herunterplatschte. Eine Idiotenarbeit, die jeder Automat besser erledigt hätte.« Übergangslos und ungewöhnlich laut bläfft er mich an, ob ich glaube, daß er arbeitsscheu sei. Er hätte nicht ein einziges Mal wegen Arbeitsbummelei im Knast gesessen. Im Chemiefaserkombinat Guben sogar einige Jahre lang einen Gabelstapler, einen Dieselgabelstapler, gefahren! Das sei eine gute Arbeit gewesen. Im Knast hätte er auch schon im Kalkwerk Rüdersdorf oben am Teller, wo der staubige Kalk zu Kugeln gepreßt wird, gearbeitet. »Bei gutem Wetter konnte ich den Fernsehturm in Berlin sehen. Ich bin also in meinem Leben auch fast schon einmal in Berlin gewesen.« Nein, arbeitsscheu sei er nicht. Nur, sich so recht einfügen in das Kollektiv, das hätte er nirgendwo geschafft.« Im Immelborner Kieswerk meckerten sie ständig, weil ich frühmorgens statt des Kaffees eine Flasche Bier trank. Eine Flasche, mehr nicht. Aber es bleibt eben so lange drin im Magen dieses Zeug. Und dann riecht man es! Mich kritisierten sie am Morgen, aber nach Feierabend sind alle Kollegen des sogenannten ›sozialistischen Kollektivs‹ in die nächste Kneipe gerannt und haben sich bis zum Eichstrich vollaufen lassen. Die brauchten früh noch nichts wieder, die hatten noch alles drin. Aber man roch es eben nicht.«

Er beginnt zu zittern, als friere er furchtbar. Ich frage, ob wir einen heißen Tee trinken wollen. Nein, das mit dem Zittern sei nicht schlimm, das hätte er schon seit der Kindheit. »Angst und Zittern und Alkohol – ich weiß nicht, was zuerst war. Ich mußte damals immer zum Nervenarzt, wegen des Zitterns. Doch wenn ich an der Tafel stand und der Lehrer und die Schüler mich an der Tafel anstarrten und ich nicht einmal die Matheaufgabe ordentlich anschreiben, geschweige denn lösen konnte, fing es immer wieder an, das Zittern. Und bei den Hausaufgaben stand der Alte mit dem Hosengürtel hinter mir und schrie: ›Ich hab als Kind auch für jede falsche Mathelösung Prügel bekommen!‹ Damals war er noch Vorarbeiter in der Werkstatt im großen Chemiefaserkombinat in Guben. Außerdem war er in der Kampfgruppe und in der SED. Allerdings hat er zu Hause nur geschrien: ›Diese Scheißpartei! Diese Scheißpartei! So viel Geld für diese Scheißpartei!‹ So als ob die Mutti, ich habe dann Mutti zu ihr gesagt, sie war ja so klein und so hilflos, als ob Mutti und ich Schuld daran hätten, daß er in der Partei drin war. Und wenn er von der Kampfgruppenübung zurückkam, erzählte er, wie schrecklich der Krieg während der Bombenangriffe auf Dresden gewesen sei. Den Kinderwagen vollbeladen mit Brennholz hätte er über Leichenhaufen geschoben. Und dann mußten wir ihn bewundern, weil er damals schon ein Held war. Ich sagte ihm einmal, daß es im KZ bestimmt noch furchtbarer gewesen wäre, und dafür prügelte er mich. In der Leichenhalle macht der Alte ja heute auch nur das Blut weg; und schrubbt den gefliesten Fußboden, der Held . . .

Ich habe in der Schule die erste Hälfte der achten Klasse geschafft, das heißt, ich bin dann nicht mehr hingegangen. Ich habe geschwänzt. Ich habe auch keinen Beruf erlernt. Damals hatte ich eine Freundin, eine, die mich verstand. Eine Polin, die im polnischen Gubin wohnte, Danuta hieß sie. Aber als die einen Polen heiratete, da wußte ich plötzlich nicht mehr, wohin und wie mir geschah. Und das war die Zeit, als die Alten, ohne mir etwas zu sagen, nach Bad Salzungen zogen. Da habe ich also das erstemal draußen geschlafen. Drei Wochen habe ich das ausgehalten: gesoffen, Schaufensterscheiben eingeschlagen, Alkohol geklaut, wieder gesoffen, Schaufenster eingeschlagen ... Im August 1986 steckten sie mich deswegen in den Knast. Dort habe ich die halbe achte Klasse nachgeholt. Alkohol gab es im Knast keinen, aber ich konnte mich wenigstens unter einer ordentlichen Dusche waschen.«

Als er bei dem »Alten« wohnte, hätte er sich am Wochenende in der Leichenhalle geduscht. »Gleich neben dem Seziertisch, auf dem die Toten lagen.« Schon sein Opa hätte in der Salzunger Leichenhalle gearbeitet. Einmal, als er in den Schulferien von Guben aus nach Salzungen gekommen sei, um den Opa zu besuchen, hätte der ihn mitgenommen in die Leichenhalle. »Ein Toter lag auf dem Tisch, und der Opa saß daneben und löffelte seine Erbsensuppe.« Auch heute noch würde sein »Alter« das Frühstück im Kühlschrank der Leichenhalle aufbewahren. Ich sage, daß er diese Märchen irgend jemand anderem erzählen kann. Da lacht er zum erstenmal nicht traurig, sondern laut und fast ein bißchen höhnisch, und sagt: »Geh doch rüber in das Krankenhaus, die Leichenhalle steht immer offen. Er wird es dir bestätigen, der Alte, das mit dem Duschen.«

Aus Richtung Landratsamt kommen Marx und Stander. Marx hinkt. »Hat er sich den Fuß verstaucht«, frage ich. »Nein, der schneidet sich schon seit Jahren die Zehennägel nicht mehr. Die sind nun alle eingewachsen. Und wenn das Wetter umschlägt, hinkt er.« Er lächelt mich an und sagt: »Du kommst billiger weg, wenn du mir, bevor die anderen zwei hier sind, noch ein Bier kaufst. Das Büchsenbier kostet nur eine Mark.«

Im hintersten Zimmer vom Landratsbüro wird Sekt spendiert. Baldus ist unterwegs, und Frau Schütt, die ansonsten mit dem Waschkorb durch die Bürostuben wieselt und die Post einsammelt, hat eine Flasche gekauft. Sie sieht sehr glücklich aus, das Arbeitsamt hat ihre »Waschkorb«-ABM um ein Jahr verlängert. Frau Schütt war zuvor Sekretärin im CDU-Kreisvorstand. Und als der Kreisvorstand sich weder einen bezahlten Vorsitzenden noch eine Sekretärin leisten konnte, brachte sie der CDU-Landrat Storz im Landratsamt unter. Für die Sekretärin Schütt die ABM-Stelle, für den Kreissekretär Urban wurde eine Stelle als Datenschützer, später als Sicherheitsbeauftragter geschaffen.

In Klaus Urbans Arbeitszimmer hängen Fotos von Albert Schweitzer. Albert Schweitzer hätte sein Leben als Christ ungestörter leben können, philosophiert Urban. Denn er sei in keiner Partei gewesen, hätte nur aus seiner christlichen Verantwortung heraus handeln können. »Ich dagegen habe in der DDR und auch heute immer im Widerspruch zwischen den CDU-Parteibeschlüssen und meinem Christsein gelebt.« Und zum 1. Mai hätte er neben Hans-Dieter Fritschler, dem 1. Kreissekretär der SED, oben auf der Tribüne gestanden und den Vorbeimarsch der Werktätigen abgenommen. »Vorgestern hat mich wieder einer angepflaumt: ›Urban, ich habe dich mit meinen eigenen Augen dort oben stehen sehen!‹ Da habe ich ihn gefragt: ›Und weshalb hast du mich da oben gesehen? Weil du unten in der Kampfgruppe mit Augen links an mir vorbeiparadiert bist!‹«

Klaus Urban ist 1945, nach der Flucht der Eltern aus Ostpreußen, in Altenburg geboren. Sein Vater arbeitete später als Kraftfahrer, die Mutter blieb zu Hause, sie hatte sechs Kinder zu versorgen und zu erziehen. Alle im evangelischen Glauben. »Ich besuchte den Konfirmationsunterricht. Und in der Russischstunde ließ der Lehrer manchmal diejenigen aufstehen, die nicht an der Jugendweihe teilnahmen. Das waren fünf.

Vier Katholiken und ich. Die Katholischen durften sich gleich wieder setzen. Ich aber mußte die ganze Stunde stehen bleiben. Gut, dachte ich, Jesus hat auch für andere gelitten! Aber immer wollte ich nicht stehen bleiben, wenn andere saßen. Und so spielte ich im Kirchenposaunenchor und sang auch bei den Jungen Pionieren. Ich war Mitglied bei der Freien Deutschen Jugend und in der Jungen Gemeinde. Einmal, als es Zoff gab, weil ich das Junge-Gemeinde-Abzeichen trug, nahm mich ein CDU-Lehrer zur Seite und riet mir: ›Nimm es ab! Christsein heißt nicht, seinen Glauben durch Opportunismus zu beweisen, sondern ihn vorleben.‹ Ich war sogar stellvertretender Brigadier in einer sozialistischen Jugendbrigade.«

Seine Frau, eine Bad Salzungerin, lernte Klaus Urban noch in Altenburg kennen, als sie dort die Kinder in der Christenlehre unterrichtete. Sie selbst hatte den Abschluß der Mittelschule nicht erhalten, weil sie sich weigerte, die zweite Strophe der »Internationale« zu singen. Die erste ja, aber nicht die zweite! Als ihre Eltern erkrankten, zogen die Urbans nach Salzungen. Er bestand seine Prüfung als Diesellokomotivführer, trat 1971 in die CDU ein, fünf Jahre später stieg er von seiner Lokomotive herunter und wechselte als Hauptamtlicher in den CDU-Kreisvorstand. Zuerst Instrukteur, dann stellvertretender Kreisvorsitzender und schließlich sieben Jahre lang berufsmäßiger Erster der Blockpartei CDU im Kreis Bad Salzungen.

Er hätte damals immer gewußt, was ihm vom SED-Ersten Fritschler trennte. »Nur der Glaube, mehr nicht. Der war Atheist und ich Christ. Es herrschten klare Fronten, nicht wie heute. Was weiß ich, ob die, die mit mir in der CDU sitzen, meine christlichen Freunde oder ungläubige Karrieristen sind.« Er hätte mit dem SED-Chef viele gemeinsame Probleme besprochen und durchgesetzt: beispielsweise den Wald nach Windbrüchen wieder aufgeräumt oder ein Bushäuschen zum Unterstellen für die alten Leute bauen lassen. Nur in einem Punkt sei er nie mit ihm übereingekommen. »Nämlich, daß die SED die Arbeiterklasse, alle Arbeiter, als ihr Eigentum vereinnahmte, auch wenn der Arbeiter ein Christ war. Darüber habe ich sehr oft mit dem Hans-Dieter gestritten.«

»Mit Hans-Dieter?« Ich frage Klaus Urban, ob er mit dem SED-Ersten per du war. Er nickt.

Ob er wüßte, daß Fritschler, seine Frau und der Sohn nach der Wende sehr lange arbeitslos gewesen wären? Die Frau immer noch. Klaus Urban nickt wieder. Aber er könne nicht helfen. Es sei nun unmöglich, Probleme wie früher zusammen anzupacken. »Wir sind heute Gegner. Nicht wie in der DDR nur Christ und Kommunist, die ansonsten Gemeinsames wollten, heute sind wir Parteigegner. Er PDS und ich CDU. Und die CDU hat beschlossen: Keine politischen Kontakte mit der PDS!

Aber wenn ich ihn sehe, den Hans-Dieter, grüße ich ihn. Genau wie den Eberhard Stumpf, den ehemaligen Ratsvorsitzenden.«

Als ich am Nachmittag, Urban hat mich wieder an ihn erinnert, Eberhard Stumpf besuchen will, öffnet mir keiner. Doch in der Nähe seines Häuschens entdecke ich einen Erotikladen. Und weil der Szykessy*, der Chef des Puffs in Kloster, einen Erotikshop in Bad Salzungen betreiben soll, nutze ich die Gelegenheit, ihn zu bitten, mir seinen Puff zu zeigen. Der Erotikshop ist in einer ausgebauten Doppelgarage untergebracht, alles sehr eng, hautnah. Ich warte, bis alle Kunden draußen sind und der junge pausbäckige Mann, der seine langen Haare zu einem Schwänzchen gebunden hat, allein ist. Danach sage ich ihm, daß ich über sein sogenanntes »Fitneßcenter« in Kloster schreiben möchte. Er guckt mich sehr empört an. Dieser Schweinestall in Kloster gehöre ihm nicht, und er sei auch nicht der Szykessy*. Hier wäre ich in »Norberts Erotik- und Wasserbetten-Shop«. Der Szykessy* betreibe in der Nähe vom Krankenhaus eine Videothek, hätte wohl auch ein paar Mädchen laufen. Er dagegen sei ein sauberer Geschäftsmann, nein, er könnte mir nicht einmal den Namen einer Prostituierten nennen. »Ich will mir doch deswegen von den Zuhältern meinen Laden nicht einschlagen lassen. Und habe für alle Fälle immer eine Pistole unter dem Ladentisch liegen. Die braucht man in diesem Gewerbe.«

Zu Szykessy* gehe ich nach dieser Pleite heute nicht mehr, verschiebe es auf unbestimmt. Statt dessen laufe ich zum Krankenhaus, finde mühelos die abseits stehende Leichenhalle, von der mir Andreas erzählt hat.

Aber vergeblich suche ich an der Tür zur Leichenhalle eine Klingel. Klopfe. Doch niemand hört mich. Vorsichtig drücke ich die Klinke herunter und erschrecke, weil die Tür unverschlossen ist. Danach stehe ich vor mehreren Türen, die denen großer Kühlschränke der Fleischereien ähneln. Links daneben ein kleines, warmes, gemütliches Zimmer. Bierflaschen stehen in der Ecke. Ein großer Porzellanhund auf einem Schränkchen. Auf dem Stuhl liegt ein blumiges Sitzkissen. Auf dem Tisch eine Schachtel mit Handschutzcreme, daneben ein übervoller Aschenbecher. Auf dem Fensterbrett Kakteen und Grünpflanzen. An der Wand zeigt eine lange, überdimensionale, goldglänzende Armbanduhr, was die Stunde geschlagen hat. Ich nehme an, daß es zur Leichenhalle durch die »Kühlschrank«-Türen geht, und öffne eine davon. Kälte fällt mich an. An der Gegenseite des schmalen Raumes sehe ich eine Ausgangstür, doch ich gehe nicht weiter. Vor mir, auf einem fahrbaren Krankenhausbett, liegt eine mit weißen Tüchern bedeckte Leiche. Nur die nackten Füße ragen heraus. Die Leichenkühlzellen! Ich finde endlich einen Durchgang ohne Toten und gelange in einen sehr hellen, blau gefliesten großen Raum. Zwei lange Seziertische stehen darin. Waschbecken an der Seite. Seife. Besen. Schrubber. Ein Abfallkübel. Und eine Dusche! Hier also hat Andreas einmal in der Woche...

Bevor ich mich weiter umschauen kann, kommt durch eine der Kühlzellentüren ein sehr großer kräftiger Mann, fragt mich mit Baßstimme, was ich hier zu schaffen hätte. Hustet dann Schleim ab und spuckt ihn auf den Boden. Ich frage ihn, ob er der Adoptivvater von Andreas sei. Er nickt verwundert, will wissen, ob ich im Sozialamt arbeite. Als ich verneine und ihn frage, weshalb er den Andreas aus dem Haus gejagt hat, schaut er mich böse an und schreit, daß ich mich zum Teufel scheren solle! »Wie ich den mißratenen Sohn behandle, geht Sie genauso wenig wie die Toten an, die hier liegen.« Er nimmt den Schrubber, hebt ihn drohend, und ich verschwinde blitzartig durch eine der Leichenkühlzellen. An der Haustür stehend, schreit er mir hinterher, daß ich Schmierfink die kleinen, ehrlichen Leute wie ihn und seinesgleichen in Ruhe lassen solle. »Kümmern Sie sich um die Großen, diese Schweine! Dem Wolf seine Frau! Hier die verehrte Frau Oberärztin. Aber zu Hause sitzt ihr Mann, dieses miese Schwein, früher ein Stasi-Chef! *Der* hat sie auf dem Gewissen, alle, alle die im Knast waren, den Andreas auch.«

Ich brauche einen Schnaps, und ich gehe zu »Hilde«.

Nach dem zweiten Doppelten frage ich die Stammtischler, ob die Oberärztin Wolf die Frau des Stasi-Chefs Wolf sei. Ja, aber trotzdem wäre sie eine gute Ärztin gewesen und würde es auch bleiben. Einer am Tisch weiß, daß ihr Mann inzwischen Regionalchef einer großen Versicherung sei, sich ein Haus baue. »Was heißt Haus, einen Palast!« ruft einer vom Nachbartisch, und ich bin froh, als sie das Thema wechseln und auf die Verräter in Unterbreizbach schimpfen. Die Kaligrube dort soll nach der Fusion mit der hessischen »Kali und Salz AG« als einzige in Südthüringen weiter produzieren. Deshalb begrüßen die Unterbreizbacher Kumpel die Entlassung der Kollegen in Merkers, mit denen sie rund vierzig Jahre im gemeinsamen Betrieb »Werra« gearbeitet haben. »Der Wagner, ihr kennt ihn doch, der Wagner, früher Brigadier in der Merkerser Grube, den haben sie jetzt mit anderen nach Unterbreizbach geschickt. Die müssen dort den Schutt und Dreck wegräumen. Aber der Wagner geht zum Waschen nicht mehr in die Kaue der Unterbreizbacher, denn die kriegen dort, sobald sie merken, daß einer aus Merkers die Arbeitshose auszieht, ihr verdammtes Maul nicht auf, um wenigstens ›Glück Auf!‹ zu sagen. Könnt ihr euch das überhaupt vorstellen: Kumpels sagen nicht einmal mehr ein ›Glück Auf!‹«

Ich frage, ob dieser Wagner der Mann der Gertrud Wagner ist, die noch mit fünfzig Jahren 1992 allein von Salzungen nach Südafrika ging, dort Arbeit suchte und mit zwanzig Afrikanern eine Papierbude aufbaute. Nein, deren Mann sei schon vor der Wende gestorben, sagen die am Stammtisch. Dann kenne ich noch den Pfarrer Wagner aus Kieselbach, in dessen Pfarrhaus der Schweizer Kaliexperte Arnold wohnt. Der Pfarrer Wagner wohne inzwischen in Merkers, allerdings dürfe er dort nicht mehr von der Kanzel predigen, sondern nur noch Religionsunterricht erteilen. »Denn seine Frau hat sich mit dem Hausgast, mit diesem Schweizer Arnold, eingelassen. Diesem Windhund, der die Merkerser Kumpel zur Betriebsbesetzung aufhetzen will.« Und schließlich kenne ich noch den Konkursverwalter Wagner, der jetzt das Immelborner Hartmetallwerk »abwickelt« und dort sein Akteneinlagerungs-Unternehmen einrichten wird ... Alles Wagners. Aber ich kriege nichts mehr in die Reihe.

Gespräche mit dem Landrat (11)

... denn beispielsweise die Umverteilung raubt einem Teil der Menschen das Geld, das sie für sich erwirtschaftet haben. Soweit nicht leistungsfähige Menschen damit auf ein soziales Niveau gebracht werden können, das ihnen ein menschenwürdiges Dasein ermöglicht, akzeptiere ich die Umverteilung. Betrifft sie aber noch Leistungsfähige, bevormundet sie diese und nimmt ihnen auch ihren Antrieb zur eigenen Leistung. Sie wirkt schließlich dem entgegen, was zum vollen Menschsein gehört, nämlich der Möglichkeit zu scheitern und aus diesem Scheitern heraus, einen Neuanfang zu versuchen. Man sollte in der Sozialpolitik den Menschen nur soweit helfen, wie sie wirklich der Lebenshilfe bedürfen, aber nicht darüber hinaus. Also eine bewußte Beschränkung des Sozialstaates. Und nicht immer mehr und immer neue Gruppen von Zuwendungsempfängern, frei nach dem Motto »solange es noch einen einzigen Nichtzuwendungsempfänger gibt, gibt es in der Gesellschaft potentiell Unterprivilegierte«, suchen. Menschen, die einen kompletten Körper und einen kompletten Geist haben, brauche ich nicht zu helfen. Aber dann gibt es Menschen, denen davon etwas fehlt. Und ich möchte zu deren Lobby gehören. Ich kümmere mich beispielsweise höchstpersönlich um das Krankenhauswesen. Ich kümmere mich höchstpersönlich um Behindertenwerkstätten. In meinem Haus gibt es ganze Abteilungen, die nichts anderes tun, als sich um Menschen zu kümmern, die der Hilfe bedürfen, der staatlichen Hilfe. Aber da vegetieren auch Menschen dahin, die zuviel Alkohol trinken. Sie zerstören ihren Geist und ihren Körper und letztendlich ihre Sozialfähigkeit. Man kann denen Alkohol dosiert zuführen oder den Alkohol ganz wegnehmen. Man kann zu verschleiern suchen, daß sie zuviel Alkohol trinken. Aber all das wird nichts helfen. Es gibt nur einen Weg: Sie solange saufen zu lassen, bis sie ihr Elend erkennen und versuchen, da wieder herauszukommen. Solange der Leidensdruck nicht groß genug wird, ist die Sucht stärker. Hilfe setzt erst dort ein, wo einer um Hilfe bittet.

Ein anderes soziales Problem: Jede dritte Ehe scheitert in Deutschland, aber eine Scheidung hat in unserem Land auch immer einschneidende soziale Folgen. Doch Scheidung ist zuerst eine rein private, individuelle Geschichte. Scheitern eines Lebensplanes, Scheitern einer Verbindung. Ich bin nicht der Meinung, daß der Staat verpflichtet ist, das Scheitern einer persönlichen Verbindung finanziell auszugleichen. Wenn Sie sich mit einer Frau zusammentun und es kracht, dann müssen Sie erst mal selbst damit fertig werden. Und ich muß als Staat dem geschiedenen Single keine Sozialwohnung bereitstellen, weil er sich mit seiner Scheidung ruiniert hat.

Im übrigen bin ich dafür, daß man die zehn Gebote viel öfter beherzigt. Den Satz »Liebe deinen Nächsten wie dich selbst« sollte man nicht nur aufsagen, sondern anwenden. Man muß doch nicht neu erfinden, was schon einmal erfunden worden ist. Das betrifft übrigens auch die Motivation zur Leistung. Die erwächst nun mal – was man seit Jahrhunderten weiß – aus dem Widerspruch zwischen Angestrebtem und Vorhandenem. Und wenn ich alles habe, was ich will, also satt bin, dann ist die Motivation, etwas zu tun, äußerst gering. Erfüllt man einem Kind alle materiellen Wünsche, kann ich bei ihm kaum noch Leistungsanreize entwickeln. Früher nannte man das verzogen oder verwöhnt.

Der vierzehnte Tag

Freitag, der 28. Januar 1993, mein vorerst letzter Tag beim Landrat. Als ich am Morgen in sein Zimmer gehe, steht er vor seinem Schreibtisch, schaut mich von oben bis unten an, so als ob er mich nicht kennt, macht eine Geste, als wolle er mir den Arm um die Schulter legen. Aber er tut es nicht, er sagt nur: »Herr Scherzer, Sie waren zu DDR-Zeiten also kein williger Staatsdichter, wie mir das der Karl Klobisch und andere, die mich vor Ihnen warnten, weismachen wollten.«

Ich frage, was ich denn sonst seiner Meinung nach gewesen sein soll.

»Nun, zumindestens einer, der die Zustände in der DDR offen benannt hat. Denn sogar der Botschaftsrat der USA war wegen der kritischen Szenen in Ihrem Buch ›Der Erste‹ 1989 nach Bad Salzungen gekommen. Also der Scherzer kein Staatsdichter!«

Er lacht, und ich frage, woher er das weiß.

»Aus der Stasi-Akte eines Mitarbeiters, der hat über diesen Besuch berichtet.«

»Und deshalb auf einmal ein anderer Scherzer, Herr Landrat?«

»Zumindestens ein anderer, was die Zeit betrifft, als ich Sie noch nicht kannte.«

»Und wenn in der Stasi-Akte das Gegenteil gestanden hätte?«

»Hätte ich das Gegenteil geglaubt.«

»Eine neue Gläubigkeit.«

»Nennen Sie es, wie Sie wollen.«

Außerdem glaube er, daß die ehemals sehr Staatsnahen, die sich heute in der PDS vereint hätten, zutiefst antidemokratisch wären, sozusagen die letzte Truppenreserve der alten SED.

»Bevor die nicht zerschlagen ist, besteht immer eine Gefahr, daß kommunistische Ideen wieder aufflackern und die neue Demokratie gefährden.«

Seine natürlichen Gegner wären die noch nicht demokratisch gewandelten SED-Genossen. »Und selbstverständlich auch«, (und damit nimmt er mir sofort den Wind für ein Gegenargument aus den Segeln), »die Eiferer der Blockparteien, die das System mitgetragen haben.« Allerdings halte er sich dabei an die militärische Regel: »Ein Gegner bleibt so lange ein Gegner, bis er die Seite gewechselt hat! Wenn er dann an meiner Seite kämpft, frage ich auch nicht mehr: Warst du in der SED, der Blockpartei oder in der PDS.«

»Und Klinzing, der PDS-Chef von Bad Salzungen?«

»Der ist als ehemaliger Offizier allerdings leider in der falschen Partei.«

Ich hatte Klinzing an einem Sonntagvormittag besucht. Er saß auf dem Sofa in seiner guten Stube. Unter dem grauen Pullover ein blütenweißer Kragen, der mit einer silbernen Spange akkurat zusammengehalten wurde. Der vierunddreißigjährige schlanke, feingliedrige Mann hat Schlosser gelernt, Ökonomie studiert und war vor der Wende Verpflegungsoffizier im Salzunger Regiment. (1987 hatte der SED-Kreischef Fritschler in diesem Regiment bei einem Agit-Forum die berühmte Thüringer Wurst gelobt, die die Genossen Soldaten, Unteroffiziere und Offiziere nur hier und sonst nirgendwo erhalten würden. Damals war der Erste von einem Soldatenzwischenruf – und das war mehr als ungewöhnlich – unterbrochen worden: »Genosse Erster Kreissekretär, schauen Sie sich beim Abendbrot die drei Scheiben Wurst mal an, die sind so dünn, als hätten die Küchenbullen sie unter dem Mikroskop geschnitten.«)

Danach mußte Verpflegungsoffizier Klinzing beim Ersten zum Rapport antreten.

In der Bundeswehr sind normalerweise Zivilisten für die

Verpflegung verantwortlich. In der NVA wurden nur hoch-rangige Offiziere für diesen, in der sozialistischen Mangel-wirtschaft höchst sensiblen Bereich eingesetzt. Verpflegung war Kommandeurssache. »Ein Prinzip, das die NVA von der Sowjetarmee übernommen hatte. Denn bei uns konnte man eben auch mit der Margarine- und Harzerkäsebelieferung ei-nen Krieg gewinnen oder verlieren«, erklärt Klinzing.

Als Verpflegungsoffizier hätte er sehr anschaulich und schon eher als manch anderer Offizier das Mißverhältnis von sozial-istischem Ideal und gelebter Praxis kapiert. »In meinem Dienstzimmer hing ein Bild von Gorbatschow. Und als wir Offiziere im Herbst 1989 den Befehl erhielten, uns bei der zweiten großen Dienstagsdemo in Salzungen unter das Volk zu mischen und für Ordnung zu sorgen, bin ich nicht draußen vor der Kirche stehengeblieben, sondern mit hinein gegan-gen. Heute klingt das banal, aber damals, keiner wußte ja, wie es kommt! Ich habe mich im Gotteshaus zu Wort gemeldet und gesagt, daß wir in der Kaserne solidarisch mit dem Volk auf der Straße und in der Kirche sind. Und daß es sinnvoller wäre, weniger Geld für die Rüstung auszugeben und statt des-sen vielleicht diese Kirche zu renovieren. Ich bedauerte auch, daß der Erste SED-Kreissekretär Hans-Dieter Fritschler draußen stände und nicht hier in der Kirche sprechen würde.

Da klatschten die in der Kirche Sitzenden und Stehenden! Beifall für mich, einen Offizier und ein Mitglied der SED! Wahrscheinlich urteilten die Menschen damals noch unvor-eingenommen, waren noch nicht geistig fremdgesteuert von ›BILD‹ und der D-Mark. Und den neuen politischen Dema-gogen, wie den sich als Opfer des Sozialismus ausgebenden CDU-Landtagsabgeordneten Dr. Hans-Peter Häfner, der freiwillig in der Kampfgruppe diente und heute, sobald sich jemand von der PDS im Landtag zu Wort meldet, was von den ›Erben der SED-Diktatur‹ schreit!«

Klinzing hat nach einem kurzen Zwischenspiel bei der Bundeswehr als freier Händler in Ilmenau West»broiler« verkauft. Danach Vertreter für die Beamtenversicherung. »Und überall, wo ich klingle, mache ich kein Hehl daraus, daß ich früher Offizier und SED war und heute PDS.« Zwar halte er den Kapitalismus nach wie vor für eine parasitäre, unmoralische Ellenbogengesellschaft, die keine günstige Gewähr für die Zukunft der Menschheit biete, aber er beharre nicht mehr rechthaberisch auf dieser, seiner Meinung. Er verurteile niemand, der anders denke. »Ich mußte mir nach der Wende das aneignen, was bei uns immer Mangelware gewesen ist: Toleranz. Das was die Sieger nun auch nicht brauchen, denn Herr Baldus und andere müssen jetzt nur das weiter leben, was sie schon immer gelebt haben und was sich bestätigt hat, ihre Antihaltung zum Sozialismus.«

Wobei ihm der Baldus nie unsympathisch gewesen wäre, im Gegenteil. Bei der Armee hätte er ihn als einen witzigen und geistreichen Skatspieler geschätzt. »Und als Landrat?« »Mir ist in dieser Zeit einer lieber, der seine fundierte Meinung durchsetzt, als einer, der von Tuten und Blasen keine Ahnung hat und sich von jedermann beschwatzen läßt. Besser dieser Wessi als solch ein gewendeter ostdeutscher Karrierist.«

Und außerdem: »Hätte der Baldus in der DDR gelebt, wäre er wahrscheinlich nicht nur ein NVA-Offizier, sondern ein NVA-General geworden. Und nicht nur ein Vorsitzender vom Rat des Kreises, sondern ein Vorsitzender vom Rat des Bezirkes.«

Ich muß bei der Erinnerung an dieses Sonntagsgespräch und der Vorstellung »Baldus als Ratsvorsitzender« immer noch in mich hinein grienen, als schon die ersten ernsthaften morgendlichen Gesprächspartner in seinem Zimmer sitzen. Frau Dumont, die Tourismusverantwortliche, im großblumigen Kleid, und der Bürgermeister aus dem hessischen Kali-Nachbarort

Philippsthal. Der Bürgermeister beklagt, daß der geplante Radweg vom hessischen Philippsthal in das thüringische Vacha vom Meininger Straßenbauamt immer noch nicht genehmigt wäre. »Es ist wenig übriggeblieben von der Euphorie der Grenzöffnung«, sagt der Philippsthaler. Und Frau Dumont schlägt vor: »Man müßte inzwischen wegen der für Fußgänger gefährlichen Bundesstraße einen Notgehweg zum Laufen bringen.« Baldus informiert, daß die Genehmigungsstempel auf dem Radwegprojekt immer noch fehlen, und bedauert, daß man die Stempel nicht 1990 vor seiner Zeit komplikationslos hätte draufdrücken lassen. »Als es hier noch kein BRD-Baurecht gab.« Anstelle einer Genehmigung der Radwegplanung hätte das Straßenbauamt für die todesgefährliche B 62 zwischen Vacha und Philippsthal lediglich ein Schild aufgestellt: »Gesperrt für Fußgänger und Radfahrer«. Nun müßten die Wanderer und Radfahrer auch mit dem Auto von Vacha nach Philippsthal fahren. Und Frau Dumont schlägt noch einmal vor: »Man müßte einen Notgehweg zum Laufen bringen.« Und der Philippsthaler Bürgermeister schimpft, daß die Thüringer Kalikumpel (»bestimmt auch welche, die in unserem Partnerort Vacha wohnen«) inzwischen die Autoreifen auf dem Parkplatz vor dem hessischen Kalibetrieb in Philippsthal zerstechen, den Lack zerkratzen. Dabei wäre es doch nur logisch und vor allem billig, die Gruben in Thüringen und nicht in Hessen zu schließen. »Denn, mal übertrieben gesagt, in Hessen muß die ›Kali und Salz AG‹ für einen entlassenen Kumpel so viel Abfindungsgeld hinblättern wie in Thüringen für zwei entlassene Kumpel.« Frau Dumont verstehts nicht recht, meint, es handle sich immer noch um die Realisierung des vertrackten Radweges von Ost nach West und schlägt zum drittenmal vor, einen »Notgehweg zum Laufen zu bringen«.

Am Nachmittag gebe ich im Büro vom Landrat meinen Kaffee- und Kuchenausstand. Dann fahre ich nach Immelborn.

Bevor sich am Abend die Mitglieder der »Interessenge-
meinschaft Kiesliegenschaft« mit der Firma Kirchner und dem
Landrat in der Turnhalle treffen, möchte ich mit deren Vorsit-
zendem Gerhard Weißenborn sprechen. Weiß nicht, wo er
wohnt, und will im Gemeindeamt fragen. Doch nur in der
»Schuldnerberatung« klappert freitags noch eine Schreibma-
schine. Über dem Schreibtisch hängt ein Spruch: »Mitten im
Chaos sprach eine Stimme zu mir, die sagte: Sei ruhig und
lächle, es könnte schlimmer kommen. Und ich war ruhig. Und
ich lächelte ... Und es kam schlimmer.« Noch würden wenige Leute die Schuldnerberatung aufsuchen, sagt die Frau
am Schreibtisch. Man schäme sich im Dorf, wo jeder jeden
kenne. »Aber es gibt schon alleinstehende Mütter, die ihre
Kinder krank melden müssen, wenn ein Klassenausflug dreißig Mark kostet.« Und in ihrer Nachbarschaft sei ein ansonsten sehr solider sparsamer Frührentner inzwischen fünfstel-
lig verschuldet. Der hätte für seinen Sohn technisches Gerät
und einen kleinen LKW auf Raten besorgt, sei sicher gewesen, die Schulden bald begleichen zu können, denn er hätte
mit den von Kirchner versprochenen fünfzehn Mark pro
Quadratmeter für sein Kiesgrundstück gerechnet. Genaueres
könnte mir der Herr Weißenborn erzählen.

Sie zeigt mir den Weg. Gleich um die Ecke, ein kleines,
farbenfroh bemaltes Einfamilienhaus. Gerhard Weißenborn,
früher Lehrer, hat wenig Zeit. Er muß die abendliche Kies-
Versammlung noch vorbereiten und stapelt mir nur dicke Ak-
tenordner auf den Küchentisch und holt »das Papier aller Papiere«. Darin teilt die Hermann Kirchner GmbH & Co. KG
aus Bad Hersfeld den Eheleuten Inge und Gerhard Weißenborn am 5. August 91 folgendes mit: »Wie Sie wissen, haben
wir den Kaufvertrag (vom 25. August 1990, d. A.) mit Ihnen
und den anderen Verkäufern zum Erwerb der Kiesvorkommen
abgeschlossen. Der vereinbarte Kaufpreis von 15,– DM/qm
war daher von den vorhandenen Kiesvorkommen bestimmt.

[...] Nach Abschluß des Kaufvertrages mußten wir feststellen, daß in der früheren DDR in einer fortgeltenden Verordnung vom 15. August 1990 bestimmt war, daß Kiesvorkommen nicht den Grundstückseigentümern, also Ihnen, gehören, sondern als sogenanntes Bergwerkseigentum Eigentum des Staates sind. Sie haben uns also – was Ihnen natürlich nicht bekannt war – Kiesvorkommen verkauft, die Ihnen gar nicht gehörten. Da die uns verkauften Grundstücke somit mit Mängeln behaftet sind, haben wir nach unserer Wahl das Recht des Rücktritts oder der Preisminderung. Laut einem uns vorliegenden Gutachten eines Grundstückssachverständigen beträgt der Grundstückspreis 0,60 DM/qm. Wir möchten Ihnen im Interesse einer einverständlichen Regelung jedoch entgegenkommen und Minderung des Kaufpreises von 15,– DM/qm auf 1,40 DM/qm erklären [...] Im Falle der Minderung würden die bereits an Sie ausgezahlten Zinsen angerechnet, im Falle des Rücktritts müßten sie an uns zurückgezahlt werden [...]«

Ich blättere in den Akten. Briefe an Weizsäcker, Süssmuth, Kohl, Kinkel, Krause, Möllemann, Vogel, Engholm, Däumler-Gmelin, Klose, Bohn ... Und fast alle haben brav geantwortet.

»Der Bundeskanzler hat mich gebeten, Ihnen für Ihr Schreiben zu danken [...] Schreiben weitergeleitet [...] Dr. Wittstock.«

»Der Herr Bundespräsident hat mich gebeten, Ihnen und den Mitunterzeichnern für Ihren Brief vielmals zu danken [...] Eine Ablichtung Ihres Schreibens wird zur Prüfung Ihres Anliegens weitergeleitet [...] Dr. Bernd Fackenbach.«

Anstelle des Wirtschaftsministers antwortet Dr. Kulmann, daß er leider keine Möglichkeit sähe, wegen des Kaufpreises von 1,40 DM einzugreifen ...

Bundesverkehrsminister Krause, der den Einigungsvertrag mit dem unterschiedlichen Bergrecht ausgehandelt hatte, dankte für das Vertrauen und den aufschlußreichen Brief, er würde ihn weiterleiten an Dr. Kulmann …

Abends in der Turnhalle reichen die Stühle und Bänke nicht. Einige Männer lehnen an den Sprossenwänden. Wie in Oechsen, denke ich. Aber heute hat Landrat Baldus seine Frau mitgenommen und sie vorsorglich in die erste Reihe gesetzt! Kirchner selbst ist nicht erschienen, er hat nur den kleinen Wuchert vorgeschickt. Und der versucht bei seinem Eintritt, sehr gerade zu gehen und zu lächeln. Aber schon, als er sich durch die Reihen drängelt, schubsen ihn einige an die Sprossenwand.

Gerhard Weißenborn berichtet von dem bisher erfolglosen Briefwechsel und von Kirchners Zugeständnis, sechs Mark für den Quadratmeter zu zahlen. »Doch wir werden unser Land nicht unter fünfzehn Mark weggeben. Niemals, Herr Wuchert!« Beifall.

Wuchert versucht, forsch dagegen anzureden. »Sechs Mark, das ist das Maximum. Wenn wir wegen der fehlenden Kiesabbaugrundstücke Leute entlassen müssen, geht das auf Ihre Kappe!« Und er droht mit Gerichten, mit Grundabtretungsverfahren – der einstweiligen Enteignung. »Und nach dem Ausbaggern erhalten Sie selbstverständlich Ihre Grundstücke zurück, sogar als lukrative Wassergrundstücke!« Das ist zuviel. Fäusterecken und Geschrei: »Und dich, Wuchert, findet keiner, wenn du erst im Kiessee schwimmst!« »Der Kerl hat den Namen, den er verdient!« »Geldschweine!« »Blutsauger!« »Kapitalistenknecht!«

Der Landrat versucht zu schlichten, will beide Seiten zu Gesprächen einladen. Natürlich denke er nicht daran, ein Grundabtretungsverfahren einzuleiten, aber er müßte auch die Interessen des Unternehmers Kirchner und der übriggebliebenen Kiesarbeiter berücksichtigen.

Wahrscheinlich durch die Rede des Landrates ermutigt, steht ein Mann in blauer Schlossermontur auf. Sofort Buhrufe in der Turnhalle. »Ich werde mein Kiesgrundstück verkaufen, auch für sechs Mark. Und ich bitte alle hier Anwesenden, es ebenfalls zu tun.« Er kann nicht weiterreden. »Schlimmer als Judas! Nur, damit du deine Arbeit im Kieswerk behältst. Verräter!«

Arbeiter gegen Arbeiter, Grundstückseigentümer gegen Grundstückseigentümer. Nichts stimmt mehr. Ein kleiner, älterer Mann, der die wenigen Haare sorgfältig gescheitelt hat, versucht, sich mitten im Saal Gehör zu verschaffen. Man könne doch jetzt nicht nur wegen des Bergrechts den gesamten Einigungsvertrag in Frage stellen. Die nächsten wären die adligen Gutsbesitzer, die dadurch ermuntert gegen die Bodenreform klagen würden. »Meine Schwester hat nach dem Krieg in der Nähe von Seelow einige Hektar Bodenreformland erhalten, ein kleines Häuschen für die Familie darauf gebaut, einen Stall für die Kühe.«

Von hinten schreit einer den kleinen Mann an: »Egon, mich interessieren die Bauern in Mecklenburg einen Scheißdreck! Von mir aus können die Gutsbesitzer ihr Land zurückholen. Hauptsache der Kirchner, dieser Dreckskerl, zahlt uns die fünfzehn Mark.«

Irgendwann rufen einige: »Wuchert, mach, daß du hier raus kommst!« Und der steht auch sofort auf und geht, sichtlich erleichtert, aus der Turnhalle.

Und weil danach niemand mehr da ist, an dem man seine Wut auslassen kann, beendet Weißenborn die Versammlung. Es ist Freitagabend, kurz vor dem Fernsehkrimi. Die Leute gehen zwar schimpfend, aber sehr schnell auseinander.

Vor der Tür verabschiede ich mich von Baldus. Bedanke mich für die vierzehn Tage, die ich ihn bei seiner Arbeit beobachten durfte.

ALS MEINE FRAU UND ICH ERFUHREN, DASS WIR KEINE KINDER HA-
BEN WERDEN …

… war das eine sehr schwierige Situation für uns. Beim ersten Mal, da war Rosemarie 19, sagten die Ärzte, naja, es ist
schiefgegangen, der Fötus hat sich nicht entwickelt. Aber als
das gleiche auch beim nächsten und übernächsten Mal passierte … nachdem es sicher war … irgendwann habe ich dann
gesagt, es gibt noch viele andere Kinder … wir haben dann
zwei Kindern in der Dritten Welt die Ausbildung bezahlt …

Der Satz, daß ich später während der Armeezeit meine Frau
überall mit hingenommen habe, wo ich hinmußte, ist genauso
falsch wie der Satz: Ich habe meine Frau in den Urlaub mitgenommen! Nein, wir sind zusammen in den Urlaub gefahren.
Und so war es auch bei allen anderen Dingen, obwohl es
nicht immer dort lang ging, wo sie vielleicht hinwollte. Jeder
Umzug war für meine Frau ein Graus, aber Umzüge gehören
zum Armeeleben. Sie ist daran fast kaputtgegangen. Wir haben von 1972 bis 1979 in Hamburg gewohnt. Und als ich in
dieser Zeit die Kasernen wechseln mußte, bin ich eben gefahren oder habe die ganze Woche ein Junggesellenleben
geführt. Aber das fand ich auch nicht sehr toll. Wir sind also
wieder umgezogen, und Rosemarie hatte keine Arbeit mehr.

In den Osten wollte sie mit, da waren wir uns einig, da haben wir vier Wochen lang darüber nachgedacht. Und wenn
sie es nicht gewollt hätte, wäre ich nicht hierher gegangen.

Wie ich meine Frau kennengelernt und ausgesucht habe?
Na, wie alle anderen auch. Zuerst mal nehmen, was man
kriegt. Und dann sortieren. Aber Zuneigung war schon dabei.
Sie war damals sehr sanft, das hat sich etwas verändert. Vielleicht ist sie deshalb glücklicherweise nicht an mir zerbrochen,
sondern mit mir gewachsen. Wir haben uns einander angepaßt. Wie ich mich angepaßt habe? Ja, da müssen Sie mal

meine Frau fragen, über sowas muß man nicht unbedingt sprechen … Ich bin monogam geworden. Und nicht aus Bequemlichkeit, sondern aus Überzeugung, das hängt mit meiner neuen Werteordnung zusammen. Ich möchte meine Frau nicht verletzen, auch nicht von ferne. Aber junge, blonde, blauäugige, langbeinige Frauen machen mich immer noch verrückt. Allerdings erfreuen sich nur noch meine Augen und gelegentlich mein Herz an ihrem Anblick. Und wenn dazu noch eine sanft ist und auch so mit mir spricht und auch noch zu erkennen gibt, daß sie mich als Mann akzeptiert – nein, nicht als Landrat, sondern als Mensch und auch nicht wegen der Intelligenz, das kriegen die doch so schnell gar nicht mit …

Die Demonstration

Zwei Wochen nach der Kiesversammlung treffe ich Baldus wieder. Er steht oben auf der Tribüne, ich stehe unten bei den Demonstranten. Die sind in aller Herrgottsfrühe von Merkers aus mit schwarzen und roten Fahnen auf Salzungen marschiert. Treffen sich zu Tausenden auf dem Marktplatz. Bergleute in festlichen Uniformen oder weißen Arbeitsanzügen. Pfarrer in schwarzen Talaren. Arbeiter aus dem Hartmetallwerk Immelborn in blauen Schlossermonturen. Becker Junior und der schmächtige Jüngling, die immer noch die Klosterbrauerei besetzt halten. Peter Arnold, der Schweizer, steht allein. Andreas und die Obdachlosen hocken heute nicht neben der Bier-Bockwurst-Bude.

»Der Steiger kommt« – inbrünstiger Gesang. Dann stimmt jemand »Wann wir schreiten Seit an Seit« an, aber weil die meisten bei diesem Lied noch immer an den verordneten 1. Mai denken und weniger an die Tradition dieses Kampfliedes, verstummt es nach wenigen Takten.

Auf der Tribüne stehen der Thüringer Wirtschaftsminister Bohn, der CDU-Landtagsabgeordnete Häfner, der Merkerser Betriebsratsvorsitzende Schmidt, Landrat Baldus, Wollny, der Bürgermeister aus Merkers, Frau Glauberechts von der IG Bergbau & Erden in Bochum und Friedhelm Teusch, Vorstandssprecher der Mitteldeutschen Kali AG. Er trägt auffällig dicke Brillantringe oder ähnliche Klunker an den Fingern. Und ich frage mich, weshalb mir das gerade jetzt und gerade hier auffällt.

Wollny warnt von der Tribüne aus: »Wenn die Kalikumpel an der Werra sich auseinanderdividieren lassen, sind sie schon verloren.« Bohn versichert, daß der Landesvater Vogel sehr überrascht und schockiert sei, er werde das Kaliproblem zur Chefsache machen. (Kein Wort darüber, daß der Landesvater als Mitglied des Treuhand-Ausschusses eher als alle anderen Beteiligten und Betroffenen von der Übergabe der Thüringer Kaligruben an die Hessen wußte und dem zustimmte.) Baldus fordert die Verlängerung der Zeitschiene, denn noch nie sei ein deutsches Bergwerk innerhalb eines Jahres, wie jetzt in Bischofferode und Merkers vorgesehen, geschlossen worden!

Den CDU-Landtagsabgeordneten Häfner kann ich kaum verstehen. Unruhe und Unmut neben und hinter mir, während er spricht. Mein Nebenmann pfeift und schreit »Abtreten!« Ich frage ihn, was er gegen Häfner hätte. Und er schreit, daß er mit dem zusammen in der Kampfgruppe des Kalibetriebes »gekämpft« hätte. »Allerdings bin ich als SED-Genosse nur mit Parteiauftrag reingegangen, der Häfner tat es freiwillig, der war ja kein Genosse. Und als ein Politbürobeschluß befahl, daß nur noch SED-Mitglieder in der Kampfgruppe der Arbeiterklasse kämpfen dürfen, hat der Häfner gebettelt und gebettelt, damit er bleiben darf. Wegen der Kampfgruppenrente, die ihm nach fünfzehn Jahren zustand.« Doch die hätte er nun nicht mehr nötig. »Jetzt kassiert er die Diäten und danach die Abgeordnetenrente – immer noch doppelt soviel als unsereiner für die Arbeit unter Tage bekommt.« Diese Sorte denke wie früher nur an sich. Weshalb auch sollte er an die Kumpel denken?

Die Buhrufe und Pfiffe steigern sich, als zum Schluß Frau Glauberechts und der Vorstandssprecher Teusch die Schließung als Notwendigkeit für die Sicherung der Zukunft der deutschen Kaliindustrie begrüßen. Und während Teusch seine Auftragsrede mühsam absolviert, hält ein Kumpel in der Menge einen Brief in die Höhe und versucht, die Lautsprecher zu überschreien. Der Brief stammt vom dritten Januar 1993, ist also noch nicht einmal einen Monat alt. Geschrieben hat ihn Doktor Ralf Behtke, der Chef der Kali und Salz AG: »Sehr geehrte Mitarbeiterinnen, sehr geehrte Mitarbeiter [...] Wir alle sind darüber froh, beide deutsche Kaliunternehmen zu vereinen, weil damit endlich die Voraussetzungen geschaffen wurden, das neue Unternehmen zu gestalten und unseren Mitarbeiterinnen und Mitarbeitern für die Zukunft klare Perspektiven aufzuzeigen [...] Im Gemeinschaftsunternehmen wird die neue Einheit jeden Tag gelebt [...]«

Inzwischen versteht man sein eigenes Wort nicht mehr. Teusch, hochrot im Gesicht, öffnet und schließt den Mund wie in einem Stummfilm. Und mechanisch stecke auch ich zwei Pfinger in den Mund, pfeife und pfeife. Plötzlich scheint alles klar: Wir hier unten gegen die da oben! Bis der Aufsichtsratsmensch, ohne seine Rede beendet zu haben, vom Mikrofon zurücktritt. Siegesjubel unten. So als hätte er nicht nur seine Rede abgebrochen, sondern die Schließung des Kalibetriebes zurückgenommen.

Ein kurzer Rausch. Noch vor dem Katzenjammer laufe ich zum See. Andreas, Marx und Stander sitzen am stadtfernen Ufer auf einer Bank. Sie sind, was ich bisher noch nicht erlebte, schon zu dieser Mittagsstunde stinkbesoffen. Stander lallt: »Wie die Heuschrecken, wie die Heuschrecken sind sie gekommen!« Er hätte vor der Demo auf dem Markt neben der Bockwurstbude gesessen. »Doch die stellten sich über mich, so als säße ich nicht dort, sondern wär nur ein Haufen Pferdescheiße. Als würden sie mich gleich zertrampeln.« Neben den Dreien liegt einer regungslos auf einer alten Decke. Als ich ihn rüttle, sagt Andreas: »Laß ihn, der erfriert nicht, Schnaps wärmt.« Und dann jammert Andreas, daß er sofort aufhören würde mit dem Saufen, sofort, wenn er eine Arbeit hätte. Er heult. »Eine Arbeit, ich brauche eine Arbeit.« »Irgendeine«, frage ich. Ja, er würde alles machen. »Auch Scheiße fahren.«

»Gut«, sage ich, »ich werde mich umschauen.«

Am Nachmittag frage ich zuerst in Geschäften, danach in den wenigen noch arbeitenden Salzunger Betrieben. Im Blumenladen an der Ecke zum Landratsamt sagt die nette Verkäuferin, daß sie keine Hilfe brauche, weder zum Umtopfen noch zum Tragen der Pflanzenstiegen. Im Supermarkt »An den Beeten« bedauert die Kassiererin, es würden schon elf gelernte Verkäuferinnen auf der Warteliste für Kartonauspackerinnen stehen. Und auch im Baumarkt brauchen sie nicht einmal einen Hofkehrer. Im Kaltwalzwerk schickt mich schon der Pförtner zurück. Er hätte die Anweisung, keine Betriebsfremden zum Personalchef vorzulassen. »Nur schriftlich, junger Mann, nur schriftlich.« Aber auch das sei sinnlos, denn sie würden zur Zeit die eigenen Leute entlassen müssen. Im Salzunger Pumpenwerk gelange ich sogar bis zu einem stellvertretenden Abteilungsleiter. Und der verspricht mir, weil ich ihm die Geschichte von Andreas haarklein erzähle, bei seinem Bruder in München nachzufragen, der besäße dort eine Knochenmehlfabrik mit leider hoher Fluktuation.

Als es schon dunkel wird, haste ich noch zum Friedhof, finde in der Friedhofsverwaltung einen älteren, freundlichen Mann. Der informiert mich, daß er in Personalfragen bei Strafe einer Abmahnung keine Auskunft geben darf. Das sei allein Sache der Stadtverwaltung. Allerdings müßte ich dort nicht nachfragen, denn sie würden weder einen Totengräber noch einen Grabpfleger brauchen . . .

Ich kaufe eine kleine Flasche Rhöntropfen und gehe zum See. Er glitzert wie mit Gold und Silber überzogen, Laternen und Sterne spiegeln sich in ihm. Andreas und seine Kumpel finde ich nicht mehr. Also setze ich mich allein auf eine Bank und trinke Schluck für Schluck vom Rhöntropfen.

Er wärmt wirklich.

Zwei Wochen später erkaufe ich mir für fünfunddreißig deutsche Mark das Privileg, das inzwischen viele Merkerser Kalikumpel nicht mehr besitzen: die Einfahrt in die Grube.

Eine Schulklasse, vier Franzosen, einige Bayern, ein Rentnerverein, zwei Polen-Deutsche wollen mit mir hinunter in das 1990 eröffnete Kali-Erlebnisbergwerk. Treffpunkt zur Grubenfahrt im »Bergwerksstübl«. Hier verkauft ein früherer Steiger, nun Kassierer, zusammen mit zwei Obersteigern, die uns in die Grube begleiten werden, Eintrittsbilletts und Ansichtskarten. Außerdem werden den Touristen zum Kauf angeboten: Trinkflaschen der ehemaligen Kampfgruppe der Kalikumpel – das Stück für 9,90 Mark. Dunkle Basaltsteine aus eintausend Meter Tiefe – das Stück für 8,00 Mark. Genauso viel kostet das Abzeichen »Aktivist der sozialistischen Arbeit«. (»Dafür mußte unsereiner«, sagt der Obersteiger, »allerdings einige Jahre hart unter Tage arbeiten.«) Bergwerkskrawatten mit Silberstickereien sind am teuersten. Die kosten 16,50 Mark. Alles inklusive Mehrwertsteuer. Einer der Bayern kauft sich die Auszeichnungs-Medaille »Bester Steiger« – das Stück für 14,90 Mark. Und verkündet grinsend: »Die werde ich mir heute abend an den Schlafanzug stecken, bevor ich zu meiner Alten ins Bett steige.« Die zwei Obersteiger schauen irritiert auf die Spitzen ihrer schweren, schweinsledernen, schwarzen Arbeitsschuhe.

In der Kaue ziehen wir weiße Jacken an, setzen den Helm auf und hängen das Geleucht vor die Brust. Dann marschieren wir zur Hängebühne. Davor zwei nicht mehr frische Fichtenkränze mit schwarzen Schleifen. »Ein Unfall in der Grube?« fragen die Schüler. Die Steiger antworten nicht. Wir drängeln uns in die hängenden Förderkörbe. Käfige mit stählernen Gitterstäben. Fünf metallisch tönende Anschläge. Es geht abwärts. Rund vierhundert Meter in neunzig Sekunden. Die Schüler kreischen: »Das ist fetziger als im Erlebnispark Geiselwind!« Der Obersteiger, nun Touristenführer, schweigt immer noch. Er hält das Grubenlicht mit beiden Händen umfaßt, so als ob er bete. Ein rötlich leuchtender, von seinen Händen beschützter Embryo. Unten in den fabrikgroßen Hallen und den Gängen, in denen umgebaute Lastkraftwagen fahren können, hängen wir zuerst unsere Fahrmarken an die Tafel neben dem Förderkorb. Ich zähle einundsiebzig. »Es sind sechzig Touristen unten und elf Kumpel«, sagt der Steiger. »Und früher?«

»In jeder Schicht über zweihundert Kumpel.«

Im offenen Mannschaftswagen, der ansonsten die Kumpel vor Ort bringt, rattern wir kilometerweit durch das unterirdische Reich des weißen Goldes. Besichtigen das Museum (1911 hat man in Merkers mit der Kaliförderung begonnen), die Vortriebsstrecken, die Salzlager (Vorräte für vierzig Jahre bei rund fünfundzwanzigtausend Tonnen täglicher Förderung), den in der Welt größten und einzigen Schaufelradbagger unter Tage (er arbeitete in einem riesigen Vorratsbunker, der angelegt worden war, damit die Kumpel, die nie so viel Kali fördern konnten, wie gerade gebraucht wurde, weniger Wochenendschichten fahren mußten), den Goldraum, in dem im April 1945 Gold, Geld und Gemälde der Deutschen Reichsbank eingelagert waren und deren Abtransport Eisenhower persönlich leitete. Und zum Schluß die Kristallhöhle, ein erst vor kurzem entdeckter Tropfsteinpalast. Er soll demnächst durch die UNESCO geschützt werden.

Die Bergleute, die ihn entdeckten, werden dagegen wohl ungeschützt ins Bergfreie stürzen.

Noch wehren sie sich. Vor dem Werktor stehen vielleicht dreißig von ihnen um hoch auflodernde Flammen. Wärmen sich die Hände am flackernden Feuer und die Bäuche mit heißem Tee.

Der Grubenelektriker Jürgen Scholz, Betriebsrat, kaum vierzig Jahre alt, kurzer Igelhaarschnitt, legt Holz nach. Planken und Gitter aus der Kalifabrik. Er berichtet von seiner letzten Begegnung mit dem Chef der IG Bergbau-Erden, Herrn Berger. »Das war auf der Gesamtbetriebsrätesitzung in Erfurt. Dort forderten wir, daß die hessischen und Thüringer Gruben noch einmal ganz akkurat auf ihre wirkliche Rentabilität, Lagerkapazitäten und den Salzgehalt untersucht würden. Ja, hätte der Berger damals gesagt, damit sei er einverstanden. Aber nur die Ostbetriebe müßten analysiert werden.«

Die Flammen lodern wieder hoch auf. »Die machen in Thüringen dicht, um unser Kali später von Hessen aus abzubauen. Und die Politiker, die solidarisieren sich mit Tod und Teufel, die würden auch mit den Kleintierhaltern gegen die Hühnerpest protestieren, um wieder gewählt zu werden.«

Das Wort »solidarisch« läßt die Kumpel wie auf Kommando verstummen. Danach erklärt mir Scholz kleinlaut, daß sie vor einem reichlichen Jahr, als die Sulfatfabrik im benachbarten Dorndorf geschlossen wurde, nicht mit einem einzigen Satz, geschweige denn mit einem Streik, Solidarität mit den betroffenen Dorndorfer Kumpels geübt hätten. »Im Gegenteil, die meisten von uns waren froh, daß die zumachen mußten. Dafür, so dachten sie, könnte unsere Fabrik in Merkers sicherer überleben.« Denn schließlich sei ihre neue Granulierungsfabrik, für einige Millionen gebaut, kurz vor der Produktionserprobung gewesen. Keiner hätte damals an das eigene Ende geglaubt.

Ich frage, ob sich auch der Schweizer Kaliexperte Arnold

an der Mahnwache beteiligt. Nein, den hätten sie rausgeschmissen!

»Der hetzt uns nur die Kumpels auf«, sagt der Alte mit der
schwarzen Fahne. »Doch wir brauchen jetzt keinen Kriegs-
zustand, wir wollen mit den Chefs der Kali und Salz AG in
Kassel verhandeln. Und wenn ich verhandle, kann ich ihm
nicht in der Dunkelheit Beulen in seinen Mercedes schlagen.«

Jürgen Scholz hat neues Holz geholt. Zerhackte Büromö-
bel. »Wir verbrennen unseren Betrieb.« Er hat, wie er sagt,
Tränen im Arsch, aber er lacht.

Den Landrat treffe ich nun nur noch sporadisch. Doch jedesmal, wenn ich ihn zur Kalisituation befrage, hat er nur noch
eine Antwort: »Wenn Grube und Fabrik geschlossen werden,
und ich zweifle nicht mehr daran, bleibt nur noch die Möglichkeit, den Kalibetrieb mit Landesfördermitteln in einen
großen Recyclingpark einschließlich Müllverbrennungsanlage umzuwandeln. Müll ist die einzige Chance der Kumpel
für neue Arbeitsplätze!«

Im März beschließen die Kumpel in Bischofferode und
Merkers, nach Bonn zu fahren und dort gegen die Schließung
ihrer Gruben zu demonstrieren. Und weil auch die Kirchen-
männer auf dem Salzunger Marktplatz solidarisch mit den Ka-
lileuten protestierten, denke ich, daß sie in Bonn im schwarzen Talar in der ersten Reihe marschieren werden. Ich fahre
zum Tiefenorter Pfarrer Sobko. Er wohnt in der Ernst-Thäl-
mann-Straße Nummer fünf.

An der Wand seines Pfarrhauses ein Blumengemälde und
dazu ein Gedicht von Peter Härtling.

>   »Wenn jeder eine Blume pflanzte
        jeder Mensch auf dieser Welt
        und anstatt zu schießen tanzte

und mit Lächeln zahlte statt mit Geld –
wenn ein jeder einen andern wärmte
keiner nur von seiner Stärke schwärmte ...«

Aber Pfarrer Sobko wird nicht, wie ich annahm, seine Kali-
schäfchen nach Bonn begleiten. Niemand hätte ihn darum
gebeten! Außerdem seien die Kumpel in der DDR immer als
positives Beispiel von Partei und Regierung gelobt worden,
aber im Herbst 89 feig und bequem gewesen. »Als sich in unserer Kirche die Protestierenden drängelten, gingen die Kumpel noch lange nicht auf die Straße, geschweige denn, daß sie
ihre roten Direktoren entlassen hätten. Und sie haben den
Dorndorfern bei der Schließung ihrer Fabrik so wenig beige-
standen wie heute die Unterbreizbacher den Merkersern bei-
stehen.« Nein, die Kalikumpel trügen ein gerüttelt Maß
Schuld an ihrer jetzigen mißlichen Lage.« Und nicht einmal
als Arbeitslose finden sie den Weg zum Gespräch in mein
Pfarrhaus.«

Die Kirchgemeinde des Nachbarortes Kieselbach (dort
nahm sich ein Kalikumpel das Leben) hat, nachdem die Pfar-
rersfrau mit dem Schweizer Arnold wegging und Pfarrer
Wagner nach Merkers versetzt wurde, noch keinen neuen
Seelsorger.

Der ehemalige Pfarrer Wagner wohnt am letzten Ende von
Merkers, hinter dem hohen Bretterzaun des Kalibetriebes. Als
ich ihn besuche, hängt die Küche voller Kinderwäsche. Sie
trocknet über dem Herd. Zwei der vier Kinder leben bei ihm.
»Ich kann auch deshalb nicht weg, muß bei ihnen bleiben.
Sonst wäre ich vielleicht in Bonn mitmarschiert.« Er leide unter der Trennung, sagt er. Obwohl er gewußt hätte, daß nichts
außer Gott sicher sei, schmerze ihn der Verlust der Liebe und
der Verlust seiner Kirchgemeinde. Gerade jetzt, wo die Kirche
Antworten über den Wert der Arbeit geben und Fragen nach
der Solidarität in dieser Gesellschaft stellen müßte.

Vor der Protestexpedition nach Bonn schlafe ich wegen der zeitigen Abfahrt bei einem der Kalikumpel in Dermbach. (Ich hatte wahllos und ohne ihn zu kennen, bei Franz Beyer geklingelt und um ein Nachtlager gebeten.) Franz Beyer wird im Juni fünfzig und arbeitet dann dreißig Jahre unten in der Grube.

Er weckt mich morgens kurz nach vier Uhr. Im Küchenherd brennt schon Feuer. Die Frau hat abends meine Schuhe zum Anwärmen daneben gestellt. Auf dem Tisch liegt sorgfältig eingewickelt der Reiseproviant für mich. Um halb fünf rutscht Franz Beyer unruhig auf seinem Stuhl hin und her. Um diese Zeit ist er Jahr für Jahr zum Zug gerannt. Gegessen und getrunken hätte er nie zu Hause. »Den ersten Bissen gab es immer unten in der Grube.«

Vor dem Werktor stehen ein Dutzend Busse. Fast alle sind schon besetzt. Ich finde endlich noch Platz neben einem Kumpel mit grauem, wuschligem Bart. Spruchbänder werden schräg an die Fenster geklebt. »Unser Kali – Brot für die Welt und Arbeit für uns«, dann setzt sich die motorisierte Kalikarawane in Bewegung. Wir fahren durch das noch schlafende Merkers. Minuten später der alte Grenzwachturm hinter Vacha. Und dann Philippsthal und das Hessische Kaliwerk Hattdorf. Die Förderräder dort drehen sich. Die Schlote rauchen. Der Betriebsparkplatz ist lückenlos gefüllt. »Diese Verbrecher, uns abmurksen, um selber zu überleben«, schreit der Graubart neben mir. Drohgebärden im Bus. Geballte Fäuste. »Unser Salz klauen wollen!« »Außen schön lackiert ihre Scheißfabrik, aber innen auch nur ne Rostbude, ich habe es gesehen!« ... Danach Dunkelheit und Stille im Bus. Nur das Radio dudelt. Es ist die Zeit, in der die Kumpel sonst im Mannschaftswagen, dicht an dicht aneinandersitzend, vor Ort fahren. Manchmal zehn Kilometer. Erste Pause auf dem Parkplatz eines Autobahnrasthofes. Invasion der über tausend Kalileute. Trotzdem kein Geschäft für die Gaststätte. Die

Kalikumpel sind Selbstversorger, denn in der Grube gibt es keine Kantine. Alle packen ihre mitgebrachten Brote aus. Nach dem Frühstück, man reicht Korn und Kümmerling umher, werden die Kumpel gesprächiger. Der Graubart neben mir ist schon arbeitslos. »Mit vierzehn Jahren bin ich runter in das Bergwerk, sechsunddreißig Jahre lang bis zu jenem Novembertag im Jahre 1990. Da sagte der Steiger zu mir: ›Sigg, du fährst heute ne dreiviertel Stunde eher aus, sollst zum Betriebsdirektor kommen. Du bist entlassen!‹ Ich wie ein Traumwandler nach oben, geduscht, in der Kaue umgezogen. Und dann überreicht der Chef mir einen Schrieb. Einen Schrieb mit drei Sätzen. Drei Sätze für sechsunddreißig Jahre. Damals waren außer mir meine zwei Söhne und deren Frauen arbeitslos. Nur meine Frau hatte noch Arbeit in der Buchhandlung gleich neben dem Werktor, in dem vor allem die Kumpel Bücher kaufen. Da haben wir im Familienrat getagt und gesagt: Jetzt kann die Familie Miersch nur noch eines retten – wir müssen die Buchhandlung kaufen. Das haben wir gemacht! Die Frau, der Sohn und die Schwiegertöchter arbeiten jetzt darin. Aber wenn der Kalibetrieb schließt, können wir auch die Buchhandlung zumachen.«

Er reicht mir selbstgemachte Knackwurst und einen Verdauungsschnaps. Die Kumpel beginnen, sich im Bus häuslich einzurichten. Lesen, essen, quatschen, dösen. Und stündlich im Busradio in den Nachrichten an erster Stelle: Die geplante Entlassung von zweitausendfünfhundert Stahlarbeitern in Duisburg/Rheinhausen. Überall Proteste dagegen. Selbst der Ministerpräsident solidarisiert sich, alle kümmern sich um Duisburg/Rheinhausen. Mein Nachbar sagt: »Würde Duisburg/Rheinhausen im Osten liegen, kein Wort würde man in den Nachrichten darüber verlieren oder höchstens zwei Sätze kurz vor dem Wetterbericht.«

Die Rheinbrücke. Die Stadteinfahrt nach Bonn. Nun begleiten schwere Polizeiräder unsere Busse. Die Bundeshauptstadt. Stille Neugier im Bus. Einer ruft: »Habt ihr die Plakate mit?« Und ein anderer sagt: »Denen werden wir es zeigen!« Dann ist es wieder sehr ruhig, bis der Bus auf einem Parkplatz einige hundert Meter vom Bundestag entfernt hält. Der Mercedes-Stern dreht sich auf einem Haus. »Wir sind richtig«, sagt Sigg Miersch. »Hier muß also auch die Regierung irgendwo sitzen.« Die Transparente werden ausgeladen. Einige Männer, die das Bier drückt, suchen verzweifelt Deckung zwischen Sträuchern, finden keine, schimpfen auf die Bundeshauptstadt. Dann schreit jemand: »Formiert Euch!« »Wie zum 1. Mai?« »Ja, so ähnlich.«

Immer mehr Polizei auf Krädern und außerdem zwei PKW mit Zivilen, die unentwegt ihre Sprechgeräte betätigen. Die tausendfünfhundert Kalikumpel haben sich formiert. Sie gehen langsam, recken ihre selbstgemalten Plakate in die Höhe. »Schürfen unser Rohsalz erst die Hessen, kannst du deinen Job vergessen.« »Ossis – Menschen zweiter Klasse!« »Hessischer Bergbau raubt Thüringer Salz!« »Herrn Behtkes Konsequenz: Zuerst muß weg die Konkurrenz!«

Fotografen und Fernsehleute suchen nach mediengerechten Motiven. Und dann stoppen wir vor der Absperrung zum Bundestag. Polizisten, aufeinander eingespielt wie die Bühnenarbeiter eines schon hundertmal gespielten Theaterstücks, befestigen stabile Sicherheitsgitter. Vor den Gittern steht hilflos das kleine rote Auto der Merkerser Grubenwehr. Aus dem Lautsprecher plärrt das Deutschlandlied. Die Kumpel scharen sich um das kleine Rote. Und die ersten Redner versuchen sich am Mikrofon des Grubenwehrautos. Doch im Verkehrslärm an der Kreuzung sind die Lautsprecher viel zu schwach. Die Kumpel werden unruhig. Immer mehr Polizisten, nun auch berittene, an der Kreuzung. Und dann stellt sich ein Polizeieinsatzwagen quer zu dem kleinen roten Auto, so daß überhaupt nichts mehr von den Reden zu hören ist. Einige Kumpel rütteln an den Gittern. Und immer lauter: »Schlimmer als bei uns früher!« »Polizeistaat!« »Weshalb sind wir überhaupt hier?« »Wofür sind wir 1989 auf die Straße gegangen?« Einer klettert auf das Gitter und schreit: »Rauf auf die Straße!« Und nun fast im Chor: »Wie im Herbst 89!« »Wir sind das Volk!« »Rauf auf die Straße!« Die Gitter werden zur Seite gedrückt. Die Polizei weicht. Ein Kumpel zerschlägt sein Plakat auf dem Kopf eines Polizisten. Handschellen. Und nun stehen wir hinter den Gittern auf der Straße. Und wie weiter? Wir bleiben stehen. Schimpfen und bleiben stehen. Stehen vielleicht eine Viertelstunde. Dann gehen wir langsam wieder zurück. Aus einem Polizeiauto mit sehr starken Lautsprechern wird zur Ruhe und Besonnenheit gemahnt. Und nun zwängen sich die Redner in dieses Polizeiauto und reden von dort aus ihre Protestreden. Gysi, der aus dem Bundestag herausgekommen ist. Und die Thüringer Europaministerin Lieberknecht. Auch Landrat Baldus. Die Redner sitzen drin und schwitzen und hören, wie in einem schalldichten Rundfunkstudio, nur sich selbst, nicht aber die Buhrufe oder den Beifall. »Euer Kampf ist auch unser Kampf.« »Ersatzarbeitsplätze.« »Wer kämpft, kann verlieren, wer nicht kämpft, hat schon verloren.« »Fusion überprüfen.« Und zum Schluß: »Dreißig Vertreter von uns werden anschließend mit Verantwortlichen aus Politik und Wirtschaft sprechen. Alle anderen können zu den Bussen zurückgehen. Danke für eure Disziplin! Gute Heimfahrt! Glück Auf!«

Abmarsch mit gesenkten Plakaten. An den Bussen stehen Polizisten mit Krädern. Aber das stört nun keinen Kumpel mehr. Dem Bier ist endlich Tribut zu zollen. Und geschlossen, in einer sich ständig erneuernden Reihe von vierzig oder fünfzig Männern, pinkeln die Kumpel am Rand der Straße auf die Wiese. »Auch wenn es heute umsonst gewesen sein sollte, wann werde ich es noch einmal erleben, daß ich unter Polizeischutz in der Bundeshauptstadt neben die Straße pissen kann!« triumphiert einer der Kumpel.

Für die Rückreise hat sich unser schnauzbärtiger, Schlips tragender Busfahrer Albrecht eine andere Route ausgesucht. »Damit ihr noch was Schönes sehen könnt bei eurem Ausflug.«

Er legt die »Zillertaler« auf.

Später geht Sigg Miersch mit dem Hut herum und sammelt für den Fahrer. Abschiedsstimmung. Gegen dreiundzwanzig Uhr der Grenzwachturm bei Vacha. »Wir sind nicht im Westen geblieben«, schreit einer, und einige lachen.

Vor dem Werktor in Merkers stehen wie früher zur Nachtschicht Hunderte PKW. Disko im Kulturhaus. Die zwei jungen Männer, die ich frage, weshalb sie nicht mit zur Protestdemo nach Bonn gefahren sind, antworten mir entrüstet: »*Wir* sind doch keine Kalikumpel.«

»Und was macht ihr?«

Der eine arbeitet in einer kleinen Tischlerei, die Gestelle für die Kalifabrik produziert. Der andere ist Klempner. Zur Zeit repariert seine Firma Kalilaugenrohre.

Wochen später, die Bischofferöder organisieren als letztes Mittel des Widerstandes den Hungerstreik, beenden die Kumpel in Merkers ihre halbherzige Betriebsbesetzung. Jürgen Scholz erzählt mir, daß einen Tag vor Himmelfahrt Herr Backhaus vom Vorstand des Aufsichtsrates im besetzten Betrieb erschienen sei. »Und der versicherte, daß wir nicht auf die Arbeit unter Tage angewiesen wären, auch nach der Schließung würde man genügend Ersatzarbeitsplätze schaffen. Jeder der Kumpel hätte eine sichere Zukunft im Müllpark. Und da rief einer von uns: ›Am besten wir unterbrechen die Betriebsbesetzung für paar Tage.‹ Und weil es ein Tag vor Himmelfahrt war, die Sonne strahlte und überhaupt alles so friedlich war, hat keiner mehr kämpfen, sondern nur noch über eine ordentliche Abfindung verhandeln wollen.«

Gespräche mit dem Landrat (13)

MEIN LEBENSLAUF UND MEINE LEBENSANSICHTEN ...

... sind nicht sehr geordnet, eher sporadisch, stückweise zu erzählen. Also nach der Schule kurzes Zwischenspiel bei der Eisenbahn, danach begann ich eine Verwaltungslehre im Landratsamt Koblenz, beendete sie aber schon beim Praktikum. Und weil ich Geld verdienen mußte, arbeitete ich ein Jahr in einem Lager. Danach die Bundeswehr. Unteroffiziersausbildung. Auswahlprüfung für die Offizierslaufbahn. Offiziersausbildung. Ausbilder. Kompaniechef. Offizier im Divisionsstab. Stabsoffizier. Hörsaalleiter an der Offiziersschule Hannover. Mentor beim Generalstabslehrgang für ausländische Heeresoffiziere außerhalb der NATO. Danach Bad Salzungen.

Als Lagerarbeiter hatte ich begonnen, das Abitur nachzuholen, wollte studieren, zuerst Pädagogik, doch dann dachte ich, daß es wohl böse sein muß: ein Leben lang Lehrer zu sein. Und schrieb mich bei der Bundeswehr für die Fachrichtung Verwaltung ein. Ich hatte die Verwaltungslehre in Koblenz geschmissen, weil das dort im Landratsamt eine schreckliche, tödlich langweilige Angelegenheit war. Man schleuste mich durch alle Abteilungen, und ich begriff sehr schnell, daß die Beamten, vom Sozialamt und der Zulassungsstelle abgesehen, kaum was zu tun hatten. Furchtbar, wenn ich dort saß, die Tageszeitung war schon gelesen und alle Arbeiten waren schon erledigt, aber die Uhr schlug mal gerade zehn.

Es gibt natürlich Gründe, weshalb einer lebenslang am Schreibtisch sitzt und ein anderer lebenslang in der Lagerhalle arbeitet. Aber in dieser Gesellschaft kann jeder seine Chance nutzen. Meine Chance hieß Bundeswehr, und die habe ich genutzt, denn dort müssen alle als Rekruten beginnen, können dann aber bis ganz nach oben kommen. Ich habe ein gutes Stück davon bereits zurückgelegt ...

Doch es gab in der Armeezeit auch einige Jahre, in denen wollte ich nur noch Karriere machen. Knallhart, ohne Rücksicht auf Verluste. So nach dem Motto: »Willst du nicht mein Bruder sein, so schlag ich dir den Schädel ein.« Denn Karriere bedeutete für mich nach den Mißerfolgen mit der Schule, damals eine Art neuer Selbstverwirklichung. Sehnsucht nach Macht war auch dabei. Und das Ziel war schon klar: Berufssoldat. Offizier. Bataillonskommandeur mindestens. Nach Möglichkeit General! Und wenn das nicht klappt, sofort aufhören, was Neues beginnen, wieder brutal nur auf Karriere machen. Sowas hat in meinem Leben leider stattgefunden. Bis ich merkte, daß ich dabei ein völlig anderer wurde, meine Frau das nicht aushielt …

Es gibt Menschen, die haben ein genaues Ziel und einen geraden Weg. Ich stecke mir heute lieber einen breiten Zielkorridor ab, in dem ich mich bewegen und mir Ziele immer neu stellen kann. Und wenn ein Ziel unerreichbar ist, muß ich nicht den ganzen Weg zurücklaufen und mich nicht so oft grundsätzlich umorientieren. Und ich bin frei, andere Dinge um mich herum und mit mir auszuprobieren. Dem General hätte ich alles im Leben unterordnen müssen, da wäre es nicht möglich gewesen, mich zwischendurch als Landrat zu versuchen …

Wo ich begraben sein möchte? Das interessiert mich nicht. Meinethalben in einer Phiole im Wohnzimmerschrank meiner Frau …

Frühe Herbsttage

Baldus wohnt seit einem knappen halben Jahr zur Miete in einem Zweifamilienhaus am Salzunger Weinberg, nahe der Werra. Die Mühe des Umzuges bewältigte vor allem seine Frau. Die verfügt nach elf Umzügen (Dienstversetzungen als

Offizier) bereits über genügend Erfahrungen, damit alles ruhig und »ohne meinen Stefan unnötig zu belasten«, abläuft. Nun ständen wieder einhundertzwanzig Kartons mit Büchern, Schallplatten und Krimskrams in der Wohnung. Eigentlich müßte sie die längst ausgepackt haben, sagt die schlanke, sehr große Frau mit dem kurzen Pagenhaarschnitt. Aber Landrat sei kein Posten für die Ewigkeit, noch dazu in Zeiten der Gebietsreform und mit Feinden innerhalb des CDU-Kreisverbandes, weil er doch ein Wessi wäre. Also lasse sie die Bücher vorerst in den Kartons.

Die Entscheidung vom Thüringer Landtag zur Gebietsreform scheint ihre Vorahnung zu bestätigen. Die für Baldus ungeeignetste Variante wird zum Gesetz erhoben: keine Eigenständigkeit für den Kreis Bad Salzungen und auch kein Zusammenschluß mit Schmalkalden und dem Landkreis Suhl (die werden mit Meiningen fusioniert), sondern Vereinigung mit dem Kreis Eisenach zum sogenannten »Wartburgkreis«. Eisenach behält bis zur geplanten Kreisfreiheit der Stadt Eisenach den Kreisstadtstatus, Bad Salzungen verliert ihn vorerst. Landrat Luther aus Schmalkalden muß gegen den Meininger »Wessi-Landrat« Puderbach um die Nominierung zum CDU-Landratskandidaten für den neuen Kreis Meiningen-Schmalkalden antreten. Und Baldus muß gegen den Eisenacher Dr. Kaspari (einen ehemaligen DDR-Hautarzt) kämpfen. Und dazu gegen Wehner und die anderen Gegner aus der eigenen Kreis-CDU. Mehlmüller Wehner und seine Fraktion begrüßen die Vereinigung mit Eisenach, hoffen, daß sie dadurch Baldus loswerden, denn, so sagen sie, besser ein Eisenacher regiere in Bad Salzungen als ein Wessi.

Noch vor dem Morgengrauen fahre ich nach Weilar in die Rhön, um mir Wehners Wassermehlmühle anzuschauen. Versteckt hinter hohen Erlen am Feldaflauß, finde ich nach langem Suchen die, aus roten Ziegelsteinen und schwarzem Fachwerk gebaute, dreistöckige Mühle. Hähne krähen, die Tauben hocken gurrend auf dem Scheunendach, und Schwarzkopfschafe stehen im Gatter. Die Mühle erwacht wie im Märchen.

Kurz vor sieben Uhr steigt eine schmächtige kleine Frau von ihrem Fahrrad und trägt einen Beutel frischer Semmeln in die Mühle. Ich frage sie nach Heinz Wehner, den Müller. Der Müller, sagt die freundliche Frau, der Müller, das sei ihr Mann. Aber gelernt hätte er nicht Müller, sondern Autoschlosser. »Mein Vater und ich haben ihm das Mehlmahlen beigebracht.« Und wahrscheinlich sei sie, Christel Wehner, geborene Döpling, die letzte deutsche Müllermeisterin, die noch eine eigene Mühle besitze. Seit über hundert Jahren, in der dritten Generation, eine Müllerfamilie. Davon mehr als sechzig Jahre in der Brückenmühle.

Die warmen Semmeln duften. Ich frage, ob sie mit Mehl aus der Brückenmühle gebacken sind. »Nein, mit Mehl von einem der westdeutschen Großmüller.«

Nach dem Frühstück sacken die Wehners Mehl ab. Die Müllerin wiegt den Zentner auf einer alten Sackwaage, schaufelt das zu reichlich eingefüllte Mehl mit einer Holzkelle sorgsam wieder zurück in einen Holzbottich. Bindet den Sack zu und schubst den Zentner von der Waage. Heinz Wehner karrt ihn zur Ladeluke. Er schwitzt, und die Haare der Müllerin färben sich mehlweiß. Als sie alle Säcke gefüllt haben, fegt die Müllerin das Mehl sorgfältig von den Holzwänden ab, kehrt es säuberlich auf dem blitzblanken Fußboden zusammen und wirft es schließlich durch das Reinigungssieb wieder in den Mehlbottich. Diese Sparsamkeit sei ihr anerzogen und hätte geholfen, ihre Tradition, den Beruf und die Mühle sogar über die DDR-Zeit hinweg zu erhalten. Der Mann unterbricht sie, sagt böse, daß sie trotz dieser Sparsamkeit die Mühle nicht retten werde. Schließlich würde ihr Schicksal nicht von 20 Gramm aufgekehrtem Mehl, sondern von hunderttausend Mark abhängen, die er brauche, um den Preis für das Mehl genauso drücken zu können wie die großen Westmühlen. »Die verschleudern das Mehl manchmal schon zum Getreideeinkaufspreis.«

Vielleicht, entgegnet die Frau, könnten sie ihr Brückenmühlenmehl zumindestens langfristig an die Salzunger Bäckereien und die Konsum-Großbäckerei im drei Kilometer entfernten Stadtlengsfeld verkaufen. »Wenn die Stadtlengsfelder im nächsten Jahr mit unserem Mehl backen, könnte die Mühle überleben.«

Noch würde der Müller allmorgendlich sorgfältig das Wehr im Mühlgraben von den angeschwemmten Blättern befreien und danach die Schaufeln der Wasserturbine öffnen. »Und langsam beginnt dann die Mühle am Bach zu klappern. Die Walzen der Mühlstühle drehen sich, die Rüttelsiebe rütteln.« Sie spricht es leise, andächtig und ehrfurchtsvoll wie ein Gebet.

Dreißig Meter neben der Brückenmühle befindet sich der Dorf-Konsum von Weilar. In den Ladenregalen steht »Aurora-Mehl« aus Weinheim, »Weizenkrone« aus München und »Kaufmann-Mehl« aus Mannheim. Aber keine Tüte mit heimischem Brückenmühlenmehl. Die Verkäuferin bedauert, daß ihre Chefs vor allem Mehl aus den westdeutschen Großmühlen listen.

»Und solche Gauner wie der Baldus helfen ihnen dabei. Die stecken alle unter einer Decke«, schimpft Wehner. Er nimmt die Zeitung aus seinem Müllerkittel und zeigt mir wütend Fotos von und Artikel über Baldus. »Personenkult wie in der DDR, nur daß man jetzt den Wessis huldigt. Ich liebe die neue Freiheit. Aber ich hasse diese Baldusse, diese Politiker, die unsere Betriebe im Interesse ihrer Westunternehmer mit kaputtmachen, egal ob hiesige Kaligruben oder Mehlmühlen.«

Am Nachmittag fahre ich zur Großbäckerei Stadtlengsfeld, auf die Wehners ihre Hoffnung setzen. Manfred Lange, Chef der Großbäckerei, redet sofort Klartext. Zur Zeit sähe die Betriebsbilanz nicht rosig aus. Allerdings hätte eine Beratergruppe aus dem Westen festgestellt, daß durch den Einsatz von billigerem Mehl Hunderttausende Mark jährlich gespart werden könnten. »Uns bleibt nichts anderes übrig, als die Superangebote der Großmüller aus dem Westen anzunehmen.« Die kleinen, traditionellen Wassermühlen der Rhön, seit Jahrhunderten zu dieser Landschaft gehörend, die wären dann wohl verloren. »Aber entweder, wir kaufen das billigere Mehl der Großmühlen und haben damit die Chance, unseren Betrieb zu retten, oder wir nehmen das teurere Mehl der kleinen Thüringer Müller, erhalten damit die schönen Wassermühlen und auch einige Müllerexistenzen, gefährden aber die siebzig Arbeitsplätze in unserer Großbäckerei. Ich weiß, es ist ein Scheißspiel – aber wir werden im nächsten Jahr kein Mehl aus Weilar kaufen können!«

Ich sage den Wehners nichts von meinem Gespräch in der Großbäckerei. Statt dessen setze ich mich zu einem ihrer Schlafgäste (sie haben vorsorglich schon Fremdenzimmer in der Mühle eingerichtet), trinke mit ihm Rhönbier und esse Rhönbrot dazu. Der Mann kommt aus dem rumänischen Brassov und will für seinen Betrieb »Hydromechanika« Gußeisen an den Bergwerksmaschinenbetrieb Dietlas bei Bad Salzungen verkaufen. Allerdings würden die Kollegen in Dietlas den Preis unverschämt drücken wollen. Denn sie wüßten, daß die Rumänen für Devisen auch unter dem Weltmarktpreis verkaufen müssen. »Erst haben die Westdeutschen mit euch ihren Extragewinn gemacht, und nun macht ihr Ostdeutschen die Gewinne mit uns! Und wir müssen uns noch Schwächere, noch Ärmere in Asien oder Afrika suchen, mit denen wir Gewinne machen.«

Um zwanzig Uhr geht Heinz Wehner in die Mühle. Er

schließt die Schaufeln der Wasserturbine. Das Klappern der Mühle verebbt. Bald mahlen die Mahlstühle nicht mehr, und die Rüttelsiebe rütteln nicht mehr. Stille über dem Feldafluß. Und morgen wird die Mühle wieder wie im Märchen erwachen.

Am nächsten Tag suche ich Andreas, Marx und Stander, die ich schon wochenlang nicht mehr gesehen habe. Finde sie weder auf dem Marktplatz noch am See. Andreas hätte sich im Obdachlosenheim einquartiert, meint einer der Kumpel. Das glaube ich nicht, denn Andreas hatte mir mal gesagt, daß er schon drin gewesen wäre in diesem Heim, es aber nicht länger als eine Woche ausgehalten hätte. »Wenn du dort nachts eintrudelst, kannst du sicher sein, daß die anderen dir die letzte, unter der Matratze versteckte, Büchse Bier weggesoffen und deine vertrockneten Brötchen aufgefressen haben.« Ich trotte trotzdem zum Obdachlosenheim. Das heruntergewirtschaftete Haus steht neben einem neuen Autosalon. Aus den Fenstern können die Obdachlosen die chromglänzenden Wagen bewundern. Aber nicht ein Fenster ist offen. Und auch keine Tür. Ich klingle und rufe vergebens.

Vor dem Landratsamt treffe ich Stander. Er wühlt in den Abfalleimern nach Wurstbroten für seinen Hund. Und schleppt eine dicke Decke unter dem Arm, denn er sei endgültig aus »seinem Haus« hinausgeworfen worden. Er schlafe mal bei dem und mal bei dem Kumpel. Und Andreas? »Der pennt jetzt mit Marx unter der Werrabrücke.« Er zeigt mir den Weg zur Brücke, aber schon von weitem sehe ich, daß keiner darunter liegt.

Genauso erfolglos suche ich anschließend im Landratsamt den ehemaligen Brauereidirektor Rainer Becker. Sein Zimmer, in dem er die Müllentsorgung des Kreises abrechnet, ist verschlossen. Auch in der Kantine finde ich den Besetzer der Klosterbrauerei nicht. Und als ich im Nachbarzimmer nach ihm frage, schaut mich eine ältere Frau ungläubig an. Ob ich nicht wüßte, der Herr Becker sei doch versetzt worden, oder anders gesagt: ab Ende des Jahres gekündigt. »Stasi«, frage ich. Nein, wegen Disziplinverstößen. Er hätte während der Arbeitszeit seinen im Auto sitzenden Hund Gassi geführt. Aber darüber dürfe sie nicht sprechen. Ich solle den Personalratschef Sieberg fragen. Der Personalrat habe gegen die Kündigung protestiert.

Sieberg sagt mir, die acht-Minuten-Pinkel-Hundegeschichte wäre lediglich ein willkommener Anlaß gewesen, den Bekker loszuwerden: einen Landratsamts-Angestellten, der zusammen mit seinem Sohn eine Brauerei besetzt hält!

Sieberg ruft Becker an, und der erlaubt, daß der Personalratschef mir die Kopie der Kündigung zeigt. »Sehr geehrter Herr Becker, am 19. Mai 1993 gegen 9.40 Uhr verließen Sie das Dienstgebäude der Kreisverwaltung Bad Salzungen innerhalb der Kernzeit ohne dienstlichen Grund, um privat einen Hund auszuführen, ohne dies mit Ihrem vorgesetzten Dezernenten abgesprochen bzw. das Zeiterfassungssystem entsprechend informiert zu haben [...] Nach einem durch den Unterzeichner mit Ihnen zu diesem Sachverhalt geführten Gespräch wurde Ihnen mit Datum vom 19. Mai 1993 ausgehändigt, am 19. Mai 1993 die Abmahnung ausgesprochen [...] Mit Schreiben vom 20. Mai 1993 erhoben Sie Einwände gegen Ihre Abmahnung vom 19. Mai 1993 und begründeten diese Einwände damit, daß Sie sehr wohl das Zeiterfassungssystem betätigt hätten. Eine daraufhin mit der Systembeauftragten geführte Rücksprache führte zu dem Ergebnis, daß das Zeiterfassungssystem um 10.19 Uhr eine ›Gehen-Buchung‹ und um 10.27 Uhr eine ›Kommen-Buchung‹ auswies. Das Ausführen des Hundes ereignete sich aber bereits um 9.40 Uhr. Das Betätigen des Zeiterfassungssystems um 10.19 Uhr bzw. 10.27 Uhr stellt daher den Versuch dar, das Ausführen des Hundes durch nachträgliches Betätigen des Zeiterfassungssystems zu legitimieren und so der Abmahnung den Boden zu entziehen. Damit haben Sie den Tatbestand der versuchten arglistigen Täuschung verwirklicht. Dieser Täuschungsversuch stellt in Verbindung mit der Ihnen ausgesprochenen Ermahnung und Abmahnung einen derart schweren Verstoß gegen Ihre Dienstverpflichtung im allgemeinen und das Vertrauensverhältnis zu Ihrem Arbeitgeber im besonderen dar, so daß ich gehalten bin, im Namen und im Auftrag des Landrates die Kündigung des Arbeitsverhältnisses zum 31. Dezember 1993 auszusprechen [...] Hochachtungsvoll im Auftrag Graf – Assessor.«

Der Personalrat hätte sich zwar sofort auf die Seite von Becker gestellt, berichtet Sieberg, doch der sei inzwischen, um Geld für »seine« Brauerei zu sparen, aus der Neubauwohnung in ein Gartenhäuschen gezogen. Und hätte deshalb das Kündigungsschreiben nicht vor Ablauf der Einspruchsfrist abgeholt. »Wenn es nun noch mit der Brauerei schiefläuft!«

Der Becker hätte für den Getränkehandel und die Wohnung seines Sohnes Stefan als Brauerei-Geschäftsführer damals zwar noch einen Mietvertrag ausstellen können und von der Treuhand das Vorkaufsrecht für die Brauerei erhalten, aber erstens fehle ihm das Geld und zweitens hätte er sich mit der Betriebsbesetzung weder beim Landrat noch bei der Treuhand und erst recht nicht beim Liquidator Wagner beliebt gemacht, im Gegenteil ...

Nach meinen zwei erfolglosen Versuchen an diesem Tag, Andreas und Becker zu finden, hoffe ich auf mehr Glück in »Norberts Wasserbetten und Erotikshop«. Norbert mit dem zum Schwänzchen gebundenen Haar kennt mich nun schon. Grüßt freundlich. Aber er lacht hämisch, als ich ihn nach Szykessys* Privatadresse, also seiner Wohnung, frage. »Soviel ich weiß, bewohnt der Szykessy* zur Zeit eine Münchener Gefängniszelle.« Der Puff in Kloster sei von der Polizei ausgehoben worden. Da käme ich zu spät. Wenn ich es allerdings sehr nötig hätte, könnte er mir eine Bordelladresse in Schweina oder Gotha geben, oder ...

Je länger er redet, um so mehr bilde ich mir ein, ihn zu kennen. Frage schließlich nach seinem Namen. »Ich heiße Liebe. Norbert Liebe.« Der Name passe zu diesem Geschäft. Aber wegen seiner kleinen, schulpflichtigen Tochter hätte er auf dem Firmenschild den Familiennamen weggelassen. Ich sage, daß er mich flüchtig an einen Kulturhausleiter in Bad Salzungen erinnert. »Der hieß auch Norbert Liebe.« Da zieht er den Gummi seines Haarschwänzchens mühsam weiter nach oben, bis sich sein Haar strafft, und sagt: »Das bin ich!«

Nachdem er einem Kunden euphorisch die Vorteile des Wasserbettes (gegen Kreuzschmerzen, Einschlafstörungen und Impotenz) erläutert, aber die steigenden Wasserpreise verschwiegen hat, beauftragt er eine junge Frau, im Geschäft zu bleiben, und geht mit mir in das Hinterzimmer (dort fertigt er auch Nummern-Schilder für PKW, denn gegenüber befindet sich die KFZ-Zulassungsstelle). Er kocht uns Kaffee. Und ich höre die Geschichte vom DDR-Kulturhausleiter, der zum Erotikunternehmer aufgestiegen ist.

»Gelernt habe ich Heizungsinstallateur in Ilmenau. Danach NVA. Ich kam zu einer Eliteeinheit! Auf der Sturmbahn verunglückte ich schwer, der Arm kaputt, da haben sie mich entlassen. Doch keiner von den Herren im Wehrkreiskommando machte sich einen Kopf, daß ich wegen des Armes nicht mehr als Klempner arbeiten könne. Ich habe noch ein bißchen im Liebensteiner Heinrich-Mann-Sanatorium gewerkelt, bis zum Abstieg ins Materiallager. Rausgeholt hat mich der Genosse Ihling, der Kulturchef beim Rat der Stadt in Salzungen. Weil ich in der FDJ immer für Kultur verantwortlich gewesen war, machte er mich zum Leiter des Kulturhauses.«

Während der Kulturhauszeit Fernstudium an der Kulturakademie in Rudolstadt. Fachrichtung Kulturhausleiter. Klassische Literatur. Sozialistischer Realismus. Ästhetik. Im Kulturhaus sei er allerdings auch Putzfrau, Gedichteschreiber, Chef, Diskjockey, Hausmeister, Schauspieler und Sekretärin in einer Person gewesen. Gut bezahlt worden sei die Kulturarbeit eh nicht, deshalb hätte er im Heizwerk Ettmarshausen bei Bad Salzungen seine Kesselwärterprüfung abgelegt und danach im Dreischichtsystem als Heizer ordentliches Geld verdient.

»Nach der Wende gab ich keinen Pfifferling für das Überleben der Kulturhäuser. Und auch das Heizwerk war nicht sicher, denn immer mehr angeschlossene Betriebe machten Pleite. Aber ich muß die Familie ja auch in zehn Jahren noch ernähren können, also habe ich mich umgeschaut. Und als ich drüben in Bad Hersfeld den ersten Erotikshop sah, dachte ich: Das ist es! Ich also rein zu der Dame in dem Erotikshop und sie gefragt, wie das so läuft: Wo sie die Vibratoren und das andere Zeug im Großhandel billig einkauft. Doch die Verkäuferin witterte sofort Konkurrenz, denn Bad Salzungen liegt nur dreißig Kilometer von Hersfeld entfernt. Also sagte sie überhaupt nichts. Da habe ich meine Frau noch einmal in das Geschäft hineingeschickt, die zierte sich erst, ging dann aber doch, sozusagen zu einem Gespräch ›von Frau zu Frau‹.«

Drei Wochen später hätte er hier in der Doppelgarage den Erotikshop eingerichtet. »Aus einem kleinen Konsum-Laden, der schließen mußte, erhielt ich für dreihundert Mark die Ladeneinrichtung. Zuerst sind nur neugierige Bad Salzunger gekommen. Heute habe ich Kunden aus dem Kreisgebiet und sogar aus Fulda und aus Bad Hersfeld(!). Vielleicht, weil ich nicht nur alles verkaufe, was die Leute verlangen, sondern ihnen auch mal klassische erotische Literatur als Bettlektüre und dazu Ravels ›Bolero‹ und aparte Reizwäsche empfehle. Wie früher als Kulturhausleiter: Agitator, Propagandist und Organisator in einem.«

Auf dem Rückweg vom Erotikshop am Rand des Neubaugebietes in die Stadt hinunter klingle ich wieder bei dem ehemaligen Ratsvorsitzenden Eberhard Stumpf. Und diesmal ist er zu Hause. Eberhard Stumpf, körperlich zwar immer noch der Hüne von früher, läuft inzwischen sehr langsam, Schritt für Schritt tastend, und setzt sich so vorsichtig, als hätte er nicht mehr die Kraft oder die Lust, diesen großen Körper sprunghaft zu bewegen. Auch beim Reden wechselt er nicht wie früher schnell von Thema zu Thema. Er freut sich über unser Wiedersehen, holt Bier und entschuldigt sich gleichzeitig, daß er mir nicht viel erzählen werde. Er hätte nichts zu sagen.

»Im Oktober 1989 mußte ich mich wegen einer schlimmen Gallengeschichte operieren lassen. Als ich aus der Narkose aufwachte, fragte die Schwester nicht, wie es mir geht, der erste Satz, den ich von ihr hörte, war: ›Honecker ist abgesetzt.‹ Kaum war ich wieder draußen, warfen mir die Genossen der SED-Bezirksleitung vor, ich hätte mich mit der Operation nur vor der Verantwortung in einer komplizierten politischen Situation drücken wollen. Lächerlich! Aber die meinten es bitterernst.«

Im Januar 1990 sei er zusammen mit seiner Frau aus der Partei ausgetreten.

»Ich habe nach der Wende zuerst versucht, Heimelektronik aus dem Westen im Osten zu verkaufen. Aber ich war ein schlechter Verkäufer, ich hatte Hemmungen, den Leuten etwas aufzuschwatzen und wie ein Hausierer von Tür zu Tür zu ziehen. Also bin ich täglich nach Meiningen gefahren und habe dort bei einem Wachdienst angefangen. Aber als eine Boulevardzeitung schrieb, daß sich in diesem Wachdienst Berliner Stasi-Leute sammeln würden, bin ich gegangen. Ich wollte nicht schon wieder eine neue Schlammschlacht.«

Seitdem arbeite er in Salzungen bei einer privaten Wachfirma. Das heißt, er sei froh, daß er überhaupt noch arbeiten könnte. Das Herz spiele seit 1990 nicht mehr mit. Doktor

Kallenbach hätte ihn zwar notdürftig wieder zusammengeflickt ... »Aber jede Aufregung ist Gift für mich, auch deshalb habe ich mich mit fast allem abgefunden, gehe in keine Partei mehr.«

Und ich müßte verstehen, daß er mir keine Interviews gebe. Ich klappe mein Notizbuch zu. Wir sitzen und reden über Nebensächlichkeiten. Doch mitten im »Garten- und Wettergespräch« sagt er: »Ich habe früher sehr gern gearbeitet, habe mich deshalb als Ratsvorsitzender auch nie geschont, nie auf die Zeit geschaut. Die Akten am Wochenende sogar mit nach Hause geschleppt. Die Arbeit war eine Freude, eine Befriedigung für mich. Aber heute, heute muß ich mich täglich zwingen, damit ich überhaupt zum Dienst gehe. Und immer schaue ich auf die Uhr und warte nur noch auf den Feierabend.«

Ich frage, ob er weiß, was aus den leitenden Genossen des Kreises geworden ist. Der zweite SED-Sekretär, der Kurt-Jürgen Riese, sagt er, hätte sofort nach der Wende als Arbeiter im Dreischichtsystem eines Schmalkalder Betriebes begonnen. Klaus-Martin Luther, der Parteisekretär des Kabelwerkes in Vacha, reise im Land umher und verkaufe für eine Westfirma Kachelöfen. Und Angela Knoof, die letzte Kulturchefin der SED im Kreis, hätte zuerst wie der Stasi-Wolf eine Versicherung vertreten und sei heute die Wirtin der »Gesindestube«.

Angela Knoof hat mit ihrem Mann, früher PDS-Chef in Meiningen, heute Bauunternehmer, die Gesindestube des elterlichen Bauernhofes in Trusetal zu einer rustikalen Gaststätte umgebaut. Alte Holzbalken und alte Bauernmöbel geschmückt mit Erntekränzen und Getreidegarben. Und sie bedient im Dirndl.

Einige der alten Genossen wären schon hier gewesen, der Ratsvorsitzende Eberhard Stumpf, der ehemalige Salzunger Bürgermeister Füldner. Aber auch die neue Macht hätte sie

schon in der »Gesindestube« beehrt. Vor kurzem sei Herr Imgrund vom Salzunger CDU-Kreisvorstand wegen einer, wie
er sagte, »wichtigen persönlichen Auskunft« gekommen.
»Er wollte von mir als ehemalige Verantwortliche der SED-
Kreisleitung für Kultur und Bildung wissen, ob irgendwo
noch Akten liegen könnten, aus denen ersichtlich sei, daß
sich der jetzige CDU-Kreisvorsitzende Karl Klobisch 1988
um Aufnahme in die SED beworben hätte, aber wegen der
Arbeiterklasse-Quotenregelung als Lehrer abgelehnt worden
sei.« Sie hätte ihm lediglich bestätigt, daß es 1988 wirklich
eine Aufnahmesperre für Lehrer gegeben hat. Mehr nicht.
Auch nicht als Imgrund behauptete, daß alle SED-Aufnah-
meanträge aufgehoben worden wären. Sie hätte ihm sagen
können, daß es einfacher sei, den Parteibürgen von Klobisch,
so es einen gäbe, zu finden – aber sie rede nicht mehr über
Vergangenes. Genau wie der ehemalige Genosse Wolf, der
sich mit seiner Frau Oberärztin nun eine Villa baue.

»Ich bin, als ich noch wie er bei der Versicherung arbeitete,
oft mit ihm im Zug gefahren und habe ihn gefragt, wie er heute
über seine Arbeit im Ministerium für Staatssicherheit denkt.
Aber darauf hat er nicht einmal mir geantwortet.« (Und auch
ich habe trotz Vorsprache bei seiner Frau noch keinen Gesprächstermin bei ihm erhalten.)

Die Frau im Dirndl sagt: »Schluß mit der Vergangenheit!«
Ich solle essen und trinken. Das Rostbrätel schmeckt vorzüg-
lich, und als ich es lobe, sagt Angela Knoof: »Den Koch habe
ich mir extra aus Berlin geholt, aus dem SED-Gästehaus des
Zentralkomitees in Niederschönhausen.«

Sie fragt mich nach Hans-Dieter Fritschler. Ob der ehemalige Erste Arbeit hätte und noch durch den halben Kreis jogge?

Ob er noch joggt, weiß ich nicht. Ich erinnere mich an den
Januar 1990. Damals besuchte ich Fritschler zum letzten Mal
in seiner neuen Wohnung am Salzunger Nappenplatz.

Er erwartete an diesem Abend Damenbesuch. Eine ihm unbekannte Frau hatte öffentlich verlangt, daß er auf seine Bonzen-Wohnungsprivilegien verzichtet und die ihrer Meinung nach zu große Wohnung an eine kinderreiche Familie abtritt. Um 18 Uhr klingelte es. Zwei Journalisten erschienen, allerdings nicht in Begleitung jener Frau, sondern nur mit ihrem Leserbrief.

Die Messung von Kinderzimmer (für den zwanzigjährigen Sohn), Arbeitszimmer, Schlafzimmer, Wohnzimmer und Küche (einige davon mit schrägen Wänden) ergab fünfundsechzig Quadratmeter. Dazu ein riesengroßer, aber wegen der vielen abgehenden Türen nicht nutzbarer Flur von knapp dreißig Quadratmetern.

Fritschler hatte Gott sei Dank zuvor in der Kaufhalle fünfzehn Flaschen Rhönpils geholt . . .

Ich fragte ihn damals, ob er nach dem Erscheinen meines Buches »Der Erste« auf Weisung des wütenden Ersten Sekretärs der SED-Bezirksleitung Hans Albrecht (der versucht hatte, die Verbreitung dieses Buches durch Vorzugsverkauf an die NVA einzuschränken) wirklich eine Stellungnahme wegen seiner angeblich unparteilichen und parteifeindlichen Äußerungen im Buch abgeben und danach in Suhl antanzen mußte. Er nickte, und ich sagte: »Du weißt, daß der Satz: ›Der Autor Scherzer hat meine Äußerungen nicht wörtlich wiedergegeben‹, ausgereicht hätte, und mein Buch über das Innenleben der SED wäre verboten worden.« Ja, das hätte er gewußt. Aber oft wäre er leider nicht so »mutig« gewesen, dem »Alten«, also dem Ersten Bezirkssekretär Hans Albrecht, zu widersprechen. Wahrscheinlich nicht nur wegen Feigheit, sondern auch wegen der Gläubigkeit. »Denn sobald eine Idee ganz und gar von dir Besitz ergriffen hat, achtest du nicht mehr auf die Strukturen und die Instrumente, mit denen diese Idee durchgesetzt wird. Der Zweck heiligt die Mittel. Parteidisziplin, bedingungsloses Befolgen von Beschlüssen, Einheit der Partei, alles diente – so dachten wir – nur der Verwirklichung der großen, guten Idee des Sozialismus.«

Wir leerten an diesem Abend alle fünfzehn Flaschen Rhönpils.

Ein Jahr nach der Wende ist Fritschler vom ausgebauten Dachgeschoß am Nappenplatz wieder zurück in die »Platte« – die Neubausiedlung, in der er zuvor zehn Jahre gewohnt hatte – gezogen. Er konnte die Miete nicht mehr bezahlen.

Fritschler hat nach dem Rücktritt als PDS-Kreisvorsitzender zunächst im Autohaus seines Freundes Neupert an der Werrabrücke (unter der Marx und Andreas pennen) gearbeitet. Doch als Mercedes einstieg und Fritschler in die Chefetage nach Kassel gebeten wurde, um seine »Kenntnisse des Kreises, das heißt einflußreiche, möglichst finanzkräftige Leute und Firmen von früher, aufzuschreiben«, war die Sache dort für ihn erledigt. »Ich wollte nicht schon wieder Berichte für Chefs, egal ob aus der Partei oder nun aus der Wirtschaft, abliefern.« Kurze Zeit der Arbeitslosigkeit. Und dann ging er als einer der wenigen bezahlten Mitarbeiter, das heißt als Kraftfahrer, Reinigungskraft, Mädchen für alles, später als Wahlkampfleiter in den Landesvorstand der Thüringer PDS. Seine Frau hat keine Arbeit mehr.

Für Landrat Stefan Baldus beginnt im Herbst die »Formierung der Kräfte für die Wahlschlacht um den CDU-Landratskandidaten im neuen Wartburgkreis Eisenach-Bad Salzungen.« Er fährt fast täglich über Land, um die CDU-Basis für sich zu mobilisieren, denn der Sieg ist nicht durch feine Taktik zu holen, sondern nur durch Masse. Wer die meisten Soldaten in Marsch setzen kann, hat fast schon gewonnen. Das heißt: schafft es Kaspari, möglichst viele Eisenacher CDU-Mitglieder zu bewegen, zum Vereinigungsparteitreff nach Salzungen zu fahren und dort für ihn zu stimmen, gewinnt er.

Sollte Baldus mehr Salzunger CDU-Mitglieder (abgezogen die um Müller Wehner) rekrutieren können, würde er siegen.

CDU-Frühschoppen am Sonntagvormittag in Schleid, jenem Grenzort, der zum katholischen Zentrum um Geisa gehört. Ein Heimspiel für den Katholiken Baldus. Erst gemeinsamer Kirchgang, danach Ortsbesichtigung. In der Dorfkneipe sitzen die jungen Leute, die am Sonntagvormittag wohl immer dort sitzen, bei reichlich Bier und Kümmerling. Außerdem Gesprächsinteressierte und die Kirchgänger, die ihre Gesangbücher auf die Fensterbretter gelegt haben.

Baldus spricht zur Begrüßung: »Ich freue mich, als Katholik aus dem Westen unter Katholiken aus dem Osten zu sein, und denke, daß damit auch die Ortsbestimmung West und Ost überflüssig wird. Wir sind alles Katholiken! Und hier nicht nur schlechthin eine Glaubensgemeinschaft, sondern auch ein Bündnis von Neumotivierten, von endlich Befreiten, von Menschen, die das neue Staatssystem mittragen, geworden.« Stürmischer Beifall. Am Schluß seiner Rede sagt er: »Es hat für alle Menschen im Osten nur einen sehr begrenzten Spielraum bei der Ablehnung oder Bejahung des SED-Staates gegeben. Wenn man von kriminellen Funktionären, von Tätern und ihren eingesperrten Opfern einmal absieht, hat sich bei der Masse des Volkes der Grad der Zustimmung oder Ablehnung zum DDR-Staat vielleicht um fünf Prozent unterschieden. Um fünf Prozent! Und sollen die mit fünf Prozent mehr Ablehnung nun die mit fünf Prozent mehr Zustimmung wieder ausgrenzen dürfen? Man kann doch wegen fünf Prozent Haltungsunterschied keinen neuen Gesinnungskrieg beginnen.«

Das ist für mich eine der erstaunlichsten Feststellungen des Stefan Baldus. Nicht aber für die Schleider, die »schon immer als geschlossenes Bollwerk gegen den Bolschewismus gekämpft haben«. (So jedenfalls sagt es ein älterer Mann am Nachbartisch.) Keine Hand rührt sich zum Beifall, statt dessen schreit einer: »Herr Landrat, wie lange müssen wir diese Scheißasylanten in Geisa noch ertragen?« Diese Frage hatte der Landrat hier, nur einen Steinwurf von Geisa entfernt, wohl erwartet, aber nicht gleich zu Beginn der Aussprache. Deshalb sagt er nichts Prinzipielles, sondern, daß er persönlich vor einigen Tagen einen Asylanten vor dem Landratsamt beim Nummernschildbetrug erwischt und das Auto hätte einziehen lassen. Sehr lauter Beifall. Danach Reden gegen die Asylbewerber. Und je länger das dauert, um so häufiger schreien die Leute von den Tischen, an denen Bier und Kümmerling reichlich fließen: »Schmeißt sie endlich raus, diese Schmarotzer!« »Laßt sie gar nicht erst rein!« Und der mit dem »geschlossenen Bollwerk gegen den Bolschewismus« verlangt, daß Waffen an eine zu gründende Bürgerwehr verteilt werden müßten. »Dann klaut keiner mehr!« Baldus versucht den schwierigen Akt der Balance. Er sei dafür, daß alle Straffälligen ausgewiesen werden, aber es gäbe unter den Asylbewerbern auch wirklich Hilfsbedürftige.

Ein bisher still sitzender Mann steht auf, als er redet. »Herr Landrat, ich habe in Schleid eine Pension. Dreimal wurde in den letzten Wochen eingebrochen, das heißt in die Autos der Gäste. Die kommen nie wieder her! Soll ich wegen der Asylanten meine Pension schließen? Die Polizei sagt: Tut uns leid, wir sind unterbesetzt . . .« Wieder ruft einer dazwischen: »Ihr müßt bei der nächsten Wahl nur richtig wählen, dann brauchen wir die Polizei nicht mehr, dann machen wir das selber.« Baldus bestätigt, daß es für diese Aufgaben zu wenig Polizisten gäbe. »Die Bundespolitiker jedoch begreifen das nicht, denn deren Villen werden gut bewacht, da bricht kein Asylant ein.«

Der Bürgermeister beklagt, daß er die Postmietbehälter, in denen die Ausländer das Diebesgut nach Hause schicken würden, nicht mal von Amts wegen öffnen lassen dürfte.

Und Baldus fordert, auch die Deutschen müßten endlich

wieder ohne Vergangenheitsscham sagen können: »Es gibt eine organisierte Asylantenkriminalität!« Denn die beim Thema Asylanten lediglich von Humanität reden, die würden nicht in der Nähe von Asylbewerberheimen wohnen.

Ein junger, schon angetrunkener Mann: »Wir brauchen nur paar scharfe Dobermänner zu halten, dann ist hier Ruhe!«

Baldus sehr laut: »Ich war neulich in Erfurt zum Fußball. Und stand mit Jugendlichen in Ihrem Alter in der Straßenbahn. Dort habe ich mich entschieden bedrängter und gefährdeter gefühlt als in einer Straßenbahn voller Asylanten!«

In die Stille hinein wechselt er das Thema, referiert über die Kreisreform und die Chancen des wirtschaftlichen Aufstiegs im Geisaer Gebiet.

»Wir sind bei dieser Veranstaltung in Schleid sozusagen unter Pfarrerstöchtern, da können wir offen miteinander reden: Unsere gemeinsame katholische Religion ist unser Vorteil für die Zukunft! Nicht nur weil wir mit Bernhard Vogel in Thüringen einen katholischen Ministerpräsidenten und dazu katholische Minister, Staatssekretäre, Landräte, Bürgermeister haben, sondern weil wir nun auch in Thüringen bei allen wirtschaftlichen und persönlichen Problemen getrost sagen können: Auf Gott vertrauen! Wenn ich dagegen an die vielen glaubenslosen und nun auch noch arbeitslosen Menschen im Salzunger Neubaugebiet denke ...«

Er sei als Katholik gegen den für Eisenach und Bad Salzungen vorgeschlagenen Namen »Wartburgkreis«. »Denn die Wartburg ist eines der bekanntesten Symbole des Protestantismus. Nicht daß ich etwas gegen die Protestanten sagen werde, aber ich glaube, der Dichter Brentano hat um 1800 geäußert, daß die Protestanten nützlich und nötig zur Reformierung der Kirche waren, aber nach getanem Werk hätten sie besser wieder in den Schoß der katholischen Kirche zurück kehren sollen. Denn es gibt kein Protestieren auf Dauer. Mit dieser Trennung hat sich die Kirche ihrer friedensstiftenden

Rolle beraubt. Hätten wir heute eine gemeinsame Kirche, gäbe es auch einheitliche Moralmaßstäbe. Dann wären viele Probleme der Welt besser lösbar.«

Ein Zwischenrufer, der die katholische Alleinvertretungsthese nicht recht begriffen hat, schlußfolgert, daß es ohne die aufmüpfigen Protestanten auch keinen Sozialismus gegeben hätte. Und ohne Sozialismus wäre heute keine Kreisreform nötig. Und ohne Kreisreform brauchten sie ihre neu gekauften Salzunger SLZ-Autokennzeichen nicht schon wieder umzutauschen.

»Müssen wir die neuen Kennzeichen bezahlen?«

Baldus sagt, daß vorerst noch die alten Nummernschilder gültig wären. Das beruhigt die Leute ...

Auf der Weiterfahrt nach Geisa erzählt mir der Landrat, daß er dem Vorsitzenden des Personalrates, dem Rudi Sieberg, fristlos gekündigt hätte. In der Gauck-Behörde hätte man seine Bereitschaftserklärung zur Stasi-Mitarbeit gefunden.

»Natürlich wollte Sieberg sich herausreden, behauptete, daß jeder DDR-Spitzensportler – und der Sieberg gehörte wohl zur Handballnationalmannschaft, die in den Westen reiste – unterschreiben mußte. Er hatte wahrscheinlich geglaubt, daß seine Akte vernichtet worden sei. Aber es sind noch zwei Blatt gefunden worden. Und zwei Blatt sind eben zwei Blatt zuviel.«

Ich sage, daß er mit Sieberg nicht nur den SPD-Kontrahenten, sondern auch einen der wenigen ernstzunehmenden Gegner im Landratsamt losgeworden ist.

Er winkt ab, er hätte jetzt keine Zeit, sich mit Einzelfällen zu beschäftigen, denn beispielsweise im Kalibetrieb Merkers wären zur Zeit Hunderte Leute ohne eigene Schuld arbeitslos. Inzwischen sei eine zu 75 Prozent vom Kreis getragene Auffanggesellschaft gegründet, in der 380 Kumpel arbeiten könnten, die Teile des Betriebes abreißen würden. Und er hätte auch erreicht, daß Erfurt den Recyclingpark in Merkers mit neunzig Prozent, also der Höchstsumme, fördern würde. Allerdings nur dann, wenn am Ende der Entsorgung eine Müllverbrennungsanlage stehen würde. »Aber leider lehnen Bürgermeister Wollny und die Gemeinderäte diese Anlage ab.«

Gespräch mit der Frau vom Landrat

Bis zum Herbst letzten Jahres habe ich noch in meinem kleinen OTTO-Versandhaus-Geschäft in Hannover gearbeitet. Jeden Mittwoch nachmittag machte ich den Laden zu und fuhr von Hannover zu Stefan nach Bad Salzungen, und am Donnerstag in aller Herrgottsfrühe wieder zurück. An den Wochenenden dasselbe Spiel. Dann gab ich das Geschäft auf und ließ im November die Wohnung in Salzungen renovieren. Im Dezember zogen wir ein, am gleichen Tag brachte man die bestellte Küche. Und als die drinstand, hatten wir den ersten Wasserrohrbruch, das Wasser kam von oben. Da habe ich wie ein Schloßhund geheult. Und das, obwohl ich das Arbeiten und Zupacken gewohnt bin, denn ich stamme aus einer Arbeiterfamilie mit drei Kindern. Mein Vater war Stahlgießer.

Daß ich nicht zu den Reichsten gehörte, hat Stefan schon bei unserer ersten Begegnung gespürt. Es war am zweiten Weinachtsfeiertag 1968 in der Disko meines Heimatortes. Er, groß und stark, saß auf einem Barhocker und hatte ein Glas Whisky in der Hand. Ich mußte mich den ganzen Abend an einer Flasche Cola festhalten. Beim Tanz habe ich ihn dann aufgefordert. Nicht lange danach heirateten wir. Zuerst, obwohl wir beide katholisch erzogen worden waren, nur standesamtlich. Doch als Stefan zum Bund gezogen wurde und er jedes Wochenende zu mir kam, durfte er nicht bei mir im Zimmer schlafen, weil wir nur standesamtlich getraut waren.

Da haben wir die Hochzeit in der Kirche nachgeholt. Also, ich bin damals von der Arbeiterfamlie meiner Eltern in die Beamtenfamilie von Stefan hineingeraten. Was das Geld betraf, das habe ich später gemerkt, war der Unterschied nicht so entsetzlich groß. Aber die Bildung, mein Vater war der Meinung, höhere Schule, das sei nur rausgeschmissenes Geld. Ich habe, wie es sich gehörte, Hauswirtschaft gelernt, später in Hotels und Krankenhäusern gekocht.

Heute müssen wir, weil mein Mann als Landrat gut verdient, nicht mehr jeden Pfennig dreimal umdrehen. Doch wir geben das Geld nicht reichlicher aus als zuvor. Wir essen gut, wir trinken gut, also wir leben einfach gut. Natürlich kennen wir auch ärmere Zeiten. Beispielsweise, als ich im Januar 1989 das Geschäft in Hannover eröffnet hatte. Da mußten wir alle Reserven zusammenkratzen, fuhren nur einen alten klapprigen Käfer, hatten keine müde Mark mehr auf dem Konto und lebten von der Hand in den Mund. Trotzdem war die Zeit mit dem Geschäft meine beste Zeit. Ich war plötzlich unabhängig von meinem Mann, eine Unternehmerin mit eigenem Risiko, zum erstenmal für mich verantwortlich. Mußte Miete, Strom, Heizung selbst erwirtschaften. Zwar haftete Stefan mit für das Geschäft, aber ich war ökonomisch selbständig. Damals habe ich gelernt, sehr schnell und sicher zu entscheiden.

Ich würde hier gern wieder ein Geschäft aufmachen, aber wenn der Mann Landrat ist, schauen die Leute einem nicht nur auf die Finger. Durch die Kirche habe ich drei ältere alleinstehende Damen in Salzungen gefunden. Eine ist neunundachtzig, die andere neunundsiebzig und die Jüngste dreiundsiebzig. Zu jeder gehe ich einmal in der Woche. Saubermachen muß ich bei ihnen nicht, die wollen sich nur mit jemand unterhalten. Sie sind alle noch geistig fit, sie lesen die Zeitung. Und wenn was über meinen Stefan geschrieben steht, schneiden sie es für mich aus. Ich kümmere mich auch um soziale

Dinge, habe beispielsweise viele Sachen in ein Aussiedler-
heim gebracht. Auch Kleidung von meinem Mann. Was drei
Jahre lang nicht getragen wurde, muß man ja nicht unbedingt
aufheben.

Für Politik interessiere ich mich wenig. Trotzdem bin ich
jetzt in die CDU eingetreten. Dann hat Stefan, wenn es um
die Aufstellung als CDU-Landratskandidat geht, eine Stimme
mehr.

Späte Herbsttage

Als ich nach Merkers fahre, um mit Wollny über die Müllverbrennungsanlage zu reden, treffe ich vor der Gewerkschafts-
baracke des Kalibetriebes Betriebsrat Jürgen Scholz. Doch
der schlägt vor mir einen Haken. Erkennt mich dann, entschuldigt sich. »Ich traue mich nicht mehr, geradeaus durch das
Werk zu laufen. Jeder zweite schreit mich an, ob ich seine
Kündigung auch mit unterschrieben hätte.« Aber der Betriebsrat könnte doch auch nichts anderes machen, als lediglich die
Kündigung der Kumpel mit zwei oder drei kleinen Kindern
noch ein wenig hinauszuschieben. »Wir haben die älteren
Kollegen in Unterbreizbach gebeten, sich in den Vorruhe-
stand versetzen zu lassen, damit wir sozial gefährdete junge
Kollegen aus Merkers dort einstellen können. Nur zwei wa-
ren dazu bereit.«

Als letzte Hoffnung bliebe den Kumpels der Müllpark.
Und es interessiere sie einen Dreck, ob dann ein paar Tonnen
Abgase mehr oder ein paar Tonnen Abgase weniger aus einer
Müllverbrennungsanlage entweichen und ob sich das Müll-
geschäft die Energieriesen unter den Nagel reißen. »Wer den
Kumpels heute Arbeit verspricht, könnte hier sogar eine Son-
dermüll-Verbrennungsanlage bauen lassen. Wollny, der Bür-
germeister, hat es nicht leicht in diesen Tagen.«

In Wollnys Arbeitszimmer hängen an allen Wänden Luftaufnahmen von Merkers. Fördertürme, Kalifabrik und Kalihalden kreisen ihn ein. Den Schlips hat er unter einem Pullover versteckt. Nur die Hälfte des Knotens ist im spitzen Ausschnitt zu sehen. Auf seinem Schreibtisch liegt noch die alte Brotbüchse aus seiner Kalikumpelzeit.

»Wer wie ich ein halbes Leben unten in der Grube war, der bleibt auch für den Rest des Lebens, egal ob als Müllsortierer oder als Bürgermeister, ein Bergmann.« Er bereue in seinem Leben als Kumpel keinen einzigen Tag. Aber es sei erschrekkend, daß jetzt einige der ehemaligen Chefs (»diejenigen, die zu Honeckers Zeiten das Parteiabzeichen mindestens dreimal am Tag geputzt haben«) so reden, als wären sie Verfolgte des SED-Regimes gewesen. »Ich habe zehn Jahre lang gegen den allmächtigen volkseigenen Kalibetrieb geklagt, weil er mir einen Verbesserungsvorschlag, eine besondere Streckenführung im Kuppelabbau, nicht anerkennen wollte. Wie gesagt, zehn Jahre Prozeß – sogar bis vor dem Bezirksgericht – und mich hat keiner entlassen und auch keiner eingesperrt. Ich weigerte mich als Genosse, in die Kampfgruppe einzutreten. Bin auch nicht in die Zusatzrentenversicherung. Wenn sie mir sagten: Du mußt, habe ich gesagt: Ich muß als Bergmann ordentlich arbeiten, sonst muß ich nichts!«

1988 bestimmte die Partei Wollny zum Bürgermeister von Merkers. Er fand sich sehr schnell zurecht mit den geforderten »Erfolgsstatistiken«. Denn anders als unten in der Grube schrieb man die Leistungen der Kommunen oft nur mit dem Bleistift auf das Papier. »Da mußte gemeldet werden, wie viele Flaschen die Bevölkerung gesammelt hatte, wie viele Kilo Heilkräuter, wie viele Zentner Buntmetall, wie viele Kastanien für die Wildfütterung. Stolz lebten wir von gemeldeten, aber gar nicht vorhandenen Kastanien, Buntmetallen, Heilkräutern, leeren Flaschen. Ich glaube, daß die DDR auch an ihren geforderten Erfolgslügen kaputtgegangen ist.«

Heute müßte er als Bürgermeister keine Statistiken über Flaschen und Papiersammlungen mehr schönen. Er wäre nur noch der Wirklichkeit, den leeren Kassen, den Schlaglöchern, den heruntergewirtschafteten kommunalen Häusern verpflichtet. »Und dann stehen auch noch die Obdachlosen aus Merkers vor der Tür, und ich soll ihnen eine Bleibe besorgen. Auch den notorischen Alkoholikern und denen, die obdachlos wurden, weil sie ihre Miete nicht mehr bezahlen wollten. Und ich kann keinem einzigen von ihnen die Tür vor der Nase zuschlagen.«

Ich frage, wer die Miete für die zugewiesenen Wohnungen zahlt.

Das sei eine gute Frage, meint der Bürgermeister. Ähnliches würden sie in der Kneipe wissen wollen und behaupten, der Wollny hätte noch einen sozialistischen Tick, der sei kein Mann für die Marktwirtschaft.

»Wir nehmen in unserem Kindergarten jetzt auch Kinder, die noch keine zweieinhalb Jahre alt sind, auf. Und ich muß dafür zusätzliche Kindergärtnerinnen einstellen. Der Gesetzgeber sagt zwar, daß die Kommune keine Kinder unter zweieinhalb Jahren nehmen muß. Aber wenn wir den Frauen einen Kindergartenplatz verschaffen, können diese Mütter weiterarbeiten. Wo ich das Geld dafür hernehmen werde? Wahrscheinlich muß ich die Straßensanierung verschieben. Und falls man mir dann vorwirft, daß es ungerecht sei, weil ich die Steuern, die alle bezahlen, nicht für die Straßen, auf denen alle rumlatschen, verwende, sondern für einige Frauen, damit die ihre Arbeit behalten, muß ichs mir gefallen lassen. Ich denke, die Straße kann ich auch im nächsten Jahr noch bauen, aber wer jetzt aus der Arbeit fliegt, kriegt nächstes Jahr keine neue. Lieber paar Schlaglöcher mehr als noch dreißig Frauen ohne Arbeit.«

Sie würden als Kommune wie früher auch noch eine Ärztin und eine Gemeindeschwester bezahlen. Die Ärztin wäre schon zu alt, um sich noch privat niederzulassen. Außerdem wären ein Rentnertreff, der Jugendklub, 172 kommunale Wohnungen, die frühere Gewerkschaftsbibliothek und das Kulturhaus noch Eigentum der Kommune und müßten auch von ihr bezahlt werden.

»Und dann die Fürsorgepflicht für die Asozialen. Ich kann sie nicht im Dreck liegenlassen. Ein Mensch, der erst einmal bis ganz unten durchgefallen ist, der kann strampeln, wie er will, der kommt nicht wieder hoch.«

Und um den Kumpels diese Schande zu ersparen, brauche er Arbeitsplätze. Doch nicht nur Mülljobs. »Wir wollten hier immer einen Gewerbe-, keinen Müllpark und haben auf dem Gewerbepark inzwischen schon sechzig Firmen angesiedelt. Plötzlich aber wird, wenn es um Merkers und Kali geht, vom Landkreis und vom Wirtschaftsministerium nur noch vom Abfall- oder Recyclingpark gesprochen. Und dazu gehört nach deren Meinung natürlich auch eine Müllverbrennungsanlage! Völlig staub- und giftfrei, wie uns allerorts versichert wurde. Aber der Gemeinderat beschloß: keine Müllverbrennung in Merkers! Dem Baldus glaube ich, daß es ihm um Schadensbegrenzung bei der Grubenschließung, also um Arbeitsplätze, geht. Aber es hängt ja auch die ganze Müllmafia mit drin. Für jeden Zentner abgenommenen Müll müssen die Kommunen zehn Mark bezahlen, aber die Einlagerung kostet nur runde vier Mark. Und für solch einen Gewinn lügt man schon mal das Blaue vom Himmel herunter. Aber die Regierung erbost sich, weil die Einwohner diesen Sprüchen mißtrauen.«

Allerdings wären sich noch nicht einmal die Experten, die angeblich »unabhängigen Koryphäen«, über die Gefährlichkeit oder Ungefährlichkeit einer Müllverbrennungsanlage einig.

»Professor Wassermann referiert in Merkers und beweist uns, daß bei der Müllverbrennung Abgase frei werden, die

Mensch und Natur schädigen. Und vierzehn Tage später referiert an der gleichen Stelle Professor Seifert und beweist uns, daß die Müllverbrennung hundertprozentig sauber ist. Mit diesen Expertenmeinungen im Schädel laufe ich herum und soll entscheiden. Der Bürger, der sechs oder sieben Meinungen gehört hat, der kann sich nur noch retten, indem er keine achte mehr anhört und sich für den entscheidet, dessen Krawatte oder dessen Kraftausdrücke ihm am besten gefallen haben. Pluralismus der Informationen nennen sie das in der großen Politik. Ich nenne es schlichtweg: Verarschung, damit keiner dahinterschaut, was die Oberen wirklich wollen.

Und die Kumpel kommen empört zu mir gerannt und pöbeln mich an: Wollny, weil du dich nicht ausgeschissen hast und die Anlage immer noch nicht genehmigt hast, stehn wir bald nackig ohne Arbeit da. Die Wahrheit aber ist: Selbst wenn wir die Müllverbrennung absegnen, kriegen die jetzt entlassenen Kumpel deshalb in den nächsten zwölf Monaten keinen neuen Arbeitsplatz. Außerdem werden höchstens 35 Leute in solch einer Riesenmüllverbrennungsfabrik beschäftigt. Und wer sagt mir denn, was die Kalibosse hier wirklich vorhaben. Die lassen jetzt die Gruben ordentlich konservieren. Aber man konserviert eine Grube nicht für teures Geld, um anschließend Müll, gleich ob Hausmüll oder die Asche der Verbrennungsanlage, hineinzuschütten. Wenn wir den Müll und die Verbrennungsanlage in Merkers haben, werden sie auch unser hochwertiges Kali wieder abbauen. Natürlich nicht mehr von hier, sondern vom Westen aus. Geldverdienen durch den Kaliabbau in Merkers und Geldverdienen durch die Müllverbrennung in Merkers, das wäre das große Doppelgeschäft. Und mir nutzt die gepriesene Demokratie einen Scheißdreck, wenn ich bei meinen kleinen kommunalen Entscheidungen nicht weiß, was die großen Wirtschaftsbosse hier mit uns vorhaben. Und wenn die milliardenschweren Müllmonopole erst mal hier sind, hat hier keiner mehr was zu melden, dann mußt du vor dem Geld – wie früher vor den Parteigrößen – kuschen. Ansonsten gehste als Bürgermeister. Und kannst dich dann als Müllsortierer bei ihnen bewerben.«

Am Schluß unseres Gesprächs sagt Wollny, ohne auf die Uhr zu schauen, jetzt sei Frühstückszeit unten in der Grube. Kocht sich mit dem Tauchsieder Kaffeewasser und guckt nach, ob die Frau die Brote in der Aluminiumbüchse mit Knackwurst oder Rotwurst belegt hat.

Ich kaufe mir statt dessen in einer Salzunger Bäckerei dick beschichteten Mohnkuchen. Vor mir steht, ein großes Stück Streuselkuchen mampfend, der Unternehmer Bernd Deifuß. Ich frage, wie sein Kabelbetrieb läuft. Er sagt mit vollem Mund: »Komm mit, schau ihn dir an!« Und läßt sich noch zwei Stückchen Streuselkuchen einwickeln. »Wir trinken bei mir Kaffee.«

Er serviert ihn mit viel Milch und viel Zucker. Zuerst erzählt er nicht vom Betrieb, sondern von seinen Kindern. Der Sohn werde jetzt nach Frankreich gehen, um französisch kochen zu lernen. Und dann in den Norden hinauf, um außerdem ein guter Fischkoch zu werden. Die Tochter – sie beschäftige sich mit dem Kaufmännischen – werde hier bleiben und im väterlichen Betrieb arbeiten. Allerdings stände es um den Betrieb zur Zeit nicht gut, denn ein Wessi hätte Eigentumsforderungen angemeldet. »Und solange die nicht geklärt sind, darf ich hier nicht einmal eine Hundehütte bauen. Ich weiß nicht, wo ich das Material noch lagern soll. Und außerdem, wenn ich nicht investiere, also nicht baue, muß ich jede Mark Gewinn mit dem Staat teilen.« Die Kundschaft sei zufrieden mit ihm, vor kurzem hätte er einen großen Auftrag in der Gewürzmühle Schönbrunn an Land ziehen können. »Ich sage nämlich immer klipp und klar: ›Bitte schön, nehmt die billigen Kabel der großen Firmen aus dem Westen. Die werden euch die vollen Kabeltrommeln auf euer Gelände fahren, und dann könnt ihr sehen, wie ihr mit dem Zeug klar-

kommt. Wir dagegen liefern genau abgemessene und zuge-
schnittene Kabelstücke, leihen noch unsere Verlegetechnik
aus. Und die meisten kaufen deshalb unser Material.«‹

Trotz der guten Auftragslage könnte er jedoch keine neuen
Leute einstellen, vielleicht müßte er sogar, er zuckt vor dem
Wort, »Entlassungen« aussprechen.

Als der Kuchen aufgegessen und der Kaffee ausgetrunken
ist, führt er mich, geheimnisvoll leise sprechend, hinter das
Haus. Dort im Garten, von draußen habe ich es nicht gesehen,
steht eine große neu gebaute Lagerhalle. »Sonst wäre das Unternehmen kaputtgegangen, ohne eine Lagerhalle«, sagt Deifuß. Lange hätte er diesen Schritt überlegt. Und noch länger
sei er vor dem Haus draußen auf der Straße immer wieder auf
und ab gegangen, um den toten Blickwinkel zu finden, damit
niemand von außen den Bau entdecke.

»Und damit kann man ruhig schlafen«, frage ich.

»Wer sagt denn, daß ich in den letzten drei Jahren auch nur
eine Nacht ruhig geschlafen habe . . .«

Vom Frühstückskuchen im Kabelbetrieb Deifuß fahre ich
zur nachträglichen Hochzeitsgratulation nach Geisa. Andreas
Ambrosi und seine türkisch-bulgarische Freundin haben im
Sommer geheiratet und den traditionellen Hammel geschlach-
tet. Ambrosi erzählt begeistert vom Hammelmahl, das er selbst
zubereitet hätte, drei verschiedene Gerichte zur Hochzeit.

Auf dem Küchenschrank liegt der Koran. »Aber meine
Frau hält die Regeln, Marx sei Dank, nicht ein«, sagt Ambrosi.
Die siebenundzwanzigjährige, sehr schöne, schwarzhaarige
bulgarische Türkin lächelt, bedankt sich für meinen Blumen-
strauß und sagt sehr leise und zu ihrem Mann aufschauend:
»Ich liebe Andreas sehr. Ohne sein gutes Herz hätte ich nicht
in Deutschland bleiben dürfen.« Und sie zündet ihm vorsorglich eine neue Zigarette an.

Jetzt müsse er sie nur noch überzeugen, mit ihm nach Bulgarien zu gehen und dort auf ihren Namen einen privaten

Wachdienst eintragen zu lassen. Er hat die fixe Idee immer noch im Kopf. Nein, sagt Ambrosi, das sei keine fixe Idee, auch keine ökonomische Notwendigkeit, aber eine moralische. Er könne in Deutschland die heutige Falschheit von all den verantwortlichen SED- und Blockparteifunktionären nicht mehr ertragen, die sich früher Kies und Zement für ihre Bungalows durch die allmächtige Partei besorgen ließen und heute im Landtag lamentieren würden, daß sie Opfer der DDR-Diktatur gewesen wären.

Während er mir Kebaptschiti – bulgarische Fleischklößchen – brät, schaue ich mich in seinem Asylbewerberheim um. Laufe ziellos die Gänge und Treppen des Heimes auf und ab. Will an irgendeiner Tür klopfen, aber klopfe an keiner. Plötzlich stehen zwei junge Männer, dem Aussehen und ihrer Aussprache nach Rumänen, vor mir, rempeln mich an. Ich soll ein paar Zigaretten rausrücken. Versuchen, mich in den Schwitzkasten zu nehmen. Ein kleiner dunkelhaariger Junge, der noch sehr wacklig auf seinen Beinen steht, tappt den Flur entlang. Und nach ihm, in jeder Hand zwei vollgepackte Lebensmittelbeutel schleppend, ein sehr großer, schlanker, kräftiger Mann. Er schreit die zwei an, die lassen los, grienen und verschwinden. Ich danke dem Mann. Er verbeugt sich ein wenig, das sieht wegen der herunterhängenden Arme komisch aus und sagt: »Doktor Nagubalow aus Kabul in Afghanistan. Und das ist mein kleiner Mustafa, auf deutsch heißt das der Göttliche, und … meine Frau.« Damit schiebt er mich vorwärts bis zur übernächsten Tür und bugsiert mich in das Zimmer. »Meine Frau Mahid, auf deutsch der Stern, und meine Tochter Schabnan, auf deutsch der Tau. Schabnan ist neun Jahre alt. Eigentlich müßte sie in die dritte Klasse gehen.« Die Frau kocht unaufgefordert Tee. Der Mann kramt Kekse aus einem der Lebensmittelbeutel. Das Mädchen legt sie auf den Teller, und Mustafa nimmt sich eine Handvoll und beginnt zu schmatzen.

»Seit wann leben Sie hier, Doktor Nagubalow?«

»Seit zehn Monaten.«

Zwei winzige Zimmer, die Betten stehen übereinander. Im Nebenraum lärmen Betrunkene.

»Ist Geisa Ihre erste Station in Deutschland?«

Er schüttelt den Kopf. Anfangs habe er bei seinem Bruder, der schon längere Zeit in Hamburg lebt, gewohnt. Der kleine Mustafa sei damals schwer krank gewesen, hätte in einem Krankenhaus gelegen. »Trotzdem durften wir nicht in Hamburg bei dem Bruder bleiben, sondern mußten in das Asylbewerberheim Neustadt. Später Pößneck. Pößneck, das war vorher ein Pferdehaus. Hundert Menschen, wo früher fünfzig Pferde. Und nachts viele, viele kleine Insekten, Schaben. Sehr viele. Mahid und ich konnten nicht schlafen. Wir wachten, damit Schaben den Kindern nicht in das Gesicht laufen. Es gab eine Toilette für alle Menschen. Die Wasserdusche war für drei Stunden morgens und für drei Stunden abends aufgeschlossen. Ich wachte vor der Tür, wenn meine Frau in der Dusche.«

»Als was haben Sie in Afghanistan gearbeitet?«

»Ich war ein Doktor der Mathematik im Finanzministerium vom Präsidenten Najibollah. Meine Frau war eine Lehrerin.«

»Und weshalb haben Sie Afghanistan verlassen?«

»1992, nach dem Rücktritt von Präsident Najibollah, sind in Kabul die islamischen Mudschaheddins an die Macht gekommen.« Und obwohl die demokratische Partei, der auch er angehörte, den neuen Herrschern die Gemeinsamkeit aller Afghanen vorschlug, hätten diese einen islamischen Staat errichten wollen und alle »europäischen Afghanen« verfolgt. »Nach ihrem Terror hatten wir in Kabul keine Schule mehr für meine Kinder, und meine Frau hatte keine Arbeit in der Schule. Und wir besaßen kein Haus mehr gegen den Winter. Wir waren nicht arm gewesen. Unser Haus war ein Haus mit zehn Zimmern.«

Die islamischen Extremisten hätten damals in Kabul alle Häuser der Mitarbeiter von Präsident Najibollah beschlagnahmt. Sie wären von Haus zu Haus gegangen. Er hätte sich noch im Keller verbergen können, aber sie wären nicht auf der Suche nach ihm, sondern nach seiner Frau gewesen. »Die Kinder waren allein zu Hause. Und als die Kinder nicht sagten, wo Vater und Mutter sind, nahmen sie einen Topf heißes Wasser vom Herd und schütteten es Mustafa über den Kopf.«

Er zeigt mir die Narben der Verbrennungen...

»Wie kamen Sie nach Deutschland?«

»Wir mußten zusammen mit meinen Geschwistern in Deutschland für jeden von uns zweitausendfünfhundert Dollar bezahlen. Dann begann eine sehr lange Reise. Man brachte uns nach Usbekistan, später nach Moskau, dann nach Prag. Und endlich Deutschland.«

Damals sei er sehr glücklich gewesen. Frieden für sich und seine Frau. Und eine Schule für seine Kinder. »Aber hier weder Frieden noch Schule, nur so viel Haß auf uns«, er buchstabiert die Worte, »auf uns stinkende Kameltreiber. Verzeihen Sie dieses schlechte Wort, aber mein Kopf ist in den Heimen in Deutschland schon schmutzig geworden.«

Als sie ihr Schicksal den deutschen Behörden schilderten und um Asyl für die Familie baten, hätte man ihnen erklärt, daß Afghanistan kein Kriegsgebiet sei, niemand würde dort bei seiner Rückkehr verfolgt oder eingesperrt. »Aber weshalb ist unser ehemaliger Präsident Najibollah in die UN-Botschaft geflüchtet? Ich habe gesehen, wie islamische Rebellen Frauen, die Miniröcke trugen, die Brüste abschnitten. Ein Mann wie ich, ein Doktor, der eine Krawatte trägt, ist ein Feind des Islam. Eine Lehrerin ohne Schleier eine Hure.« Er weint, der große, kräftige Mann. Zerrt einen neu gekauften und wohl noch nie benutzten Ranzen unter dem Tisch hervor und holt eine deutsche Muttersprache und Hefte heraus. In den Heften sind krakelig deutsche Worte geschrieben, Zeile für Zeile immer die gleichen Worte. »Meine Frau übt jeden Tag mit Schabnan.« Sie wären nach Deutschland gekommen, damit die Kinder die Schule besuchen, aber nun ... Er steigert sich in seinen Zorn, je länger er die Hefte der Tochter durchblättert. »Ich nicht brauche dei Geld ... nicht dei Essen ... nicht dei Hemd ... Ich brauch nur dei Hilfe, daß meine Kinder in die Schule gehen können!« Mustafa hat inzwischen alle Kekse aufgegessen. Schweigend trinken wir den Tee. Seine Frau sagt sehr leise: »Gestern hier um drei Uhr nachts die Polizisten sind gewesen auf dem Flur mit Hunden. In allen Zimmern suchten sie Diebe. Die Kinder schrien, als sie die Hunde sahen.«

Ich sage, daß ich ihnen Lehrbücher für die deutsche Sprache schicken werde.

Abends bin ich wieder in Salzungen und fahre zur Werrabrücke, unter der Marx sogar im Winter pennt und wo nun auch Andreas die Nächte verbringen soll. Die etwa hundert Meter lange Brücke überspannt den Fluß, die Werraauen und die Fernwärmeleitungen. Unter dieser Wärmeschlange vergammeln alte Matratzen, Säcke, leere Bierdosen, Plastikbeutel, Aluminiumschalen, Konservenblech. Neben den Decken und Säcken ist die gläserne Isolierwolle der Heizleitung herausgerissen, die Rohre liegen blank – eine lange dunkle Wärmflasche. Ich sehe weder Marx noch Andreas, erkenne nur eine der Decken, die grau-grüne. Die schleppte Andreas mit sich herum. Eine aus dem Leichenhaus. Vom Alten geklaut, hatte er mir gesagt. Als es dunkel wird, schlurft Marx durch den Park herüber zur Brücke. Er zieht ein Bein nach, wahrscheinlich schmerzen wieder die eingewachsenen Zehennägel. Die Böschung an der Brücke rutscht er im Hocken herunter, erschrickt nicht, als er mich sieht, setzt sich wortlos, holt zwei Büchsen Bier aus der Plastetüte, gibt mir eine davon und fragt, ob ich auch Brot dazu möchte. Er hat Andreas seit Wochen nicht mehr gesehen. Nur drei oder vier Mal hätte der Andreas nachts bei ihm unter der Brücke geschlafen. »Zu zweit ist es hier wärmer.« Die letzte Nacht mit Andreas sei allerdings furchtbar gewesen. Andreas wäre halbtot bis zur Brücke getorkelt. »Er lallte, daß er seinen Stiefvater getroffen hätte. Der hätte ihn angebrüllt: ›Du elende homosexuelle Nutte!‹ Und da hätte der Andreas zurückgeschrien: ›Und du, du bist ein … ein verdammter Leichenficker!‹« Seit dieser Nacht sei er wie vom Erdboden verschluckt.

Marx sagt mir, wo ich um diese Zeit noch billigen Wodka kaufen könnte. Wir sitzen, angelehnt an die warme Heizschlange, auf zusammengedrückten Pappkartons und trinken und reden die halbe Nacht. Marx beteuert – wohl mehr sich als mir – immer wieder, daß er nie mehr vom Osten zurück in den Westen gehen werde. Im Westen hätte man ihm sogar schon mal einen Hundertmarkschein, so wie einem Hund ein Kotelett, vor die Füße geschmissen. »Hier im Osten schenkt mir niemand einen Blauen, aber noch nicht alle stehen erschrocken auf, wenn man sich an das andere Ende ihrer Parkbank setzt. Und sie reden manchmal mit unsereinem.« Im Westen hätten weder seine Kinder noch seine Frau mit ihm gesprochen, damals, als seine Frau sich scheiden ließ und er, schon zwei Jahre arbeitslos, angefangen hätte zu saufen, weil sie ihn auf die Straße gesetzt hatte. Oder sie ihn auf die Straße gesetzt hatte, weil er angefangen hätte zu saufen. An die zeitliche Reihenfolge erinnere er sich nicht genau.

Nachts um ein Uhr reden auch wir nicht mehr. Marx wikkelt sich in die grau-grüne Decke, legt sich dicht an die Heizschlange und sagt, daß er morgen früh Brötchen holen werde. Ich warte, bis er schläft. Dann gehe ich und lege mich in mein neben der Brücke geparktes Auto.

Um elf Uhr bin ich im Landratsamt, komme gerade noch zurecht, um das Ende der Dienstberatung des Landrates mit allen Bürgermeistern des Landkreises zu erleben. »Sie wissen, meine sehr verehrten Damen und Herren Bürgermeister, was mit der Entscheidung über den CDU-Landratskandidaten für unseren Kreis auf dem Spiel steht: Schlicht und ergreifend geht es dabei darum, daß, wenn die Eisenacher im Wartburgkreis schon über eine zahlenmäßige Mehrheit an Abgeordneten verfügen, wir ihnen als Gegengewicht einen Salzunger Landrat präsentieren müssen.«

Danach bittet Baldus, daß alle Anwesenden außer den CDU-Bürgermeistern (»Auch der Herr Scherzer!«) den Saal verlassen. Er müßte noch einige Punkte mit den CDU-Kollegen besprechen. Das kenne ich aus der DDR. Allerdings saßen damals die SED-Bürgermeister nicht hinterher, sondern schon vorher zusammen, um die Linie festzulegen.

Ausgesperrt fällt mir nichts anderes ein, als zu Ausgesperrten zu fahren, das heißt zu den Arbeitern vor dem Tor des Immelborner Hartmetallwerkes. Aber dort steht, als ich ankomme, niemand mehr mit Spruchbändern und Gewerkschaftsfahnen vor dem Tor. Ich sehe keine in die Luft gereckten geballten Fäuste, auch nicht die vom Gewerkschafts-Revolutionär Peter Winter.

In der Pförtnerbude sitzt der schmalbrüstige Wachmann, jener Politoffizier vom Salzunger Regiment, mit dem ich schon vor Monaten geredet hatte.

»Die Leute arbeiten wieder?«

Er zeigt mir eine Gruppe von Männern in Schlossermonturen. Sie zertrümmern die Ziegelwände der Betriebshallen, schaufeln Bauschutt auf Dumper und werfen Maschinenteile in Container. »Und einige produzieren noch Hartmetall im Werk.« Eine sogenannte »TOPOS-Firma« hätte den Betrieb gekauft oder übernommen, Genaues wisse er nicht. »TOPOS«, das wären vor allem Gesellschafter aus dem Westen, viele von ihnen aus Fulda. Die »TOPOS« würde in Südthüringen in den Konkurs getriebene Betriebe mit Hilfe hoher staatlicher Fördermittel übernehmen. »Und einer der neuen

TOPOS-Unternehmer und Mitbesitzer des Hartmetallwerkes Immelborn ist der Peter Winter.«

Ich frage völlig verdutzt, ob er den Gewerkschaftsführer Peter Winter meint. »Ja, genau den.« Und seiner Frau hätte er auch einen Teil des Werkes überlassen. Dort produziere man inzwischen von Staat finanziell geförderte Öko-Badewannen.

»Öko-Badewannen?«

Was das genau sei, wisse er auch nicht. »Vielleicht kann sich in einer Öko-Wanne die ganze Familie im selben Wasser baden.«

Weil ich die Sache mit dem neuen Unternehmer Peter Winter nicht glauben will, gehe ich zu den Ziegelwandzertrümmerern, frage einen mit einer sehr zerquetschten Nase. (»Brauchst nicht so zu glotzen, ich war als Junior zweiter Boxmeister von Südthüringen.«) Er flucht sofort, als ich den Namen Winter nenne. »Der Kerl hat nicht für uns geschrien, sondern nur für sich. Solche sind schlimmer als Aasgeier. Aasgeier fressen nur, was andere totgeschlagen haben, aber diese Sorte hilft beim Totschlag und frißt dann das Aas.« Der Gewerkschafter Winter sei kein Armer, er besitze in Hessen zwei Häuser...

»Und der Betriebsratsvorsitzende Schaaf?«

»Der hat auch einen Posten erhalten, allerdings nicht von Peter Winter, sondern von unserem Konkursverwalter Wagner.« Der hätte im Betrieb eine Halle zur Aufbewahrung und Vernichtung von Akten gepachtet oder gekauft, die Firma »ad acta« gegründet und den Betriebsratsvorsitzenden Peter Schaaf dort zum Prokuristen gemacht.

Der Prokurist liegt ölverschmiert unter einem alten Barkas. Ich solle mich gedulden, er brauche das Auto heute noch, um neue Akten zu holen. Als ein junger Mann im Anzug erscheint und fragt, wie viele Meter Akten seit der vergangenen Woche angeliefert worden wären, kriecht Schaaf doch heraus und sagt: »Etwa zehn Meter.« Das sei zu wenig, sagt der Anzugmensch. »Sie müssen sich schnellstens etwas einfallen lassen.«

Nachdem der verschwunden ist, führt mich Schaaf in eine sehr große Halle, in der Hunderte Meter von mehrstöckigen metallenen Regalen mit Aktenordnern und Lohnlisten stehen. Viele der hier mit ihren Akten verewigten Betriebe würden schon nicht mehr existieren, sagt Schaaf. Aber die wären trotzdem gesetzlich verpflichtet, die wichtigsten Papiere mit Personal-, Lohn- und Betriebsergebnissen mindestens für zehn Jahre aufzubewahren. »Damit ehemals dort Beschäftigte beispielsweise jederzeit ihre Arbeit und ihren Verdienst nachweisen können.« Und jeder Betrieb, den der westdeutsche Diplomvolkswirt Wagner als Konkursverwalter auflöse, müßte diese Akten aufbewahren und das Geld für die Aufbewahrung aus der Konkursmasse bezahlen. Und weil dem Herrn Konkursverwalter Wagner nun diese Halle und die Firma gehöre, würde er die Akten »seiner« Konkursbetriebe natürlich nicht zu anderen Aktenaufbewahrungsfirmen bringen lassen, sondern hierher in seine eigene. Und aus der Konkursmasse erst einmal die Aktenaufbewahrungskosten für acht oder zehn Jahre auf sein »ad acta« Konto überweisen. Ein Meter Akten koste mit Sichtung und Transport in zehn Jahren knapp Tausend Mark ...

Ich begreife sehr langsam. Und frage vorsichtig: »Also, wenn der Herr Wagner in einem Betrieb die Gesamtvollstreckung leitet, verdient er einmal an dem Konkursverfahren und dann noch einmal an den Akten des ›abgewickelten‹ Betriebes?«

Schaaf ist das Thema nicht angenehm. Ja, sagt er, im Prinzip sei das so. Aber nicht alle Akten müßten teuer aufbewahrt werden, billiger sei es, sie vernichten zu lassen. Und dafür hat der begnadete Bastler Peter Schaaf eine Art Höllenmaschine (was den Lärm betrifft) fast allein zum Laufen gebracht. Sie steht in einem kleinen Raum. Oben die Einfüllbehälter, dann gefräßige Messer und unten eine Presse, die die Papierschnipsel mit dem enormen Druck von 1,8 Tonnen pro Quadratzentimeter zu Briketts verformt (zweihundertfünfzig Stück in der Stunde). Die Briketts sind weiß und schwarz oder bunt gesprenkelt. Manchmal kann man auf den kohleartigen Briketts noch Buchstaben lesen. »In Deutschland dürfen diese Briketts nicht verbrannt werden. Aber die heizen gut. Die zerfallen nämlich nicht, die halten die Glut besser als Kohle.« Er könnte sich vorstellen, sie im Immelborner Konsum zu verkaufen.

Ich klettere auf die Maschine und zerre einen der Ordner aus dem Einfüllbehälter. Lese: »VEB Geflügelschlachtbetrieb Bad Langensalza im Fleischkombinat Erfurt«.

Neben der Firmenbezeichnung prangt der Karl-Marx-Orden. Unter dem Datum vom 28. August 1989 finde ich den Plan für die Neuerer des Betriebes. Die wollten 1990 die Rampe zur Geflügelannahme verändern, den Multicar mit Aufsatzbrettern versehen, die Hinterachse des W 50 reparieren, die Telefonanschlüsse effektiver verteilen, eine elektrische Schwingschaltung zur Kondensatrückgewinnung entwickeln. Geplanter gesellschaftlicher Gesamtnutzen: 260 000 Mark. Im Ordner sind außerdem handgeschriebene Protokolle von den Beratungen über das Neuererwesen 1990 in den sozialistischen Brigaden, Maßnahmepläne, Kontrollpläne und Vergleiche zum Vorjahr abgeheftet. Insgesamt einhundertfünfzig Seiten. Vielleicht ein Kilo schwer. Die *VERNICHTUNG* der 1 000 Gramm Neuerervorschläge vom Geflügelschlachthof Bad Langensalza kostet genau 1,00 D-Mark. (Zwei Kilo Weizenmehl kaufe ich im Sonderangebot schon für 0,80 DM!)

Wieder draußen, vertrete ich mir zwischen Erlen und Eiben in der Immelborner Auenlandschaft die Beine. Atme tief durch und versuche die Fakten über die Konkurs-, Ökobadewannen-, Aktenaufbewahrungs- und Aktenvernichtungsgeschäfte zu ordnen.

Genieße die Stille, bis mich in der Nähe des Sportplatzes wütendes Hundegebell aufschreckt. Ich erinnere mich, daß hier früher die Hundekäfige der Polizei und Kampfgruppen standen.

Vorsichtig gehe ich näher und beäuge die Käfige, in denen nun kleine Möpse, dünne Straßenpinscher und große Bulldoggen den Aufstand proben. Daneben, in anderen vergitterten Häuschen, fläzen sich Katzen auf alten Sofas und Sesseln. Ich entdecke Meerschweinchen, sogar einen Igel. Und habe damit wohl zufällig das Tierheim gefunden, in dem die ehemalige Lehrerin Helga Schulz ehrenamtlich arbeitet.

Ich warte respektvoll vor dem hohen Maschendrahtzaun, bis ein junges Mädchen vor den Käfigen hin und her läuft, und frage sie, ob die Helga Schulz im Heim wäre. Ja, die arbeite hier. Aber im Moment hätte sie wahrscheinlich keine Zeit, sie würde der Frau Doktor Wilhelm, der Tierärztin, helfen, die Katzen zu impfen. Die »rote Helga Schulz« zusammen mit Frau Dr. Wilhelm, die ich im Landkreistag erlebte, als sie die Nachfolger der SED-Diktatur, die Roten, leidenschaftlich wegen ihrer Untaten in der DDR angeklagt hatte.

Das Mädchen öffnet mir die Tür, und ich beobachte die zwei Frauen zuerst aus der Ferne. Helga Schulz hält die Katzen, Frau Wilhelm zieht die Spritzen auf. Die Tierärztin ist jünger, schlanker, geht sehr gerade und ruhig. Die Schulz, schon älter, rundlicher – aber sie rennt noch wie eine Zwanzigjährige von Käfig zu Käfig ... Später erfahre ich Details aus ihrem Leben.

Helga Schulz wurde 1933 in Meiningen als Tochter des Straßenwärters Friedrich Rossig geboren. Der war ein Kommunist und blieb es auch während der Nazizeit. Er blieb allerdings auch, was fast noch schwieriger war (zumindestens als er nach 1945 zu den Siegern der Geschichte gehörte und trotzdem keine leitende Funktion annahm), sein Leben lang ein Arbeiter im besten Sinne des Wortes. »Immer solch ein proletarisches, unruhiges, nicht zu disziplinierendes Element, eine Art Revoluzzer«, sagt Helga Schulz.

»Und wegen dieser seiner ehrlichen Überzeugung bin ich noch vor dem Abitur Kandidatin der SED geworden.« Sie wollte als Rundfunksprecherin arbeiten, ging aber statt dessen zum Meininger Theater. »Der Vater war dagegen, denn er meinte, im Theater könne man nur als Parasit leben. Er sagte immer: Ein ordentlicher Mensch bezahlt seinen Brei, den er gegessen hat.« Dreißigmal spielte sie in Molières »Eingebildetem Kranken«. Anschließend Anwärterin für das Lehramt. Und mit neunzehn Jahren schickte man die Neulehrerin nach Northeim in das Grabfeld. Sie hatte nur ein paar Bücher, Stifte, Hefte und immer großen Hunger. »Sehr großen Hunger. Ich verlegte die Elternbesuche bei den Bauern also auf sonntags. Und sagte dort immerzu: ›In eurer Küche riechts aber gut.‹ Solange, bis die Bauern mich (›das arme joong Ding‹) zum Mittagessen einluden.

Danach die erste Liebe, auch ein Neulehrer. Aber sie sei mit zwanzig immer noch jenseits von Gut und Böse gewesen. Die elterliche sexuelle Aufklärung hätte sich auf den Rat »bleib keusch« beschränkt. »Es klappte gleich beim erstenmal.«

Von 1952 bis 1990, achtunddreißig Jahre lang, war Helga Schulz Lehrerin, unterrichtete Geschichte, Staatsbürgerkunde, Deutsch, Russisch. Zuletzt in Bad Salzungen. »Mein Mann, auch ein Lehrer, starb 1987. Er hat die Wende nicht mehr erleben dürfen, oder erleben müssen.«

Im Frühjahr 1990, da war sie siebenundfünfzig, legte man ihr nahe, als Lehrerin aufzuhören. »Der Direktor und die noch amtierende DDR-Kreisschulrätin (die ist heute längst wieder Lehrerin) agitierten mich, daß ich ein Beispiel geben und freiwillig aufhören sollte als Lehrerin. Wegen der Arbeitsplätze für die jüngeren Kolleginnen! Außerdem, wenn ich freiwillig gehen würde, müßte später keine Kündigung ausgesprochen werden, denn man wisse ja nie, die Staatsbürgerkundelehrer wären belastet ... Sie versprachen mir sogar noch ein paar Stunden zum Abgewöhnen. Ich ging, wie hätte ich sonst den jüngeren Kolleginnen mit Kindern in die Augen schauen können, also von meiner geliebten Schule. Ab 1. Oktober 1990 war ich arbeitslos.«

Einige clevere Kollegen hätten sich halb tot gelacht über ihre Blödheit, denn das wäre drei Tage vor dem Beitritt der DDR zur BRD geschehen. Sie sei deshalb auch nicht als BRD-Lehrerin mit Abfindungen und allem Drum und Dran, sondern noch als DDR-Lehrerin entlassen worden.

Neunhundertsiebzehn Mark monatlich, nach fast vierzig Lehrerjahren. Jahrelang habe sie mit anderen, denen es ähnlich ergangen sei, um eine Abfindung und eine Rentenerhöhung gekämpft. »Und Nacht für Nacht kribbelte es in meinem blöden Kopf, als wenn Tausende Ameisen drin herumliefen. Nur Ameisengedanken: Du hast nichts. Du kannst nichts. Du bist nichts. Du wirst nichts mehr. Keiner braucht dich.

Damals erinnerte ich mich, daß ich früher oft herrenlose Katzen gefüttert hatte. Und ich dachte mir: Vielleicht brauchen die Tiere dich.«

Seit April 1992 arbeite sie von früh bis abends im Immelborner Tierheim. »Ich komme völlig kaputt nach Hause und schlafe sofort ein, ohne daß mir Ameisengedanken im Kopf herumkrabbeln. Und wenn ich es heute recht bedenke: Ich hätte als Lehrer meine Gesinnung sowieso schlecht verbergen können.« Denn selbst für die Zusicherung, anschließend Lehrerin bleiben zu können, hätte sie den Satz »Der Sozialismus war ein Verbrechen!« nicht über ihre Lippen bekommen.

»Im Januar war ich noch einmal in Bad Salzungen zur Kranzniederlegung für die Rosa Luxemburg. Ein jämmerliches Häuflein, so standen wir dort. Wo verkriechen sich die anderen nur alle, fragte ich mich. Und habe bitterlich geheult. Danach bin ich raus aus der Partei.«

Natürlich wäre die Tierhelga, wenn sie in den Zwingern die Hundescheiße wegmache, nur noch ein Abklatsch der früheren Lehrerhelga. Außerdem arbeite sie im Tierheim ohne Bezahlung. Aber das würde ihr nicht schwerfallen. »Ich habe auch früher die Genossen, denen es nur um Ex-Klamotten, Autos und Karriere und nicht um die Überzeugung ging, verachtet. Wahrscheinlich wäre ich heute eine gute Religionslehrerin. Mit Jesus könnte ich mich solidarisch fühlen.«

Frau Doktor Wilhelms Stimme klingt beim Erzählen nicht leidenschaftlich und scharf wie im Kreistag, sondern leise und ruhig – fast elegisch. »Ich wurde 1950 in Bad Salzungen geboren. Mein Vater, Wolfgang Zobel, besaß hier ein Radiogeschäft. Er war also nach der Sprachregelung der Kommunisten ein Klassenfeind, ein Kapitalist. Die Eltern erzogen mich im Sinne des bürgerlichen Humanismus. Als ich zehn Jahre alt war, ließen sie sich scheiden. Danach hatte ich kaum noch Kontakt zu meinem Vater. Ich studierte Veterinärmedizin, und zu dieser Zeit haben die Kommunisten meinen Vater verhaftet. Alle privaten Rundfunkhändler in der Umgebung wurden damals verhaftet – sie sollten angeblich für den Westen als Spione gearbeitet haben. Sein Geschäft, das gesamte Eigentum wurde beschlagnahmt – im Namen des Sozialismus, aber wohl eher im Namen von sogenannten Kommunisten, die ihre Ideologie lediglich als Heiligenschein brauchten, um ungestört die Gier nach Macht und Geld ausleben zu können. Mein Vater, das wußte ich, war immer unpolitisch gewesen, nie hätte er für den Westen spioniert. Aber sie haben ihn in eine Einzelzelle gesperrt, zwei Jahre lang Einzelhaft, bis er ein ›Geständnis‹ ablegte.

Während des Studiums lernte ich meine große Liebe kennen, einen Sudanesen. Wir haben ein Kind zusammen. Ich wollte zu ihm, weg aus dieser DDR, in der mein Vater im Gefängnis saß. Und schrieb einen Brief an Honecker. Doch ich erhielt keine Antwort, statt dessen erschien ein Genosse der

SED-Bezirksleitung oder der Stasi, genau weiß ich das nicht. Der sagte: Sie dürfen nicht ausreisen. Heiraten Sie Ihren Sudanesen hier, und sagen Sie ihm, er soll DDR-Bürger werden. Aber er wollte kein DDR-Bürger werden. In Dresden, dort absolvierte ich meine Pflichtassistenz, waren wir für kurze Zeit zusammen. Unser Kind, er und ich. Wir wohnten in einem kleinen Zimmer, provisorisch eingerichtet, Kisten drin und Bücherstiegen. Die Windeln habe ich im Topf gekocht. Aber wir waren sehr glücklich. Er durfte schließlich nicht mehr länger in der DDR bleiben, und 1974, am gleichen Tag, an dem er nach Westberlin fuhr, fuhr ich nach Bad Salzungen, um meine erste Stelle anzutreten. Ich habe oft nachts von Flucht geträumt. Einmal bot man mir auch an, mich mit meinem Töchterchen in die BRD zu schleusen. Für sechzigtausend Mark West. Aber ich hatte Angst, dadurch ein Leben lang verschuldet zu sein.

Nach seiner Haftentlassung durfte Vater in einem staatlichen Geschäft in Schweina wieder Küchengeräte verkaufen, später auch Rundfunkgeräte in Suhl und in Meiningen, doch nie wieder in Bad Salzungen. Ich habe mich unendlich gefreut, als es zu Ende ging mit dem System der Kommunisten. In meinem Kopf war immer dieser eine Gedanke: Solch eine Willkür darf sich niemals mehr wiederholen.«

Nach der Wende, als die Massentierhaltung in den LPG reduziert wurde und die meisten staatlichen Veterinäringenieure entlassen wurden, sei sie mit ihrer Tierarztpraxis natürlich sehr gut dran gewesen. Hatte mehr als genug Arbeit. So viel, daß sie 1992 ihren Posten als Vorsitzende des hiesigen Tierschutzvereins an die Helga Schulz abtrat.

»Und seit dieser Zeit«, sagt Helga Schulz, »esele ich mich mit den Behörden herum, denn Schwierigkeiten machen nicht die Tiere, sondern nur die Menschen.« Sie könnte manchmal an den Menschen und deren Moral verzweifeln. »Ich habe miterlebt, wie man Meerschweinchen, derer man überdrüssig war, einfach vom Hochhausbalkon heruntergeschmissen hat. Wehrlose Meerschweinchen haben keine starken Verteidiger. Wie Kinder und alte Menschen . . .«

Ich frage die Frau Doktor Wilhelm, ob sie mit der ehemals »roten« Helga Schulz zurechtkommt.

»Wir reden über Tiere und nicht über Politik. Mir hat Frau Schulz einmal gesagt, sie mache diese Arbeit auch deshalb, weil Katzen nicht wissen wollen, ob einer früher Staatsbürgerkundelehrer oder Pfarrer war.« Außerdem frage sie sich oft, ob diese Klassifizierungen noch stimmen würden: Der ist rot und jener schwarz, der ist links und jener rechts. Die wenigsten Denkschablonen würden noch stimmen. »Ich habe in westdeutschen Tierschutzvereinen beispielsweise Leute kennengelernt, die reden immer nur vom Humanismus, die stricken am Tag wärmende Leibchen für ihren Hund, und nachts jagen sie Ausländer.«

Vom Tierheim aus laufe ich noch bis zum Einfamilienhaus des ehemaligen technischen Direktors Voigt. Doch ich treffe nur seine Frau. Ihr Mann arbeite jetzt im größten österreichischen Hartmetallwerk, hätte dort einen Posten als technischer Betriebsleiter erhalten. Zuvor hätte er sich auch in Israel und Südafrika beworben, wäre wohl auch dorthin gegangen, nur um weiter auf seinem Fachgebiet arbeiten zu können. In Österreich wohne der nun über Fünfzigjährige in einem Lehrlingswohnheim. Fünfunddreißig Quadratmeter wären sein eigen. »Er hat sich dort ziemlich schnell eingelebt, gute Kontakte gefunden und niemandem verheimlicht, daß er Genosse war. Und die Österreicher verstehen das, denn die Schwerindustrie, so erzählte er mir, war dort lange Zeit verstaatlicht. Und genau wie bei uns wurden in diesen staatlichen, kombinatsähnlichen Betrieben die Posten danach verteilt, in welcher Partei man war. In der Industrieregion der Steiermark, in der er jetzt arbeitet, regierte jahrzehntelang die SPÖ. Einen leitenden Posten erhielt man dort nur, wenn man Mitglied

der SPÖ war. Da verstehen die Chefs es natürlich sehr gut,
daß er als technischer Direktor in der DDR in der SED sein
mußte.«

Der Kampf um den Landratsposten

Am 6. November sollen sich die CDU-Kreisverbände von
Salzungen und Eisenach in Bad Liebenstein zum Kreisver-
band »Wartburgkreis« vereinigen und gleichzeitig ihren
Landratskandidaten für die Kommunalwahl 94 (also Kaspari
oder Baldus) nominieren. Zuvor wollte Baldus sich noch Zeit
nehmen, um mit mir in aller Ruhe über Gott und die Welt zu
reden. Seine Sekretärin besorgt uns am Wochenende zwei
Zimmer im »Berghotel« Friedrichroda. Baldus packt einen
Koffer, der groß genug für einen vierzehntägigen Urlaub ist.
Badezeug, Sportsachen, Jogginganzug, Turnschuhe, Wander-
schuhe ...

Das »Berghotel« in Friedrichroda entpuppt sich als ein al-
tes, in Plattenbauweise errichtetes, riesengroßes ehemaliges
FDGB-Ferienheim. Wir finden keinen Parkplatz, weil die ge-
samtdeutschen Apotheker in diesem Hotel tagen, und erhalten nur noch die miesesten Zimmer mit, wie Baldus sagt,
»Soldatenbetten«. Er hebt die Matratze hoch, darunter weder
ein Lattenrost noch Federn, sondern nur ein Boden aus Preß-
holz. Er geht nach unten und gibt die Schlüssel zurück. Die
Frau an der Rezeption nimmt sie ohne Widerspruch.

Wir fahren ziellos umher, finden in der Nähe von Georgen-
thal in einem ruhigen Waldtal ein kleines Hotel. An der Rezeption übergibt der Landrat vorsorglich seine Visitenkarte.
Er sei schließlich der Chef der Kreiskatastrophenkommis-
sion. Oder falls der Ministerpräsident ihn anrufen würde.

Es will ihn Gott sei Dank von Sonnabendvormittag bis Sonntagnachmittag niemand sprechen. Wir wandern durch den

Wald, sitzen in der Gaststätte. Ich frage und er antwortet. Fast zehn Stunden Tonbandaufnahmen.

Am späten Abend, als ich das Gerät ausgeschaltet habe, setzt sich die Hotelchefin an unseren Tisch in der Gaststätte. Sie erzählt, daß dieses Haus früher ein Ferienlager des VEB Gummiwerke Waltershausen gewesen wäre. Sie selbst hätte in den Gummiwerken als Sekretärin gearbeitet. »Mein Chef war der Herr Duchac, ja, der Duchac, den Vogel dann als ersten Thüringer Ministerpräsidenten ablöste.«

Was der Duchac heute macht, fragt Baldus.

»Der Herr Vogel hat ihm einen guten Posten bei der Adenauer-Stiftung in Portugal verschafft.«

Baldus sagt, daß er die Botschaft »Vogel sorgt für seine abgelösten Leute« gern hört.

Später, als wir wieder allein sind, meint Baldus, daß er natürlich schon überlegt hätte, was er machen könnte, wenn er bei der Kandidatenentscheidung für den Landrat in Bad Liebenstein durchfalle. Zur Armee könnte er nicht sofort zurück. Und tief hinunter stürzen möchte er auch nicht wieder. Er sei, was das beträfe, ein gebranntes Kind.

»Ich hatte Ihnen einmal erzählt, daß mein Vater mich schon nach einem halben Jahr vom Aufbaugymnasium (meiner großen Chance nach der Hauptschule), wieder heruntergenommen hatte. Aber das nicht wegen der Zensuren, sondern ...« Er stockt in seiner Rede, so als sei es besser, nichts zu sagen, spricht dann aber weiter und erzählt schnell und ohne Pause. »Also in Wirklichkeit verhielt es sich so: Unsere Familie war zwar eine Beamtenfamilie, aber alles andere als reich. Die Eltern konnten es sich zum Beispiel nicht leisten, ein Haus mit fremden Arbeitskräften bauen zu lassen. Sie mußten warten, bis wir, die Kinder, groß genug waren, um die Steine mitzutragen. Aber im Aufbaugymnasium kostete ich nur Geld, konnte keins dazuverdienen. Und weil wir das Haus bauten, durfte ich gar nicht erst rauf auf das Aufbaugymnasium, sondern mußte gleich Geld verdienen. Als ich das begriffen hatte, bin ich sehr böse und wohl auch giftig geworden. Und das hat ein paar Jahre lang angehalten. Es war die Zeit, als ich mich für rund fünf Jahre von der katholischen Kirche lossagte, als ich mit körperlicher Arbeit das Geld für meinen Lebensunterhalt in einem Materiallager verdienen mußte. Und das war die Zeit, in der ich sozusagen richtig verschwunden war. In der meine Eltern nicht wußten, wo sie mich suchen sollten. Sie hätten wohl auch nie vermutet, daß ich 1967 bis 1968 Mao-Schriften las, mit Rudi Dutschke diskutierte, mit Peter Handke in Frankfurts revolutionärem Club Voltaire zusammensaß. Ich habe mich damals wie fast alle Achtundsechziger gegen die verkrusteten Gesellschaftsstrukturen, gegen den veralteten Wissenschaftsbetrieb, gegen die herrschenden Politiker auf-gelehnt. Und natürlich auch gegen den Vater! Der hat mich dann zufällig eines Tages im Fernsehen wiedergesehen. Ich demonstrierte mit einem Plakat in der Hand, auf dem stand: ›Frankfurts Jugend braucht keine Nazis!‹ Das war auf einer verbotenen Demonstration gegen die NPD. Ich habe da mitgemacht, weil ich es damals als Skandal empfand, daß eine Demonstration gegen die Neonazis verboten worden war...

Vor einigen Tagen habe ich als Landrat in Bad Salzungen kraft meines Amtes eine Kundgebung der NPD verboten. Und auch die Gegendemonstration!«

Am Sonntagnachmittag verabschieden wir uns herzlicher als sonst.

Drei Tage später bei meinem letzten Salzunger Besuch vor dem für den 6. November anberaumten »CDU Kreis-Verei-nigungsparteitag« ist Baldus leider nicht im Amt. Also muß ich mir die Neuigkeiten über den Buschfunk auf den Gängen und in den Zimmern des Landratsamts besorgen.

... Die Entlassung von Rainer Becker wurde nicht rückgängig gemacht, denn er hat versäumt zu klagen. Die Brauerei soll von der Treuhand angeblich an den westdeutschen Limofabrikanten Wendel verkauft worden sein. Der wolle sie als Zwischenlager nutzen und hätte das Rechtsanwaltbüro »Tack & Wagner« in Immelborn (Liqidator und Mitbesitzer des Aktenaufbewahrungs- und Vernichtungslagers Wagner!) beauftragt, per Gericht die Beckers aus der Brauerei rauszuschmeißen. Aber Becker glaubt nicht daran, hofft immer noch, eine Bank zu finden, die ihm einen Kredit gewährt, um die Brauerei kaufen zu können ...

Puffchef Szykessy* ist aus dem Gefängnis entlassen und hat in Salzungen eine Baufirma gegründet ...

... Rudi Sieberg, der ehemalige Vorsitzende des Personalrates, klagt vor Gericht gegen Landrat Baldus, der ihn wegen angeblicher Stasi-Mitarbeit entlassen hatte ...

... Das Thüringer Wirtschafts- und Entwicklungsministerium droht den Merkersern: Entweder eine Müllverbrennungsanlage oder keine neunzigprozentige Förderung des Gewerbegebietes ...

... Die Prognosen für Baldus als Landratskandidat der CDU stehen schlecht. Einige seiner Gegner, inzwischen gehört auch der Kreisvorsitzende Karl Klobisch zu ihnen, verbreiten Gerüchte, beispielsweise, daß seine hiesige Frau gar nicht seine Ehefrau sei, er die richtige mit zwei Kindern zu Hause habe sitzenlassen. Der Kreischef der Jungen Union, er ist Lehrer in der Schule, der Karl Klobisch als Direktor vorsteht, wirft Baldus in der Presse im Kreis »eine Politik der verbrannten Erde« vor und die Opferung der Kreisinteressen »für die eigene Karriere«. Die Kalikumpel unterstützen die Kandidatur von Baldus ...

Kurz vor dem Termin in Bad Liebenstein ruft mich Baldus sehr spät in der Nacht und zum erstenmal, seitdem wir uns kennen, an. Er säße am Computer, hätte gerade einen Vortrag ausgearbeitet. Ich sollte ihn mir am Telefon anhören und meine Meinung sagen. Aber zuvor den Sessel ans Telefon rücken.

»Wenn die Weisen nie irrten, müßten die Narren verzweifeln. Liebe Freunde, als ich diesen Satz von Goethe las, wurde mir, an Politiker denkend, leichter ums Herz. Bernd Guggenberger ... reklamiert ein Menschenrecht auf Irrtum – Versuch und Irrtum als Urprinzip menschlichen Fortschritts. Ja, der Schöpfer allen Seins hat zumindestens einmal, folgt man der Aufzeichnung im Buch der Bücher, mit der Sintflut versucht, einen Irrtum zu korrigieren ...«

Wegen einer Reportagereise nach Rußland kann ich am 6. November nicht an der Vereinigung und der Kandidatenwahl der CDU-Kreisverbände teilnehmen. Aber als ich eine Woche später zurückkomme und in den Zeitungen blättere, um zu erfahren, ob ich Baldus gratulieren oder kondolieren muß, lache ich vergnügt. Denn Oberstleutnant Baldus, dieses Schlitzohr, hat die militärische Erfahrung, daß Angriff die beste Verteidigung ist, in die Tat umgesetzt. Er hat den Eisenachern, die angereist waren, um sich mit den Salzungern zu vereinigen, mitgeteilt, daß die CDU Bad Salzungens sich heute weder mit der CDU Eisenachs vereinigen, noch einen gemeinsamen Landratskandidaten bestimmen werde, sondern daß sie zunächst einen völlig neuen CDU-Kreisvorstand Bad Salzungen wählen müßten. Das taten die Unions-Freunde dann auch. Ergebnis: Karl Klobisch wird als CDU-Kreisvorsitzender abgelöst. Neuer Kreisvorsitzender: Landrat Stefan Baldus.

Allerdings hatte Baldus versäumt, sich für diesen Handstreich den Segen von Parteichef und Landesvater Bernhard Vogel zu holen. Und der tobt ob des Salzunger Ungehorsams, denn damit gerät der Terminplan für die CDU-Kreisvereinigungen völlig durcheinander. Und das Landesparteigericht annulliert die Wahl von Baldus zum CDU-Kreisvorsitzenden. Und aus Erfurt wird angeordnet: Noch im Dezember ein zweiter Vereinigungstermin in Kreuzburg. Und damit bei diesem zweiten Versuch alles klargeht, wird der Minister in der Staatskanzlei, Trautvetter, die Versammlung leiten. Und Vogel selbst teilnehmen!

Keine guten Karten also für den Salzunger Landrat, als die CDU-Delegierten einen Tag vor dem vierten Advent in den Versammlungssaal einziehen. Deutliche Tisch- und Stuhltrennung zwischen den Eisenachern und den Salzungern. Wobei die Salzunger noch einmal gespalten sind, denn Wehner, Klobisch und die anderen machen kein Hehl daraus, daß sie nicht den Salzunger Baldus, sondern den Eisenacher Kaspari wählen werden.

Vogel beschwört wie ein Schamane seine Mitglieder zur Einheit. Man müsse hier um der Demokratie willen Einheit und Geschlossenheit demonstrieren. »Sonst werden nur die Erben von Honeckers Unrechtsdiktatur triumphieren!« Mehr braucht er nicht zu sagen. Stürmischer Beifall. Alles läuft sehr gut. Als Trautvetter kurz vor Mittag mahnt, daß noch nicht einmal hundert Essenmarken für die Erbsensuppen verkauft wären, steht einer nach dem anderen diszipliniert auf, kauft eine Erbsensuppenessenmarke und erkundigt sich gleichzeitig bei der Mandatsprüfungskommission nach dem aktuellen Stand der Frage aller Fragen: Wie viele wahlberechtigte CDU-Mitglieder aus Bad Salzungen und wie viele aus Eisenach sitzen inzwischen im Saal. Zu Beginn waren es 219 für Bad Salzungen und 169 für Eisenach. Vor den entscheidenden Abstimmungen haben die Eisenacher dann 266 herangekarrt, die Salzunger nur 258. Bei den Vorschlägen für die Beisitzer und den CDU-Vorstand aber will Vogel, um keinen unnötigen Streit aufkommen zu lassen, eine zahlenmäßige territoriale Gleichheit. Deshalb existiert eine Liste der Wahlkandidaten. Doch als die Salzunger entgegen dieser Absprache zusätzliche, nicht auf dieser Liste stehende Kandidaten vorschlagen und Tumulte entstehen, springt Vogel wie ein

Dreißigjähriger mit ungewohnter Schnelligkeit zum Redner-pult und schimpft und agitiert, daß nur diejenigen gewählt werden, die auf der Liste stehen. Und als er sich nicht durch-setzen kann, verlangt er, daß vor der Wahl alle nachträglich nominierten, nicht auf der zuvor abgesegneten Liste stehen-den Kandidaten noch einmal öffentlich vorgelesen werden müssen. Das kommt mir bekannt vor.

Nach dieser Wahl dann die Entscheidung über den gemeinsa-men CDU-Landratskandidaten. Baldus redet sehr beherrscht, fast unterkühlt – entwickelt sachliche Vorstellungen über wirt-schaftliche Probleme und Prognosen des Wartburgkreises.

Doktor Kaspari spricht leidenschaftlich, schildert seine traumatischen Erlebnisse in der DDR (in der er Hautarzt wurde). Er werde als Hiesiger auch dafür eintreten, daß niemand die abgerissenen Füße und Arme der Minenopfer an der Grenze vergäße. Nie mehr Stasi! Nie mehr Diktatur! Nie mehr persönliche Bereicherung von SED-Bonzen!

Das Wahlergebnis: 214 Stimmen für Baldus, 320 Stimmen für Kaspari. Alles ist klar. Aber nach dem »Meininger Bei-spiel« muß diese Niederlage noch nicht das Ende für die er-neute Landratskandidatur von Baldus bedeuten. In Meinin-gen hatte, bei der CDU-Kreisvereinigung von Schmalkalden mit Meiningen, der Ostlandrat Luther aus Schmalkalden ge-gen den Westlandrat Puderbach aus Meiningen gewonnen. Doch Puderbach akzeptierte die Niederlage nicht, ließ im Volk Unterschriften für sich sammeln und drohte als unab-hängiger Landratskandidat gegen Luther anzutreten. Aber Baldus ist Offizier. In den Beifall für Kaspari hinein geht er nach vorn zum Mikrofon und sagt: »Ich gratuliere Herrn Kas-pari zu seiner Wahl, danke allen, die mir ihr Vertrauen gaben, und bitte Sie, daß Sie genau wie ich nach dieser Entscheidung Herrn Kaspari als gemeinsamen CDU-Kandidaten mit all Ihren Kräften unterstützen werden.«

Als mich Baldus vor der Abfahrt der Busse draußen in der

Dunkelheit sieht, müht er sich um ein Lächeln und sagt: »Scheiße!«

Das war einen Tag vor dem vierten Advent. Einen Tag vor dem Heiligabend überflutet ein Winterhochwasser Teile von Bad Salzungen. Die Werraauen, auch die Schlafstelle von Marx und Andreas unter der Werrabrücke, verwandeln sich in Seen, und der Landrat muß in Gummistiefeln bis zu seiner Wohnung am Weinberg waten. So jedenfalls erzählt es Chef-fahrer Greulich. Baldus ist anscheinend unterwegs, denn weder sein Hut noch sein langer schwarzer Mantel hängen draußen an der Garderobe. Ich frage Greulich, ob Baldus die Wahlniederlage verkraftet hat. Wahrscheinlich, sagt Greu-lich, der Landrat säße nun jeden Abend noch länger in seinem Büro. Wie einer, dem die Frau abgehauen sei und der sich mit Arbeit betäube.

Ich kann mir den Spott nicht verkneifen und sage: »Aber dieses Mal hast du ihn nicht damit getröstet, daß an der Wahl-niederlage nur die alten Kommunisten, die Roten, schuld sind?« Er faucht mich an, ich sollte nicht solchen Blödsinn quatschen, schließlich wäre das Fahren von verschiedenen Leuten sein Beruf, egal wen und gleich in welchem System. »Und wenn Baldus auf die Roten schimpft, schimpfe ich eben mit. Ich habe doch auch, als ich Genossen Stumpf oder aushilfsweise den Genossen Fritschler kutschierte, mit ihnen auf die Scheiß-Kapitalisten geschimpft und nicht die Bürger-rechtler oder diejenigen, die gerade einen Ausreiseantrag ge-stellt hatten, gepriesen. Was kümmert mich die Politik? Das Auto muß sauber sein und fahren.«

Die Tür geht auf, und überraschend stakt der Landrat aus seinem Zimmer. Ich frage verdutzt, wieso er drin gewesen sei. »Hut und Mantel hingen nicht draußen.« Nein, den Hut würde er jetzt im Schrank seines Zimmers aufbewahren. »Nicht, daß ein Besucher noch den Hut des Landrates aufsetzt und damit zum Gaudi des Volkes durch Salzungen läuft.« Auch äußerlich hat sich Baldus verändert. Ich sehe ihn zum erstenmal ohne Krawatte im Amt. Er trägt einen schwarzen Rollkragen-pullover. Und schwärmt: Das hätte er sich schon lange ge-wünscht, einmal aus der Rolle des Landrates heraustreten, sich sozusagen neben sich stellen, die Dinge mit Abstand beob-achten.

Ich will fragen, was er beobachtet, aber er referiert sofort weiter. »Einerseits mangelt es hier immer noch an Demokra-tie, ich will mal sagen, an politischen Kenntnissen über das neue demokratische Gemeinwesen Bundesrepublik. Aber andererseits gibt es heute kaum noch selbstlose und kluge Helfer aus der alten Bundesrepublik, denn kluge uneigennüt-zige Aufklärer sind nicht mehr gefragt. Im Westen braucht man sie angeblich nicht mehr. Und im Osten predigen leider oft die Falschen, die weder klug noch selbstlos sind. Unei-gennützig nach Ruhm und Ehre streben, ist nun mal wie der Versuch, seinen Namen auf das Wasser zu schreiben.«

Ich frage, wo er das morgige Weihnachtsfest verbringen wird.

»Wenn ich, ohne steckenzubleiben, mit dem Auto durch das Hochwasser komme, werde ich mit meiner Frau und den Eltern im Westerwald feiern.«

Bevor ich nach Hause fahre, suche ich in Salzungen eine Gaststätte, in der ich für Marx und Andreas ein Weihnachts-mittagessen bestellen kann. Zuerst frage ich die Kellnerin in der ehemaligen »Broilergaststube«. Erzähle von Marx und Andreas, sage, daß ich im voraus das Essen und Trinken be-zahlen werde. Aber die etwa vierzigjährige Frau läßt mich nicht ausreden, sagt: »Wir sind doch keine Wärmestube für Asoziale.«

Im »Deutschen Haus«, in dem schon zu DDR-Zeiten Arbei-ter und Dienstreisende zum Frühstück frisches Gehacktes und Bratwürste serviert bekamen, gerät meine Rede noch kürzer. Die Frau, die dort gerade die Tische abwischt und Weihnachtsgestecke daraufstellt, sagt mir lediglich, daß sie hier nicht putze und schmücke, damit die Asis alles wieder vollscheißen könnten.

Nächster Versuch in der vornehmsten, altehrwürdigen Salzunger Gaststätte, dem »Sächsischen Hof«, unter anderem Tagungsort von CDU und Rotary-Club. Der Wirt, ein sehr abgemagerter, älterer Mann, sieht krank aus (später erfahre ich, daß er Krebs hat), wird nicht aggressiv, als ich ihm meine Bitte vortrage.

Im Gegenteil, er möchte, wie er sagt, natürlich helfen. »Andererseits«, er quält sich mit der Antwort, »andererseits die übrigen Gäste . . . doch ich möchte gern Gutes tun.« Und dann sagt er völlig ernst: »Ich möchte Gutes tun . . . in den Himmel kommen . . . Gutes tun.« Er schweigt. »Wissen Sie, ich habe für Weihnachten schon viele Bestellungen. Geschäftsleute mit ihren Familien. Wenn ich da zwei ungewaschene Asoziale daneben setze . . .« Er sei heute auf die gut zahlenden Gäste angewiesen. Vor einigen Jahren wäre das alles noch kein Problem gewesen. Aber andererseits, es sei Weihnachten, man müsse Gutes tun. Er schlägt mir vor, es noch in einer anderen Gaststätte zu versuchen.« Und wenn Sie nichts finden, schicken Sie die beiden in Gottes Namen zu mir.«

Ich gehe zu »Hilde«. Die junge Frau erzählt mir, daß sie die Asozialen nur sehr mühsam rauskomplimentiert hätte. »Einige von denen tranken und tranken, und als sie bezahlen sollten, stülpten sie jedesmal nur die leeren Hosentaschen nach außen.« Aber wenn ich im voraus bezahlen würde . . .

Ich laufe zuerst zum Landratsamt (dort hat man inzwischen die Auszahlungsstelle für die »Nichtseßhaften« vom gut einsehbaren Gang am Hauptportal um die Ecke herum verlegt) und danach auf den Marktplatz, um Andreas und Marx meine Weihnachtsbotschaft zu überbringen. Finde die beiden nicht. Ein »Kollege« von ihnen sagt mir, daß sie sich schon lange vor dem Hochwasser in einem verlassenen Pförtnerhäuschen neben der Werrabrücke einquartiert hätten.

Die Fenster des Pförtnerhäuschens sind zerschlagen, die Tür ist eingetreten. Alle Stromkabel von außen herausgerissen. Drinnen ein Haufen Lumpen, Armeedrillichzeug, dreckige Unterhosen, die braune Wildlederjacke von Marx, Decken und Matratzen mit Pißflecken. Dazwischen Bierdosen, leere Schnapsflaschen aus dem Supermarkt, BILD-Zeitungen, Plastikverpackungen. Und in diesem Müll stehen eine Doppelbettcouch, ein blauer Schalensessel, ein alter Spind für Arbeitsklamotten und ein Notstromaggregat ohne Stecker. Ich muß mich beherrschen, um nicht zu kotzen, will sofort wieder raus, da fällt mein Blick auf das Fensterbrett. Dort steht eine Spiegelscherbe. Und ich erinnere mich an die – allerdings ordentlich aufgeräumten, sauberen – Blech- und Grashütten der Moçambiquaner in den Slums von Maputo und Beira. In jeder hing an der Wand, meist gleich neben der Tür, eine Spiegelscherbe. Winzig oft, aber groß genug, um das Gesicht zu sehen. Die Spiegelscherbe im Pförtnerhäuschen steht auf einem Glückspfennig. Daneben liegen zwei Wegwerfrasierapparate. Und ein leeres Fläschchen mit Nitrangin Herztinktur.

Ich fahre wieder in die Stadt, finde aber weder Andreas noch Marx und tappe in der einbrechenden Dunkelheit noch einmal in den Schmutz des Pförtnerhäuschens, lege einen Zettel neben die Spiegelscherbe. »Lieber Andreas, für Dich und Marx ist Weihnachten das Mittagessen in der Kneipe ›Zur Hilde‹ bestellt und bezahlt.« Eigentlich will ich noch »ein schönes Weihnachtsfest« darunter schreiben, doch das lasse ich.

In der ersten Januarwoche liegt der Zettel immer noch neben der Spiegelscherbe. Auch sonst deutet nichts darauf hin, daß Marx oder Andreas inzwischen hier gewesen sind.

Andreas hatte mir einmal in der Leimbacher Straße das

Haus gezeigt, in dem er früher wohnte. Jedesmal wenn wir dort vorbeiliefen, schaute er hinauf, wohl hoffend, daß seine Mutter aus dem Fenster sehen würde. Ich nehme an, daß der »Alte« in seiner Leichenhalle sitzt, steige die Treppe hinauf und klingle. Ein junger Mann, er hat Ähnlichkeit mit Andreas, öffnet. Sein Gesicht ist vernarbt, aber sehr sorgfältig rasiert. Er trägt ein hellblaues, gut gebügeltes Hemd.

»Andreas?« stottere ich unsicher. Er nickt. Zittert und hält sich mühsam am Türbalken fest. »Entschuldige, ich bin noch ein bißchen schwach.« Er sagt, wir könnten uns einen Moment hinsetzen, er wäre allein. »Stell dir vor, ich bin trocken! Ich habe es geschafft! Ganz allein habe ich es geschafft! Nicht mal Silvester, obwohl der Alte mich immerzu verleiten wollte, habe ich einen einzigen Tropfen angerührt. Ich habe es geschafft!«

An seinem Geburtstag, am 16. November, sei er zur Mutter gegangen und hätte gefragt, ob er für ein paar Tage bleiben könne. Er würde nichts mehr trinken. »Am dritten Tag ohne Alk bin ich dann in den Spiegelschrank gefallen, habe mir das ganze Gesicht zerschnitten.« Ich sage, daß ich ihn bei Marx unter der Werrabrücke und in der Pförtnerbude gesucht hätte. Ja, dort sei er zuvor auch gewesen. Er beginnt, wieder zu zittern. Nimmt Tabletten. »Vitamintabletten. Die Mutter hat sie mir besorgt.«

Er wäre schon im Sommer einmal fast trocken gewesen, aber da sei die Sache mit der Gerichtsverhandlung dazwischengekommen. Nein, er hätte mir nichts davon erzählt.

Unten im Haus wohne eine Nervenärztin. »Und als die blöde Kuh nachts die Haustür nicht öffnen wollte, habe ich eine große Scheibe eingeschlagen.« Bei der Gerichtsverhandlung hätte der Richter gedroht: entweder Knast oder in die Holzmühle zur Entziehungskur.

»Gut, habe ich gesagt, dann lieber in die Holzmühle. Ich wußte allerdings nicht, daß es eine kirchliche Entziehungsanstalt ist. Früh sollte ich immer mit zur Andacht, obwohl ich noch nie was mit Gott hatte. Und immer schön in der Gruppe bleiben, damit man sich gegenseitig erzieht, befahlen die Sozialtanten. Aber ich will wenigstens abends allein sein. Zu all dem noch strengstes Rauchverbot. Kein Alk, na ja gut, das war ja klar. Aber nicht eine einzige Zigarette vorm Haus? Alles auf einmal abgewöhnen, das hält kein Mensch aus. Und wenn die vor dem Essen beteten, da grinsten die meisten. Da muß ich nicht erst beten, wenn ich dabei grinse.« Er sei noch vor dem Ende der Kur abgehauen.

»Und habe wieder getrunken. Drei Bier reichten, und ich war hinüber. Der Horst – so heißt der Marx mit richtigem Vornamen – der Horst hat sich damals um mich gekümmert, sonst wär ich gleich verreckt. Der hat sich um mich gekümmert, das hat er. Aber der ist eben auch so, daß er, ohne aufzustehen, gleich von der Matratze aus auf den Fußboden schifft. Und im November, kurz vor meinem Geburtstag, da lag ich ziemlich fertig – wieder so ein idiotischer epileptischer Anfall – auf der Matte im Pförtnerhaus. Er fragt, ob ich Geld für Brötchen und Bier hätte. Und ich geb dem Marx also mein Portemonnaie, paar Mark waren noch drin und der Ausweis. Den ganzen Tag und die ganze Nacht hab ich gelegen und auf Marx gewartet. Aber der kam nicht. Erst dachte ich, das arme Schwein hat es erwischt. Einer von uns ist ja im Burgsee ersoffen.

Aber der Marx war nicht ersoffen. Der ist an dem Tag, das erzählten sie mir später, mit dem Zug von Salzungen nach Eisenach gefahren. Und ist dort geblieben. Hat mich einfach liegengelassen und ist mit meinen letzten Pfennigen und dem Ausweis verschwunden. Freundschaft oder wie du das nennst – so was gibts unter Säufern nicht.« Aber heute ... Es wäre seine große Chance, seit über acht Wochen trocken. Aber lange halte er es hier nicht aus. Der Alte saufe und brülle ihn täglich an. »Wenn ich ihm die sechzehn Mark, die ich mir täglich noch vom Amt hole, nicht bringe, wirft er mich wahrscheinlich wieder raus. Die Weiber im Sozialamt haben es noch nicht geschnallt, daß ich weg bin vom Alk. Nur, daß ich mich jetzt rasiere und wasche, das merken sie. Eine Arbeit oder ein Zimmer krieg ich von denen allerdings auch nicht.«

Arbeit und eine kleine Wohnung. Wohnung und Arbeit.

Er wiederholt die Worte stereotyp wie ein Gebet.

Ich schlage vor, daß wir ihm zuerst einen neuen Ausweis besorgen. Als wir wegen der Autos sehr schnell über die Hauptstraße hasten, hält er sich hilfesuchend an meinem Arm fest. Nach drei Stunden sind die Ausweisformalitäten geschafft, und wir gehen zum städtischen Wohnungsamt. Zwar können wir dort den Antrag noch nicht abgeben, denn dazu benötigt er seinen Ausweis, aber wir erledigen immerhin schon das Ankreuzen des Formulares. Anzukreuzen sind: Wohnung im Mehrfamilienhaus? Auch mit Klo eine Treppe tiefer? Neubauluxusappartement? Erdgeschoß? Mit oder ohne Bad? Stadtzentrum? Stadtrand? Villa? . . .

Andreas kreuzt nichts an. Er schreibt nur sehr langsam und ungelenk: »Ich nehme jede kleine Einraumwohnung, wenn sie sauber und billig ist.« Den Antrag will er in der nächsten Woche allein abgeben, denn ich werde erst in vierzehn Tagen wieder in Salzungen sein. In der Zwischenzeit, bittet er, könnte ich ihm vielleicht helfen, eine Arbeit zu finden. Er mache alles. Fensterputzer, Hofkehrer, Lagerarbeiter . . .

Dann geht er sehr langsam und vorsichtig wie ein alter Mann über die Straße. Von weitem sehen seine Beine und Arme noch dünner, sein Körper noch schmächtiger aus.

Im Salzunger Arbeitsamt sitze ich mit vielen Frauen zwischen vierzig und fünfzig und einigen wenigen Männern jeden Alters fast zwei Stunden schweigend im Wartezimmer. In der Hand die graue Marke, die mich als Erstbesucher kennzeichnet. Eine graue Maus . . . An der Wand hängen die Anweisungen, was man hier tun darf und was zu lassen ist. Verboten sind unter anderem: auf den Boden spucken, Radio hören, Interviews führen, Fotos machen.

Dem freundlichen Leiter des Arbeitsamtes, Herrn Busse, erzähle ich die Geschichte und die Probleme von Andreas, und er (»Ich komme aus dem Westen, aus Hünfeld, bin SPD-Genosse.«) erzählt mir von seinem Problem, als er, der schon viele Arbeitsämter in der ehemaligen DDR aufgebaut hätte, acht Wochen lang nach Eisenach delegiert worden sei. »Kaum war ich dort, machte das Wartburgwerk dicht. Da stand ich täglich mit dem Mikrofon vor zweihundertfünfzig wütenden Arbeitern in der Betriebskantine und – ich sage es ehrlich – hatte Angst.«

Er müßte natürlich zugeben, daß heute in jeder Familie nur noch für einen, entweder den Mann oder die Frau, ein Arbeitsplatz vorhanden sei. In Salzungen allerdings fast nur noch für Männer, keine für Frauen, auch keine ABM-Plätze für Frauen. »Ich kann die Frauen schlecht Kalischornsteine fällen lassen.« Ich sage, daß es sich bei Andreas nicht um eine Frau, sondern um einen jungen arbeitslosen Mann handelt.

Und Herr Busse bedauert sehr, und ich glaube, daß er es sogar ehrlich meint: »Dieser junge Mann ist schon zu lange aus dem Arbeitsprozeß raus, sozusagen kein Fall mehr für das Arbeitsamt. Er ist nicht mehr drin in der Kartei, verstehen Sie? Wir sind keine Abteilung für soziale Probleme, dafür gibt es Sozialhelfer. Wer bei uns erst einmal raus ist, ist richtig draußen.«

Von zu Hause verschicke ich vierzehn gleichlautende Briefe an wichtige Betriebe und andere Unternehmen in Bad Salzungen und Umgebung. Lasse meine Frau unterschreiben, denn ich denke mir, daß die lukrativen Posten der Personalchefs meist mit Männern besetzt sind und diese in ihrer »männlichen Stärke« für die Bitte einer »schwachen Frau« empfänglicher sind.

»Sehr geehrte Damen und Herren, ich wende mich mit einer sozialen Bitte an Sie. Einer der Menschen, für die ich mich verantwortlich fühle, ist ein 29jähriger Mann, einer der nach Kinderheim, schlimmen Adoptiveltern, Alkoholismus, verbunden mit Haftstrafen, nie den Weg in die normale Gesellschaft zurückgefunden hat. Nun hat er es durch eigenen Willen geschafft, zwei Monate lang ohne Alkohol auszukommen, d. h., es wäre ein Neubeginn möglich. Allerdings hat er keine Wohnung, lebt gefährdet bei seinen Adoptiveltern in Bad Salzungen und hat vor allem keine Arbeit. Nachfragen auf dem Arbeitsamt waren erfolglos. Er ist ungelernt, hat als Transport- und Hofarbeiter gearbeitet, würde aber jede andere Tätigkeit, auch stundenweise, übernehmen. Ich bitte Sie, wenn möglich, mit einer Anstellung zu helfen, vielleicht ist es für diesen jungen Menschen die letzte Chance, daß er nicht wieder zurücksinkt in sein schlimmes Milieu.

Ich weiß, wie schwierig die Erfüllung dieser Bitte ist, aber vielleicht sehen Sie eine Möglichkeit, Ihrem sozialen Gewissen und nicht unbedingt nur der ökonomischen Situation zu entsprechen.

Mit freundlichen Grüßen   Carola Scherzer!«

Zehn Tage danach fahre ich wieder nach Bad Salzungen. Aber mehr als Hoffnung kann ich Andreas nicht mitnehmen, denn keiner der Angeschriebenen hat bislang geantwortet. Ich klingle im alten Haus der Leimbacher Straße, aber niemand öffnet mir. Anscheinend bewegt sich etwas hinter der Tür, es sieht so aus, als luge jemand durch das Schlüsselloch. Ich klingle noch einmal. Seine Mutter, die zierliche kleine Frau, macht die Tür vorsichtig einen Spalt breit auf. Ich höre, wie drinnen ein Mann schreit, er wolle endlich essen. Ich frage nach Andreas. »Der ist wieder weg!« sagt die kleine Frau verstört.

»Wohin und seit wann?«

Aber statt einer Antwort schließt sie die Tür. Ich klingle noch einmal und noch einmal. Niemand öffnet mehr.

Ich finde ihn, zwei Plastetüten mit seinen Utensilien in der Hand, neben dem Bahnhofskiosk auf einem Haufen Bauschutt liegend. Er erkennt mich nicht gleich und lallt. Ich hole ihm aus einem der Kleidersammlungssäcke, die vor den Häusern stehen, einen Wintermantel, decke ihn zu. Er heult. Es wäre nicht mehr auszuhalten gewesen, der Alte hätte ihn nur noch als »herumlungernden Faulpelz« beschimpft. Andreas versucht, als er mich anschaut, mühsam geradeaus zu blicken und deutlich zu reden. »Ich verspreche dir, ich kann jederzeit wieder aufhören, jederzeit mache ich Schluß mit dem Alkohol. Wenn ich Arbeit habe, jederzeit kann ich damit aufhören...«

Von den vierzehn Angeschriebenen antworten sechs.

SÜDTHÜRINGER ENERGIEVERSORGUNG AG:
»Sehr geehrte Frau Scherzer, sicherlich gehört eine große Überwindung dazu, uns die prekäre Situation Ihres Bekannten zu schildern. Dafür möchten wir Ihnen unseren Respekt zollen. Wie Sie jedoch sicherlich aus der regionalen Presse entnehmen konnten, streben die drei Thüringer Energieversorgungsunternehmen im Rahmen einer Organisationsveränderung die Fusion zu einem regionalen Energieversorgungsunternehmen mit Sitz in Erfurt an. Diese Verschmelzung wird auch einen Personal- und Stellenabbau bei der SEAG bewirken, so daß wir uns derzeit nicht in der Lage sehen, Personal und Mitarbeiter vom externen Arbeitsmarkt einzustellen... Mit dem Dank für das Interesse, das Sie unserem Unternehmen entgegengebracht haben, verbleiben wir mit freundlichen Grußen...«

TRIBO Hartmetall GmbH Immelborn:
Leider müssen wir Ihnen mitteilen, daß sich die Hartmetall-

werke Immelborn in Gesamtvollstreckung befinden. Wir, die TRIBO Hartmetall GmbH, sind ein Unternehmen, welches im Kerngeschäft die Produktion der Hartmetallwerke Immelborn fortführt, jedoch mit einem Personal von unter 10 Prozent der vormals Beschäftigten. Für Ihr Problem und Anliegen haben wir vollstes Verständnis. Wir sehen jedoch keine Möglichkeit, Ihnen in irgendeiner Weise zu helfen. Mit freundlichem Gruß...«

WERRAGAS Bad Salzungen:
Herzlichen Dank für Ihr Schreiben und Ihr daraus ersichtliches soziales Engagement. Sich für andere Menschen in Not verantwortlich zu fühlen, das ist gerade in unserer heutigen Zeit besonders anerkennenswert. Ihrer Bitte entsprechend, haben wir eine Einsatzmöglichkeit geprüft. Leider haben wir kein geeignetes Tätigkeitsfeld gefunden... Mit freundlichen Grüßen...«

Kreissparkasse Bad Salzungen:
Wir danken für das entgegengebrachte Vertrauen zu unserem Institut... Entsprechend den Fähigkeiten der von Ihnen betreuten Person, sehen wir gegenwärtig keine Möglichkeit einer Arbeitsübertragung. Hausmeister- und Reinigungstätigkeiten werden von einer von uns beauftragten Firma erledigt. Wir bitten Sie, sich an die zuständigen Sozialämter der Stadt- und Kreisverwaltung Bad Salzungen sowie an die verschiedenen sozialen Verbände zu wenden. In der Hoffnung, daß Ihnen dort geholfen werden kann und der junge Mann eine neue Chance bekommt, verbleiben wir mit freundlichen Grüßen...«

Kali und Salz GmbH/Werk Unterbreizbach:
Sicher gibt es Menschen, für die die Integration in die Gesellschaft sehr schwierig ist und die der Hilfe anderer bedürfen.

Doch leider sind wir ein Unternehmen, wo ein Betriebsteil mit ca. 600 Beschäftigten stillgelegt wird und es der Kündigung dieser Arbeitnehmer bedarf. Viele von diesen Betroffenen werden es wohl auch schwer haben, eine neue Arbeit zu finden. Es ist uns deshalb zum jetzigen Zeitpunkt nicht möglich, Ihrer Bitte nachzukommen. Bitte haben Sie dafür Verständnis. Mit einem freundlichen *Glückauf*!«

BASA Bau GmbH:
»Werte Frau Scherzer, . . . Die derzeitige Situation in unserem Unternehmen ist jedoch so, daß wir infolge von fehlenden Aufträgen mit unseren Arbeitnehmern bis voraussichtlich März 1994 in Kurzarbeit sind, so daß ich Ihnen leider keine Zusage auf eine Anstellung für den von Ihnen betreuten jungen Mann machen kann. Ich muß Sie jedoch auch wegen des letzten Satzes Ihres Schreibens ansprechen. Unternehmen, besonders die im grenznahen Bereich zu den Altbundesländern, haben einen überaus harten Konkurrenzkampf zu bestehen, so daß appellieren an das soziale Gewissen zwar sehr gut gemeint sein mag, doch entscheidend für den Unternehmer ist ausschließlich der Bedarf von Arbeitskräften in Abhängigkeit von der Auftragslage. Dabei hat jeder Arbeitnehmer qualitativ und quantitativ gute Arbeitsleistungen bei hoher Arbeismoral zu erbringen und muß auch die Bereitschaft mitbringen, evtl. persönliche Wünsche zurückzustellen. Wir haben in den vergangenen Jahren einigen Arbeitslosen befristete Arbeitsverträge anbieten können, jedoch kann hierzu zur Zeit keine Zusage erfolgen. Ich bedaure, Ihnen keinen positiven Bescheid geben zu können und verbleibe mit freundlichen Grüßen . . .«

Auch Deifuß hat nicht auf den Bittbrief geantwortet. Unangemeldet stiefele ich in seinen Kabelvertrieb. Es scheint, als hätte er mich erwartet, denn ohne daß ich frage, entschuldigt er sich sofort, er wäre noch nicht dazugekommen, aber gerade heute hätte er antworten wollen. Der Brief liegt wirklich ganz oben auf einem Stapel Post.

»Allerdings«, er druckst, »allerdings hätte ich deiner Frau sowieso schreiben müssen, daß ich zur Zeit niemanden einstellen kann. Seit zwei Monaten ringe ich mit mir, weil ich einen entlassen muß, aber es immer noch nicht getan habe. Wahrscheinlich ist es das erstemal am schwersten, die Skrupel ...« Denn der Satz: »Im Mittelpunkt steht der Mensch«, den er fast bei jedem Parteilehrjahr gehört oder gesagt hätte, wäre anscheinend nicht spurlos an ihm vorbeigegangen.

»Aber entweder ich handle für einen einzigen Beschäftigten sozial, also menschlich, und gefährde damit das Unternehmen und alle übrigen Beschäftigten, oder aber ich entlasse den einen und rette damit viele. Du mußt erst Millionär werden, um wieder entsprechend deinem sozialen Gewissen handeln zu können. Anstelle der ideologischen Zwänge beherrschen uns nun die ökonomischen. Es ist zwar alles ganz anders in diesem neuen System und doch wieder genauso.«

Damit enden die Beobachtungen und Aufzeichnungen aus meiner Salzunger Zeit vom Dezember 1992 bis zum Februar 1994. Im Dezember 1996 fuhr ich noch einmal zu Baldus, Andreas, Marx, Deifuß, Sieberg, Wollny, Becker, Norberts Erotikshop ...

Letzte Erkundungen

Ich fange dort wieder an, wo ich 1992 begonnen hatte: bei Klaus Urban. Frage den Pförtner im Landratsamt, ob der Urban noch in seinem früheren Zimmer sitzt. Und während der Pförtner, nein der Portier, im Namensverzeichnis blättert, bestaune ich dessen neues Domizil. Anstelle des alten seitlich ge-

legenen Pförtnerbüdchens hat man mitten in den Eingangsbereich einen von allen Seiten einsehbaren gläsernen Tresen
(in der Art, wie man sie auch als Biertheke oder Bundesbahn-
Infostand findet) aufgestellt.

»Der Urban sitzt jetzt ganz oben, unterm Dach, ist Betriebs-
personalrat.«

»Das, was der Sieberg bis zu seiner Entlassung ehrenamtlich gemacht hat?«

Ja, aber das sei jetzt eine hauptamtliche Stelle. »Einige Beschäftigte, die nach der Gebietsreform und dem Abdanken
von Baldus ihren Posten verloren hatten, erhielten neue ge-
haltsgruppengleiche Stellen. Allerdings nicht die kleinen
Leute. Der Greulich, der den Landrat gefahren hat, ist jetzt
wieder ein popliger Benzinkutscher.«

Greulich treffe ich nicht. Urban finde ich in einem winzigen schrägen Dachzimmer. Er sagt, daß der Mensch alles erlernen könnte, »auch das Geschäft eines Personalrates«. Aber
glücklich sieht er nicht aus. »Mit meiner Lokführerprüfung
und den über zehn Jahren Funktionärserfahrung in der DDR
habe ich, was die Ausbildung betrifft, keine Chancen auf einen qualifizierten Angestelltenjob.« Also sei er froh über
diese Stelle. Was allerdings aus ihm werden würde, falls nach
der nächsten Wahl ein SPD-Landrat an die Macht käme,
wisse er nicht. Ich erkundige mich nach Personalchef Graf,
Dr. Eib und Sieberg. Graf, der Wessi mit den vielen Schlipsen,
sei Leiter vom Amt für offene Vermögensfragen geworden.
Dr. Eib sei, weil der 1. Beigeordnete eine Wahlfunktion gewesen wäre, nicht mehr im Landratsamt. »Und der Sieberg
hat den Prozeß gegen seine Entlassung wegen angeblicher
Stasi-Mitarbeit gewonnen. Der mußte wieder eingestellt werden und arbeitet jetzt in der Umwelt- und Wasserbehörde.«

Rudi Sieberg ist kein bißchen ruhiger geworden. Der ehemalige Personalratschef verkündet mir lauthals, daß er keinen Moment daran gezweifelt hätte, den Prozeß gegen Bal-

dus zu gewinnen, denn es sei ein Witz, daß man wegen zwei Blättern einer sonst nicht vorhandenen Stasiakte (»und ohne je einen Bericht geschrieben zu haben«) schuldig gesprochen werde. »So blöd sind nicht einmal Richter aus dem Westen.« Obwohl es mit diesen Stasi-Fällen nicht um Schuld oder Unschuld gehen würde. »Allein daß ich hier vierzig Jahre gelebt und gearbeitet habe und nach der Wende nicht mit wehenden Fahnen in das Lager der Sieger übergewechselt bin, reicht aus, um wegen der kleinsten Stasi-Geschichte auf die Abschußliste zu kommen.« Leider würden zu viele Kollegen eingeschüchtert aufgeben, sobald man ihnen mit dieser Beschuldigung drohe. Ihm müsse niemand vom Versuch des friedlichen gemeinsamen Neuanfangs und ähnlichen Scheiß erzählen. »Die Wessis, die als Antikommunisten erzogen worden sind – und trotz ihres christlichen Glaubens den Kommunisten nie mit Toleranz entgegengetreten sind, sondern sie als das Böse der Menschheit bekämpften –, haben gesiegt. Und diese Sieger verzeihen großmütig allen ehemaligen Roten, die nun reumütig mit ihnen gemeinsam im Osten die Überreste der sozialistischen Idee beseitigen, aber bekämpfen die Unwilligen weiterhin mit allen Mitteln.« Das sei geschichtlich gesehen völlig normal. Und nach dieser Prämisse würden der CDU-Ministerpräsident Vogel und auch der ehemalige CDU-Landrat Baldus handeln.

Stefan Baldus wohnt nicht mehr zur Miete an den überschwemmungsgefährdeten Werrawiesen. Er hat sich in dem zur Stadt Bad Salzungen gehörenden Dorf Kaltenborn ein Haus bauen lassen. Hohe helle Zimmer, holzverkleidet, der Blick reicht vom Dorfrand bis hinüber zu den blanken Rhöngipfeln.

Am Ende seiner Amtszeit als Landrat (»Ministerpräsident Vogel ließ keinen von uns im Regen stehen«) hätte er sich gegen die Militär- und Politikerlaufbahn für die Wirtschaft entschieden und die heutige »Entwicklungsgesellschaft Südwest-Thüringen« gegründet. »Anfangs arbeitete ich nur mit einer Leihsekretärin in einem Mietbüro in der Eisenacher Karl-Marx-Straße. Aber dort wollte ich so schnell als möglich wieder raus, denn Marx und Strukturentwicklungsgesellschaft passen ja nicht zusammen!« Inzwischen residiert Geschäftsführer Baldus in der Wartburgstraße, hat siebzehn Mitarbeiter, drei davon aus dem Westen. Er nennt mir Projekte, die sie in den zwei Jahren angeschoben oder verwirklicht haben: Einen Käufer für das Kugellagerwerk Schweina gefunden, der in Barchfeld einen neuen Betrieb baut. Alternative Wärmegewinnung aus Holz in Merkers. »Außerdem planen wir für Merkers einen 500-Mann-Betrieb, der für diejenigen, die sich nicht solch ein Haus wie ich leisten können, billige Fertigteilhäuser herstellt.« Schafwollverarbeitung in der Rhön mit eigener Schafwollwaschanlage. (Bisher muß alle Schafwolle aus Deutschland zum Waschen nach Brüssel gebracht werden.) Seine Gesellschaft arbeite inzwischen kostendeckend. »Wir haben allerdings auch einen Krankenstand von unter zwei Prozent! Um die deutsche Wirtschaft wieder konkurrenzfähig zu machen, muß bei Krankheit Geld abgezogen werden! Weshalb gibt es in Deutschland die meisten Krankheits-Fehlschichten freitags oder am Montag? Die Politiker wissen das, wissen um den Zerfall der alten Leistungsmoral in unserer Gesellschaft, wissen, daß Eliten fehlen. Aber niemand redet im Klartext darüber. Wir befinden uns in einer Zeit der Sprachlosigkeit, und Kohl ist der Meister dieser Sprachlosigkeit. Der Staat kann auf Dauer keine unersättliche Gesellschaft von sozialen, politischen, kulturellen, sportlichen und weiß der Kuckuck noch was für eingetragenen gemeinnützigen Vereinen mit Steuergeldern ernähren, sondern muß mit diesem Geld die Wirtschaftsunternehmen fördern.« Nur so könne man die Arbeitslosigkeit (»das perverseste Übel unserer demokratischen Gesellschaft«) mindern. »Denn wenn wir die Arbeitslosigkeit nicht senken, werden wir die PDS im Osten nicht überflüssig machen. Daß sich ausgerechnet diese Diktatur-Nachfolge-Partei für die sozialen Probleme der kleinen Leute verwendet, ist allerdings noch perverser als die Arbeitslosigkeit an sich.«

Er führt mich mit Besitzerstolz im Haus herum. Hat gerade im Fitneßraum die Sauna allein umgebaut. Die Waschbecken allerdings konnte er nicht mehr umbauen. Weil er über zwei Meter groß ist, hatte er die Installateure gebeten, die Waschbecken in den Badezimmern nicht der Norm entsprechend, sondern höher anzubringen. Aber nun hängt das Waschbecken in seinem Bad (»ich habe diese Badezimmer vom Material her wie mein Leben gestalten lassen: die eine Wand Ziegelklinker, die andere feinster Marmor«) so hoch, daß er, auch wenn er auf Zehenspitzen steht, sein bestes Teil nicht waschen kann. »Meine Frau hat mir deshalb eine Fußbank geschenkt.«

Im Herbst 95 ist Baldus in das neue Haus eingezogen, im Februar 96 stieg er beim Kaltenborner Fasching in die Bütt. »Ich bin jetzt hier zu Hause, fühle mich, wenn ich höre, wie Menschen aus den alten Ländern arrogant über den Osten urteilen und versuchen, die Lebensleistung der Hiesigen zu verunglimpfen, solidarisch mit den Ostdeutschen. Die Westdeutschen leben ihr Leben in Köln und München so weiter wie bisher, so als ob es den Osten gar nicht gibt. Der Osten interessiert sie nicht. Das ist, als ob unsereiner nach Sizilien ausgewandert wäre und sich dort ein Haus gebaut hätte.«

Das erste, das mir auffiel, als ich nach Kaltenborn hineinfuhr: unter dem Ortsschild steht nicht wie mittlerweile überall: »Wartburgkreis«. Hier steht noch »Kaltenborn Kreis Bad Salzungen«. Baldus will, wenn ihn die CDU nominiert, bei der nächsten Wahl noch einmal als Landratskandidat antreten . . .

Am längsten suche ich im naßkalten trüben 96er November nach Andreas. Ich finde ihn weder unter »seiner« Brücke noch in der elterlichen Wohnung. Erst nach einer Woche entdecke ich ihn auf seiner Bank am See. Er ist völlig zu, erkennt mich nicht mehr. Später erfahre ich, daß er nicht noch einmal versucht hat, trocken zu werden.

Stander sitzt wegen Diebstahl und Schlägerei im Knast.

Und der rotbärtige Marx ist nicht mehr aus Eisenach zurückgekommen. Er wurde im letzten Winter tot auf der Straße liegend gefunden ...

Die Immelborner Hartmetaller arbeiten noch, reißen Teile ihres Betriebes ab. Und zwar so gründlich, daß ich wegen der nun leeren Plätze auf dem Betriebsgelände kaum den Weg zu »ad acta« wiederfinde. Dort allerdings ist es nicht leerer, sondern voller geworden. Die Akten füllen inzwischen das Erdgeschoß, und Peter Schaaf hat auch das 1. Geschoß der zweistöckigen Halle (hier begann 1945 die Immelborner Hartmetallverarbeitung) in ein Aktenlager verwandelt. Insgesamt verwahren sie schon rund 60 000 Ordner. Die Idee von Liquidator Wagner erwies sich als so profitabel, daß ein Erfurter Konkursverwalter sein Geschäft auch mit der einträglichen Aufbewahrung der Akten in einem eigenen Lager verbunden hat.

Privat geht es dem ehemaligen Betriebsratsvorsitzenden und jetzigen Prokuristen Peter Schaaf allerdings schlecht. Seine Frau hat sich scheiden lassen. Doch im Verhältnis zu Peter Winter und den anderen Unternehmern der TOPOS-AG, erzählt der Prokurist, lebe er zufrieden und glücklich. »TOPOS ist pleite, auch die ökologische Badewannenproduktion von Frau Winter. Allerdings stehen die TOPOS-Firmenakten nicht bei uns im ›ad acta‹-Lager, sondern bei der Mühlhäuser Staatsanwaltschaft. Verdacht von Subventionsbetrug.« Ob der Peter Winter wieder zur Gewerkschaft zurückgekehrt sei, wisse er nicht ...

Beim Rückweg vom Hartmetallwerk treffe ich vor der Bahn-schranke die Frau von Gerhardt Weißenborn, dem Chef der »Immelborner Kiesrebellen«. Ich frage, ob der westdeutsche Unternehmer Kirchner im Streit um die Kiesgrundstücke nachgegeben hätte und mehr als 6 DM zahle. Nein. Aber sie selbst hätten inzwischen eine Wiese für 6 Mark hingegeben. »Wir brauchten das Geld.«

Bei meinem Telefongespräch mit dem Stasi-Major Wolf ge-schieht im November das, was weder Angela Knoof noch Fritschler und auch nicht die Oberärztin Frau Wolf für mög-lich gehalten hatten: Wolf will sich mit mir treffen und über seine frühere Tätigkeit reden. Wahrscheinlich weil ich ihm am Telefon sagte, daß ich, als ich meine Akte las (OV »So-phist« – Ermittlungen zur Vorbereitung eines Verfahrens we-gen Staatsgefährdung, Hetze gegen die Sowjetunion, Verbrei-tung feindlicher Ideologien ...), seine Unterschrift unter Maßnahmeplänen gegen das »Subjekt Scherzer« gefunden hatte. Ja, sagte er unsicher, er sei in der Bezirksstelle Suhl als Stellvertretender Leiter der Abteilung XX für die Kultur-schaffenden »verantwortlich« gewesen.

In seinem neu gebauten Haus am Berghang überm Trusetal sitzt mir der junge dynamische, sehr gepflegte, modisch ge-kleidete Mann selbstsicher und ein wenig überlegen spre-chend gegenüber. »Geheimdienste waren und sind die nor-malste Sache der Welt.« Sagt er. Und lächelt. Und in diesem Sinne hätte er sich wegen seiner Arbeit nichts vorzuwerfen. Unter seiner Leitung hätte es keine Repressalien, keine Un-gesetzlichkeiten gegeben. Ich frage, wie er es heute beurteilt, daß die 41 IM, die fast zwanzig Jahre lang über mich berich-tet hatten (»auch auf Ihre Weisung, Herr Wolf«), nicht nur po-litische Äußerungen gemeldet hätten, sondern auch erotische Abenteuer erfunden, »sexuelle Orgien«, niedrigste, schmut-zige Verleumdungen zu Protokoll gegeben hätten. Und er erklärt mir, ohne zu zögern, daß auch solche Informationen für jeden Geheimdienst von Nutzen wären. »Man kann damit beispielsweise einen Gegner verunsichern, indem man ihn zehn Jahre später mit der Information konfrontiert, daß er am 15. Juni 1976 um 19 Uhr die verheiratete Frau X im Hotel Y verführt hat.« Das gehöre zum Einmaleins der Bespitzelung.

Er holt Kaffee. Ich sitze und staune über das große, sehr gediegen und komfortabel eingerichtete Wohnzimmer seines Hauses. Natürlich müßte er noch abzahlen. Aber mit seinem Versicherungsjob verdiene er nicht schlecht.

Als er das gesagt hat, beendet er plötzlich den bisherigen freundlich unverbindlichen Plauderton und spricht laut, zwingend und fordernd. »Obwohl meine westdeutschen Auftraggeber«, er stockt einen Moment, »über meine frühere Arbeit Bescheid wissen, dürfen Sie in Ihrem Buch meinen Klarnamen auf keinen Fall nennen. Auf keinen Fall, verstehen Sie? Das wäre eine Gefährdung meiner neuen Existenz. Sie könnten mir alles wieder kaputtmachen. Auf keinen Fall meinen Klarnamen ...« Er sagt das immer wieder, bis ich ihm versichere, nicht die Absicht zu haben, sein Leben zu ruinieren. Ich denke zwar, daß die Wolfs auch vom Oberarztverdienst der Frau noch gut leben könnten, außerdem will ich fragen, ob er je an andere Existenzen dachte ... Aber ich frage nichts und sage: »Regen Sie sich nicht auf, ich ändere Ihren Namen.«

Vor dem Büro von Deifuß gucke ich erst verunsichert und grinse dann, weil rechts und links vom Haus bauzaunähnliche hohe Sichtblenden angebracht sind: Ich nehme an, daß Schlitzohr Deifuß noch eine zweite »illegale Lagerhalle« gebaut hat und sie nun vor unerwünschten Blicken schützen will. Aber er schüttelt lachend den Kopf. Er sei bei der einen, inzwischen legalisierten Halle geblieben, und sein Kabelvertrieb hätte sich tapfer gegen die Westkonkurrenz behauptet. »Ich mußte noch keinen Beschäftigten entlassen.« Allerdings nicht nur, weil er täglich – und er zeigt es mir am Bildschirm – seine Kabelpreise nach den Kupfer-Weltmarktpreisen der Börsen festlege, sondern auch weil er in seinem Unternehmen keinen Gewerkschaftskampf zulasse. »Niemand von uns pocht auf Tarifverträge. Die acht Mitarbeiter wissen, daß sie mich durch ihre Arbeit nicht zum Millionär machen. Und wenn wie heute die vierzehnjährige Tochter einer Kollegin Grippe hat, dann kommt die Kollegin trotzdem in den Betrieb und geht aller zwei Stunden über die Straße, um schnell nach ihrer Tochter zu schauen.« Solch ein kleines Unternehmen könnte man nur miteinander und nicht gegeneinander am Leben halten. »Und jeder von uns muß ordentliche Leistungen bringen, eben anders als die Beamten und Staatsangestellten. Meine Frau, heute bei mir im Betrieb, arbeitete im hiesigen Jugendamt, und manchmal sagte ich ihr damals: ›Das Geld, das du nach Hause bringst, das sind meine sauer verdienten, vom Staat eingezogenen Steuern. Du bekommst dein Geld regelmäßig, egal ob du monatlich zwei oder zwölf junge Leute betreust. Wenn unsereiner aber statt 12 000 Meter Kabel nur 2 000 verkauft, geht er pleite.« Wer honoriere heute in der BRD denn noch Leistung und Unternehmerrisiko? In den USA sei auch ein gescheiterter Unternehmer ein ehrenwerter Unternehmer, hier dagegen wäre der Unternehmer eben der Ausbeuter, der Halsabschneider. (»Und sowas habe ich bei der Armee im Politunterricht gepredigt!«) Allerdings leide der Ruf der Unternehmer (»ich kenne inzwischen sehr viele ehrliche, fleißige Unternehmer in Ost und West«) auch durch Korruption und Schmiergeldaffären in Wirtschaft und Politik. Nichts mehr mit fairem Marktwettbewerb. Selbst wenn er bei bestimmten kommunalen Ausschreibungen in sein Angebot reinschreibe: »Ich verlange nichts, ich bringe die Leistungen kostenlos«, erhalte er als Antwort: »Sie konnten leider nicht berücksichtigt werden. Ihr Angebot ist zu teuer.« Trotzdem hätte er seinem Sohn, dem Koch, geraten, »Unternehmer« zu werden und ein traditionelles Café in Salzungen zu übernehmen. Stolz zeigt er mir Pressebeiträge über die Eröffnung von »Toms Eiscafé«. »Ich weiß nicht genau, ob ich in diesem Staat noch eine Rente bekomme«, habe er zu seinem Sohn gesagt, »aber eines weiß ich sicher: Die Leute hier im Osten werden, wenn sie noch weniger Geld erhalten, nicht mehr nach Hawai fahren können, aber sich mit ihren Kindern bei dir noch einen Eisbecher ‹Hawai› leisten. Einen Sonntagsausflug ins Café und sichs ansonsten zu Hause gemütlich machen! Das wirds dann wohl sein.«

Norberts Erotikshop profitiert schon von diesem »Sichs zu Hause gemütlich machen«. Der Umsatz an Dessous, Vibratoren und Potenztropfen steigt. Und der ehemalige Kulturhausleiter Norbert Liebe – inzwischen hat er die Haare wasserstoffblond gefärbt und den Zopf abgeschnitten – eröffnete noch Wasserbetten- und Erotikshops in Witzelroda und Meiningen. Außerdem gründete er einen erotischen Verlag, in dem er »Sex Power«, ein Kontaktmagazin für die neuen Bundesländer, herausgibt. »Geiler Geschäftsmann über 50 sucht devote Sau für alles Perverse.« Oder: »Zärtlicher Bayer, blond, gesund, solo, 18 × 4,5 bestückt und ausdauernd ...« Rund 3 000 mal verkauft er das. Dank des Heftes und der Läden könnte er nun auch seiner heimlichen Liebe frönen: Er sei sozusagen wieder Klubhausleiter geworden, organisiere Kulturprogramme, probe mit den Leuten und hätte Lampenfieber vor Auftritten. Er managt vier junge schöne Models und einen Sänger, den er entdeckt und bis zum Fernsehauftritt gefördert hat, die »City-Cats«. Tanz, Dessous, Gesang. In manchen Monaten schon vier Auftritte. »Ich habe mich damals richtig entschieden, als ich nach der Wende nicht wieder im Kulturhaus angefangen und auch den Job im Heizhaus aufgegeben habe. Das Kulturhaus ist dicht, und den hundert Meter hohen Schornstein des Heizwerkes hat eine Abrißfirma im vergangenen Monat gesprengt.«

Der Schornstein der Klosterbrauerei steht noch. Die blindäugigen Lager und Sudhäuser daneben verfallen. Nur der ehemalige Bürotrakt protzt mit neuen Fenstern. Hier haben Vater Rainer Becker und Sohn Stefan Becker auf eigene Kosten eine Wohnung für Stefan, seine Frau und die ein und drei Jahre alten Kinder ausgebaut. Und darunter den Getränkestützpunkt – die Lebensgrundlage für den arbeitslosen dreißig Jahre alten Stefan und seinen fünfundfünfzig Jahre alten arbeitslosen Vater – eingerichtet. Allerdings gewann das Anwaltsbüro von Liquidator Wagner, das die Interessen des neuen westdeutschen Brauereikäufers Bodo Wendel vertritt, vor einer Woche den Gerichtsprozeß gegen die Beckers. Die müssen nun umgehend aus Getränkehandel und Wohnung rausziehen. Ansonsten erfolgt Zwangsräumung.

Stefan Becker, zuvor parteilos, hat sich bei der letzten Wahl für die PDS aufstellen lassen. Und ein Stadtratmandat erhalten.

Um Hans-Dieter Fritschler, den ehemaligen ERSTEN der SED und der PDS im Kreis Bad Salzungen, zu treffen, muß ich am Sonntag nach Salzungen fahren. In der Woche schläft der Mitarbeiter vom Thüringer PDS-Landesvorstand in Erfurt. Seine Frau, immer noch arbeitslos, hat sich daran gewöhnt, fünf Tage allein zu sein. Ich frage Fritschler zuerst das, was ich schon seit meinem »Rausschmiß« damals am Probetag beim Landrat (Karl Klobisch hatte gegen meine Anwesenheit bei der Ausschußsitzung protestiert) wissen wollte. Ob der »Kommunistenfresser« Karl Klobisch 1988 wirklich einen Aufnahmeantrag in die SED gestellt hat. Die Frage würde er nicht beantworten, sagt Fritschler. Aber ich könnte bei Frank Hausdörfer, einem Lehrer aus Schweina, nachfragen, der kenne einen anderen Lehrer, und der sei sehr eng mit dem notwendigen Bürgen für den SED-Aufnahmeantrag des Karl Klobisch befreundet ... »Aber weshalb wühlst du überhaupt wie einer dieser Skandalreporter in Klobischs Vergangenheit herum? Was ändert es am Heute, ob du schreiben kannst, daß dieser Klobisch noch 1988 in die SED reinwollte? Das fragst du doch nicht der Geschichte wegen, sondern weil er in der CDU ist oder du ihn nicht leiden kannst.«

Er wäre, sagt Fritschler, in den letzten Jahren vielen SED-Funktionären und Blockpolitikern begegnet, die im Interesse ihrer jetzigen Karriere nicht mehr an ihre »sozialistischen Jugendsünden« erinnert werden möchten, die heute die Chefs der Marktwirtschaft anbeten würden wie zuvor den Marx. Doch Fritschler bestreitet, daß die sich deshalb charakterlich wenden mußten. »Eigentlich gibt es keine Wendehälse. Denn niemand hat seinen Charakter nach 89 verändert. Was zuvor Speichellecker waren, sind Speichellecker geblieben, und die zuvor nicht an die Gemeinschaft dachten, sondern nur in die eigene Tasche wirtschafteten, die tun das – allerdings sehr viel gewinnbringender – heute wieder. Nur die Verhältnisse, die Bedingungen für das Ausleben guter oder schlechter Eigenschaften, haben sich im Osten verändert. Die Menschen sind charakterlich keine anderen geworden. Mir, der früher als ›Mächtigster‹ im Salzunger Kreis bestimmen konnte, fällt es heute nicht leicht, für jeden angreifbar am Salzunger Infostand der PDS zu sitzen. Wahrhaftig kein gutes Gefühl, aber ich habe schon im Herbst 89 den Fehler gemacht, daß ich zu feige war und deshalb nicht in der Kirche, sondern nur vor der Kirche gesprochen habe. Und in diesem Sommer erlebte ich eine meiner schlimmsten Minuten in den letzten fünf Jahren. Eine Frau kam auf den Marktplatz zu mir und schrie: ›Ich bin seit über zwei Jahren arbeitslos, Sozialhilfeempfängerin. Und schuld daran sind Sie, Herr Fritschler, weil Sie und Ihre Genossen die DDR in diese beschissene Lage gebracht haben!‹ Heute gestehe ich meine Schuld ein, aber das hilft keinem mehr. Doch vielleicht finde ich jetzt die mir gemäße, meine eigentliche, Aufgabe: mich für sozial Schwache, für Arbeitslose, aus Wohnungen hinausgeschmissene Altmieter, für alleinerziehende Mütter und andere Benachteiligte einzusetzen. Denn die haben, im Gegensatz zu den dynamischen Reichen und den Abzockern dieses Landes, keine politische Lobby. Wobei diese Aufgabe für mich nicht die Sache einer bestimmten Partei ist, sondern aus dem Innern kommt. Wahrscheinlich die Spätfolgen meiner ärmlichen Kindheit, der Arbeit als Holzfäller und der letzte Rest der Ideale, die wir in der DDR verwirklichen wollten. Und woran wir wegen ökonomischer Schwäche und partei-diktatorischer Doppelmoral gescheitert sind.«

Toleranz und Zweifel lassen Fritschler die deutsche Wirklichkeit fünf Jahre nach der Vereinigung auch differenzierter betrachten als manche Hardliner in der PDS. »Ich kann doch, nur weil ich Opposition bin und weil ich weiß, daß in dieser Gesellschaft auch die Würde des Menschen dem Geld untertan ist, nicht pauschal alles im heutigen System verneinen. Wahrscheinlich hätte ich mir noch zwanzig Jahre als Erster in Salzungen den Hintern aufreißen, den Mund fußlig reden und die Nächte durcharbeiten können und trotzdem nicht einmal die Hälfte der Telefonanschlüsse, Bürgersteige, Gaststätten, Hotels, Umweltmaßnahmen, renovierten Häuser und der übervollen Kaufhausregale zuwege gebracht. Diese Infrastruktur hätten wir nicht erreicht.«

Fritschler, der zur Zeit den Wahlkampf der Thüringer PDS vorbereitet, besitzt immer noch kein Eigenheim, läßt sich keinen Bungalow bauen und fährt seinen alten Wartburg. Bevor es dunkel wird, entschuldigt er sich. Steigt auf sein Rennrad. Er kann nicht mehr wie früher stundenlang durch »seinen« Kreis joggen. Er hat Gelenkschmerzen.

Den Bürgermeister der Gemeinde Merkers finde ich nicht mehr in seinem alten kleinen Büro mitten im Dorf, sondern in einem großzügig modernisierten Verwaltungstrakt vom ehemaligen Kali-Kulturhaus. Wollny steht inzwischen der Einheitsgemeinde Merkers-Kieselbach mit rund 3 600 Einwohnern vor. Er strahlt bei der Begrüßung. Ich frage ihn, ob er lacht, weil er mit seiner pessimistischen Kaliprognose recht behalten hat. Nein, darüber natürlich nicht. ... Die Hessen würden inzwischen wirklich das Thüringer Kali abbauen und auch die hervorragende Merkerser Lagerstätte sei mitnichten geschlossen, die wolle man von Unterbreizbach auffahren. Und die BASF sei dabei – nachdem sie einige Gruben geschlossen und die anderen durch die Milliarde an Steuergeldern wieder »verkaufswert« machen konnte –, ihre Eigneranteile an der »Kali und Salz AG« für 250 Millionen DM an den kanadischen Kaliweltmarktführer »Potash Corporation of Saskatchewan Inc.« zu verhökern. Und ob die Kanadier die deutschen Konkurrenzgruben nur aufkaufen, um sie bei der ersten Gelegenheit zu schließen, wisse ja keiner.

Aber, Wollny strahlt wieder wie ein Honigkuchenpferd, es gäbe auch ungetrübten Grund zum Lachen, schließlich hätte er die Wahl zum Bürgermeister der Einheitsgemeinde gegen keinen Geringeren als den CDU-Kreisvorsitzenden Grob gewonnen. Außerdem freue er sich, daß der Gewerbepark nun auch ohne Müllverbrennungsanlage weiter wachse. (»Ich erzähle lieber nicht, wie hoch die Summen waren, die mir telefonisch angeboten wurden, damit wir im Gemeinderat für die Müllverbrennung stimmen.«) Und schließlich freue er sich, daß Merkers, entgegen allen Unkenrufen, die sozialen Leistungen der Kommune noch nicht schmerzlich beschneiden mußte. Die Sportler könnten immer noch kostenlos die Turnhalle benutzen. Kein Kindergarten sei geschlossen worden. Und niemand von den sogenannten Asis schlafe in Merkers auf der Straße. »Wir haben es geschafft, daß einige von ihnen inzwischen vom Alkohol völlig weg sind und regelmäßig über ABM – wir haben dreiundvierzig ABM-Beschäftigte in der Gemeinde – eine Arbeit erhalten. Und ihre Miete an die Kommune bezahlen!«

So gesehen, lebe er nicht schlecht. Er sieht auch gut aus. Trägt nicht mehr Pullover, sondern ein weißes Hemd und eine seidig glänzende Weste. »Hier in den neuen Räumen kannste nich mehr in Kumpelkluft hinterm Schreibtisch sitzen.« Aber die zerbeulte Aluminium-Brotbüchse liegt noch neben den Aktenstapeln.

Wollny hatte mir früher erzählt, daß er als SED-Bürgermeister trotz des Unwillens der Partei und obwohl Staat und Kirche streng getrennt waren, die Kirche von Merkers mit Geldern der Kommune unterstützte. »Mal gab ich paar Hunderter für einen neuen Zaun, oder aber, und das machte ich Jahr für Jahr, ging zur Weihnachtsfeier der Kirche für die alten Leute. Nahm immer 300 DDR-Mark mit, später 300 Westmark. Das tat ich früher als SED-Bürgermeister und später als SPD-Bürgermeister. Dabei waren mir, dem Atheisten und Gegner von Parteidoktrinen, die alten Leute und die Toleranz wichtig ...

Aber vor paar Tagen kommt ein Mitglied vom Gemeindekirchenrat, also da kommt der Vertreter vom Gemeindekirchenrat zu mir ins Büro und druckst und druckst. Und teilt mir schließlich mit, daß sie beschlossen hätten, mich in diesem Jahr nicht zur Weihnachtsfeier in die Kirche einzuladen. Ich sei bei einigen CDU-Mitgliedern unerwünscht.«

Und nun lacht auch Wollny nicht mehr.

Literarische Spaziergänge mit Büchern und Autoren

Das Kundenmagazin der Aufbau-Verlage.
Kostenlos in Ihrer Buchhandlung

A^{t}V

Band 1241

Landolf Scherzer
Der Erste

Mit einem weiterführenden Bericht
»Der letzte Erste«

241 Seiten
ISBN 3-7466-1241-1

Als Landolf Scherzers Reportage »Der
Erste« 1988 erschien, war das eine Sensa-
tion: noch nie hatte es eine Innenansicht
aus dem Parteiapparat gegeben, noch nie
waren so anschaulich die inneren Probleme
der DDR beschrieben worden. Scherzer,
»eine Art Wallraff ohne Maske« (Der
Spiegel), hatte vier Wochen lang den ersten
SED-Kreissekretär von Bad Salzungen be-
gleitet, und dieses bis dahin nicht denkbare
Beispiel für Glasnost hatte vor allem die
Überforderung der Funktionäre angesichts
zunehmender Schwierigkeiten offenbart.
Das Buch gehörte zu den meistdiskutierten
Publikationen in der DDR.
Ende 1989 war Scherzer wieder mit dem
Ersten unterwegs und dokumentierte die
Auflösung der alten Machtstrukturen.